Thomas Schwarz

Deutsch

Prüfungsvorbereitung zum Fachabitur
an Fach- und Berufsoberschulen in Bayern

1. Auflage

Bestellnummer 27040

■ Bildungsverlag EINS
westermann

Die in diesem Werk aufgeführten Internetadressen sind auf dem Stand zum Zeitpunkt der Drucklegung. Die ständige Aktualität der Adressen kann vonseiten des Verlages nicht gewährleistet werden. Darüber hinaus übernimmt der Verlag keine Verantwortung für die Inhalte dieser Seiten.

service@westermann.de
www.westermann.de

Bildungsverlag EINS GmbH
Ettore-Bugatti-Straße 6-14, 51149 Köln

ISBN 978-3-427-**27040**-9

westermann GRUPPE

© Copyright 2019: Bildungsverlag EINS GmbH, Köln
Das Werk und seine Teile sind urheberrechtlich geschützt. Jede Nutzung in anderen als den gesetzlich zugelassenen Fällen bedarf der vorherigen schriftlichen Einwilligung des Verlages.

Inhaltsverzeichnis

Wie komme ich ans Ziel? 7
1. Strategien für die Vorbereitung 7
2. Ablauf der Prüfung 8
   - 2.1 Wie wähle ich den passenden Aufgabenbereich aus? 8
   - 2.2 Wie teile ich mir die Zeit in der Prüfung ein? 9
   - 2.3 BuchPlusWeb 9

Grundfertigkeiten 10
1. Materialauswertung von diskontinuierlichen Texten 10
   - 1.1 Bilder 10
   - 1.2 Karikaturen 11
   - 1.3 Schaubilder/Grafiken 11
   - 1.4 Diagramme 12
   - 1.5 Tabellen 13
   - 1.6 Word-Clouds 14
2. Materialauswertung von begleitenden kontinuierlichen Texten 15
   - 2.1 Aphorismen 15
   - 2.2 Interviews 15
3. Zitiertechniken 16
4. Sprachliche Mittel 18

Sachtexte 20
1. Erörterung 20
   - 1.1 Vorbereitung 20
     - Klärung der Themenstellung 20
     - Stoffsammlung 20
     - Aufbau 21
     - Formulierungshilfen 22
   - 1.2 Übungsaufgabe 1 und zwei Varianten 22
   - 1.3 Checkliste für meine Lösung 26
2. Kommentar 26
   - 2.1 Vorbereitung 27
     - Klärung der Themenstellung 27
     - Stoffsammlung 27
     - Aufbau 27
     - Formulierungshilfen 28
   - 2.2 Übungsaufgabe 2 und zwei Varianten 29
   - 2.3 Checkliste für meine Lösung 34
3. Leserbrief 35
   - 3.1 Vorbereitung 35
     - Klärung der Themenstellung 35
     - Stoffsammlung 35
     - Aufbau 35
     - Formulierungshilfen 36
   - 3.2 Übungsaufgabe 3 und zwei Varianten ... 37
   - 3.3 Checkliste für meine Lösung 41

Literarische Texte: Epik und Dramatik .. 42
1. Unterscheidung in den Prüfungsaufgaben für Epik und Dramatik 42
   - 1.1 Epik 42
     - Erzählperspektive 42
     - Zeitstruktur 43
     - Figurenrede 43
     - Raumstruktur 43
   - 1.2 Dramatik 44
     - Haupt- und Nebentext 44
     - Regieanweisungen 44
     - Figurenrede 44
2. Inhaltszusammenfassung 44
   - 2.1 Vorbereitung 44

Inhaltsverzeichnis

- Klärung der Themenstellung ... 44
- Stoffsammlung ... 44
- Aufbau ... 45
- Formulierungshilfen ... 45
- 2.2 Übungsaufgabe 4 (Epik) ... 46
- 2.3 Übungsaufgabe 5 (Dramatik) ... 47
- 2.4 Checkliste für meine Lösung ... 49
- 3. Charakterisierung ... 49
  - 3.1 Vorbereitung ... 49
    - Klärung der Themenstellung ... 49
    - Stoffsammlung ... 50
    - Aufbau ... 51
    - Formulierungshilfen ... 52
  - 3.2 Übungsaufgabe 6 (Epik) und zwei Varianten ... 53
  - 3.3 Übungsaufgabe 7 (Dramatik) und zwei Varianten ... 54
  - 3.4 Checkliste für meine Lösung ... 55
- 4. Interpretation eines Beziehungsgeflechts ... 56
  - 4.1 Vorbereitung ... 56
    - Klärung der Themenstellung ... 56
    - Stoffsammlung ... 56
    - Aufbau ... 57
    - Formulierungshilfen ... 57
  - 4.2 Übungsaufgabeaufgabe 8 und zwei Varianten ... 58
  - 4.3 Checkliste für meine Lösung ... 59
- 5. Untersuchung des Gesprächsverhaltens oder des Gesprächs ... 60
  - 5.1 Vorbereitung ... 60
    - Klärung der Themenstellung ... 60
    - Stoffsammlung ... 60
    - Aufbau ... 62
    - Formulierungshilfen ... 62
  - 5.2 Übungsaufgabe 9 und zwei Varianten ... 62
  - 5.3 Checkliste für meine Lösung ... 65
- 6. Brief ... 65
  - 6.1 Vorbereitung ... 65
    - Klärung der Themenstellung ... 65
    - Stoffsammlung ... 66
    - Aufbau ... 66
    - Formulierungshilfen ... 67
  - 6.2 Übungsaufgabe 10 und 2 Varianten ... 68
  - 6.3 Checkliste für meine Lösung ... 70
- 7. Innerer Monolog ... 70
  - 7.1 Vorbereitung ... 71
    - Klärung der Themenstellung ... 71
    - Stoffsammlung ... 71
    - Aufbau ... 71
    - Formulierungshilfen ... 72
  - 7.2 Übungsaufgabe 11 und zwei Varianten ... 72
  - 7.3 Checkliste für meine Lösung ... 75
- 8. Motivvergleich ... 76
  - 8.1 Vorbereitung ... 76
    - Klärung der Themenstellung ... 76
    - Stoffsammlung ... 76
    - Aufbau ... 76
    - Formulierungshilfen ... 77
  - 8.2 Übungsaufgabe 13 und zwei Varianten ... 77
  - 8.3 Checkliste für meine Lösung ... 80

Lösungsvorschläge Sachtexte ... 81

- 1. Erörterung ... 81
  - 1.1 Übungsaufgabe 1 ... 81
    - Ergebnis der Materialauswertung ... 81
    - Lösungsvorschlag ... 82

1.2 Variante 1: Kommentar ... 84
　　　Ergebnis der Materialauswertung ... 84
　　　Lösungsvorschlag ... 84
1.3 Variante 2: Leserbrief ... 84
　　　Ergebnis der Materialauswertung ... 84
　　　Lösungsvorschlag ... 84
2. Kommentar ... 85
　2.1 Übungsaufgabe 2 ... 85
　　　Ergebnis der Materialauswertung ... 85
　　　Lösungsvorschlag ... 86
　2.2 Variante 1: Erörterung ... 87
　　　Ergebnis der Materialauswertung ... 87
　　　Lösungsvorschlag ... 87
　2.3 Variante 2: Leserbrief ... 88
　　　Ergebnis der Materialauswertung ... 88
　　　Lösungsvorschlag ... 88
3. Leserbrief ... 88
　3.1 Übungsaufgabe 3 ... 88
　　　Ergebnis der Materialauswertung ... 88
　　　Lösungsvorschlag ... 90
　3.2 Variante 1: Kommentar ... 91
　　　Ergebnis der Materialauswertung ... 91
　　　Lösungsvorschlag ... 91
　3.3 Variante 2: Erörterung ... 91
　　　Ergebnis der Materialauswertung ... 91
　　　Lösungsvorschlag ... 91

Lösungsvorschläge Literarische Texte: Epik und Dramatik ... 93

1. Inhaltszusammenfassung ... 93
　1.1 Übungsaufgabe 4 (Epik) ... 93
　　　Ergebnis der Materialauswertung ... 93
　　　Lösungsvorschlag ... 93
　1.2 Übungsaufgabe 5 (Dramatik) ... 94
　　　Ergebnis der Materialauswertung ... 94
　　　Lösungsvorschlag ... 94
2. Charakterisierung ... 95
　2.1 Übungsaufgabe 6 (Epik) ... 95
　　　Ergebnis der Materialauswertung ... 95
　　　Lösungsvorschlag ... 95
　2.2 Variante 1: Untersuchung gesellschaftlich/politischer Situation ... 97
　　　Lösungsvorschlag (stichpunktartig) ... 97
　2.3 Variante 2: Motivvergleich ... 97
　　　Lösungsvorschlag (stichpunktartig) ... 97
　2.4 Übungsaufgabe 7 (Dramatik) ... 98
　　　Ergebnis der Materialauswertung ... 98
　　　Lösungsvorschlag ... 99
　2.5 Variante 1: Gesprächsanalyse ... 100
　　　Lösungsvorschlag (stichpunktartig) ... 100
　2.6 Variante 2: Motivvergleich ... 102
　　　Lösungsvorschlag (stichpunktartig) ... 102
3. Interpretation eines Beziehungsgeflechts ... 102
　3.1 Übungsaufgabe 8 ... 102
　　　Ergebnis der Materialauswertung ... 102
　　　Lösungsvorschlag ... 103
　3.2 Variante 1: Inhaltsangabe ... 103
　　　Lösungsvorschlag (stichpunktartig) ... 103
　3.3 Variante 2: Charakterisierung ... 104
　　　Lösungsvorschlag (stichpunktartig) ... 104
4. Untersuchung des Gesprächsverhaltens ... 104
　4.1 Übungsaufgabe 9 ... 104
　　　Ergebnis der Materialauswertung ... 104
　　　Lösungsvorschlag ... 107
　4.2 Variante 1: Charakterisierung ... 108
　　　Lösungsvorschlag (stichpunktartig) ... 108

Inhaltsverzeichnis

    4.3 Variante 2: Brief 108

          Lösungsvorschlag (stichpunktartig) 108

5. Brief 109

    5.1 Übungsaufgabe 10 109

          Ergebnis der Materialauswertung 109

          Lösungsvorschlag 109

    5.2 Variante 1: Inhaltsangabe 110

          Lösungsvorschlag (stichpunktartig) 110

    5.3 Variante 2: Gesprächsverhalten 110

          Lösungsvorschlag (stichpunktartig) 110

6. Innerer Monolog 111

    6.1 Übungsaufgabe 11 111

          Ergebnis der Materialauswertung 111

          Lösungsvorschlag 112

    6.2 Variante 1: Charakterisierung 112

          Lösungsvorschlag (stichpunktartig) 112

    6.3 Variante 2: Motivvergleich 113

          Lösungsvorschlag (stichpunktartig) 113

7. Motivvergleich 114

    7.1 Übungsaufgabe 12 114

          Ergebnis der Materialauswertung 114

          Lösungsvorschlag 114

    7.2 Variante 1: Charakterisierung 115

          Lösungsvorschlag (stichpunktartig) 115

    7.3 Variante 2: Brief 116

          Lösungsvorschlag (stichpunktartig) 116

Abiturprüfung Fach Deutsch Sommer 2019 ... 117

1. Materialgestütztes Verfassen eines argumentierenden Textes 117

2. Erschließen eines literarischen Textes (Fokus: Epik) 119

3. Erschließen eines literarischen Textes (Fokus: Dramatik) 122

Abiturprüfung 2019 Lösungsvorschläge Sachtexte 127

1. Erörterung 127

2. Kommentar 130

Abiturprüfung 2019 Lösungsvorschläge Literarische Texte 132

1. Epik 132

    1.1 Motivvergleich 135

2. Dramatik 136

    2.1 Inhalt, Aufbau und Charakterisierung mit Gesprächsverhalten und sprachlich-stilistischen Besonderheiten 136

    2.2 Vergleich der Haltungen 141

Bildquellenverzeichnis 143

Literaturverzeichnis 144

Sachwortverzeichnis 145

Wie komme ich ans Ziel?

Bis zum Beginn der Fachabiturprüfung haben Sie zwar schon einige Schulaufgaben und sonstige Prüfungsarten erfolgreich gemeistert, doch die Fachabiturprüfung ist eine besondere Prüfungssituation. Nicht nur der Zeitumfang der Bearbeitung ist mit vier Stunden erheblich größer als jener bisheriger Prüfungen, auch die Anforderungen sind höher. Machen Sie sich daher im Vorfeld mit Strategien zur Vorbereitung und zum Zeitmanagement während der Prüfung vertraut.

1. Strategien für die Vorbereitung

Grundsätzlich ist in der Abschlussprüfung ein Aufgabenbereich aus den drei angebotenen zu wählen (Sachtext, Epik oder Dramatik). Im Laufe des Schuljahres kristallisiert sich häufig eine Neigung zu einem der drei Themenbereiche heraus. Entweder weil Sie dazu einen besonderen Bezug haben oder weil Ihnen die entsprechende Schulaufgabe leichter gefallen ist und Sie eine bessere Note bekommen haben. Es ist legitim, sich schwerpunktmäßig nur auf einen Bereich vorzubereiten.

Beachten Sie dabei, dass in Epik und Dramatik die möglichen Aufgabenstellungen relativ ähnlich sind. Mit einer Konzentration auf diese beiden Bereiche haben Sie dadurch eine größere Auswahl an Texten/Materialien. Konzentrieren Sie sich jedoch nicht nur auf einen Bereich. Die verschiedenen Aufgabentypen in den einzelnen Bereichen sind zwar häufig gleich oder ähnlich, es kann aber immer wieder vorkommen, dass Sie entweder mit den Materialien oder mit der Aufgabe oder mit beidem nicht zurechtkommen. Sind Sie überhaupt nicht auf den anderen Aufgabenbereich vorbereitet, kann dies in der Abschlussprüfung fatale Folgen haben und eine schlechte Note verursachen.

Grundsätzlich gilt für alle Bereiche: Für die Vorbereitung ist es sehr wichtig, dass Sie viele Übungsaufsätze schreiben. Genauso wie in anderen Fächern hilft es wenig, nur vorgefertigte Musterlösungen zu lesen und dann davon auszugehen, man hätte die Lösung ähnlich formuliert. Sie kommen nicht umhin, Zeit in das Schreiben von eigenen Lösungen im Vorfeld zu investieren. Lassen Sie diese Übungen vom Deutschlehrer korrigieren, damit Sie auch Rückmeldung zu den eigenen Fortschritten und Verbesserungsmöglichkeiten bekommen. So können Sie sich nach und nach verbessern und erhalten Routine im Formulieren, wozu auch das Beherrschen von Standardformulierungen für bestimmte Aufgabenarten gehört. Gerade dieser Band bietet dazu reichlich Möglichkeiten, da für jeden Aufgabenbereich einige Übungsaufgaben mit verschiedenen Materialien und alternativen Aufgabenstellungen gegeben werden.

Lesen Sie zusätzlich zur Vorbereitung auf Aufgabentypen im Bereich der Sachtexte möglichst viele Kommentare aus Zeitungen oder Zeitschriften mit entsprechendem Anspruchsniveau (z. B. „Die Zeit", „Frankfurter Rundschau", „Der Spiegel" etc.). Dadurch lernen Sie zum einen viele verschiedene Themen kennen und können Hintergrundwissen über einen Themenkomplex erhalten, der möglicherweise dann auch im Fachabitur den Materialien zugrunde liegt. Wissenswert ist dazu, dass die Fachabiturprüfungen in der Regel etwa ein Jahr vor der Prüfung erstellt werden und häufig auch Themen verarbeitet werden, die zu dieser Zeit aktuell bzw. in den Medien waren. Nichtsdestotrotz wird die Wahrscheinlichkeit, genau das Material der Abschlussprüfung zu lesen, relativ gering sein.

Ein anderer gewichtiger Grund für das Lesen entsprechender Zeitungsartikel ist, dass dadurch Ihr Wortschatz erweitert wird. So nehmen Sie Formulierungsmöglichkeiten auf (z. B. für Übergänge zwischen Gedankengängen, Möglichkeiten für Konjunktionen etc.) aber auch einen Fachwortschatz, die/den Sie in Ihre eigenen Ausführungen, sei es für die Erörterung oder den eigenen Kommentar, evtl. übernehmen können.

Zusätzlich können Sie anhand dieser Zeitungsartikel auch die Argumentationsstruktur der Verfasser der Artikel studieren und sich dahingehend einiges abschauen und zum Vorbild nehmen. Gerade für das Verfassen eigener Kommentare hilft es deshalb auch, den Schreibstil eines Kommentators nach dem Lesen zu analysieren und ggf. Teile davon zu adaptieren.

Wenn Sie sich auf die Aufgaben im Bereich der Epik und Dramatik vorbereiten, sollten Sie entsprechende Texte dieser Gattungen lesen. Hierzu bieten sich Kurzgeschichten, Erzählungen und Romane für den Bereich der Epik und moderne Theaterstücke für die Dramatik an. Auch Sammlungen von Romanauszügen sind mittlerweile im Internet verfügbar, die Grundlage für Analysen bieten. In der Fachabiturprüfung kommen Werke aus dem 19., 20. oder 21. Jahrhundert als Materialien infrage, wobei ausschließlich solche als Texte verwendet werden, die im Original deutschsprachig verfasst wurden (also keine Übersetzungen).

Die typischen Aufgabenstellungen der Fachabiturprüfung lassen sich auf nahezu jedes epische oder dramatische Werk übertragen, weshalb diese auch als Übungsgrundlage dienen können. Durch das Lesen der Werke bekommen Sie zum einen einen Eindruck, welche Motive in der Literatur verarbeitet werden und evtl. auch, wie sich diese im Laufe der Epochen verändert haben, und zum anderen lernen Sie, sich auf die Erzählwelten einzulassen und die Handlungen der Charaktere in ihr nachzuvollziehen bzw. zu verstehen. Es kann es hilfreich sein, auch Interpretationen dieser Werke zu lesen (die mittlerweile auch zahlreich im Internet verfügbar sind), um sich Hintergrundwissen dazu anzueignen.

2. Ablauf der Prüfung

Die Fachabiturprüfung im Fach Deutsch dauert vier Stunden und findet in der Prüfungswoche am Montag von 9:00 bis 13:00 Uhr statt. Sie werden mit Sicherheit von Ihrer Schule informiert, dass Sie sich bereits früher im Prüfungsraum einfinden sollen. Einerseits, weil die Sitzplätze, die Sie in der Prüfung einnehmen sollen, jeden Tag verlost werden und Sie dadurch Ihren Platz u. U. erst finden müssen. Andererseits ist es an manchen Schulen auch üblich, eine Prüfung der Identität über Personalausweis o. Ä. durchzuführen, was ebenfalls Zeit erfordert. Fragen Sie hier bei Ihrer Klassenleitung oder der Schulleitung nach, wie die formalen Überprüfungen ablaufen, falls Sie das vor der Prüfung noch nicht mitgeteilt bekommen haben. In der Regel werden Sie etwa um 8:45 Uhr gebeten, bereits Ihre Plätze einzunehmen und im Anschluss werden meist schon die Mantelbögen und Papier für die Prüfung ausgeteilt.

Der Mantelbogen ist ein gefaltetes DIN-A3-Blatt, auf dem auf der Vorderseite der Name und die Platznummer einzutragen sind, was an den meisten Schulen auch schon ab 8:45 Uhr möglich ist. Zudem werden auf dem Mantelbogen alle Toilettengänge und sonstigen Unterbrechungen der Arbeit an der Prüfung festgehalten. Deshalb müssen in diesen Fällen auch alle Unterlagen, also Angabe und alle beschriebenen und unbeschriebenen Blätter, in den Mantelbogen gegeben und bei der Aufsicht während des Toilettengangs abgegeben werden.

Auch die Abgabe erfolgt in der gleichen Art und Weise: Alle Unterlagen werden im Mantelbogen gesammelt und dieser dann abgegeben. Um kurz vor 9:00 Uhr werden die Angaben verteilt. Dabei handelt es sich um ein Geheft, in dem alle Aufgabenbereiche und alle Materialien zusammengestellt sind. Dieses darf bis 9:00 Uhr nicht geöffnet werden. Erst wenn die Aufsicht um Punkt 9:00 Uhr die Prüfung offiziell startet, darf mit der Bearbeitung begonnen werden.

Alle Blätter, die Sie für die Bearbeitung der Aufgabe erhalten (sowohl die Konzeptblätter – meist ohne Rand –, als auch die Blätter zur Bearbeitung der Aufgabe), sind mit einem Schulstempel versehen. Sie müssen zunächst alle Blätter mit Ihrem Namen (und je nach Schule auch der Platznummer) beschriften.

Während der ersten Stunde bis 10:00 Uhr ist ein Toilettengang nicht möglich, da bis 10:00 Uhr Zuspätkommende noch an der Prüfung teilnehmen können. Sollten Sie mehr als eine Stunde verspätet sein, ist eine Teilnahme an der Prüfung nicht mehr möglich und die Prüfung im Fach Deutsch ist im unentschuldigten Fall mit null Punkten zu bewerten.

Im Verlauf der Prüfung darf die Aufsicht keine Fragen zu den Aufgabenstellungen beantworten. Die Abgabe erfolgt spätestens pünktlich um 13:00 Uhr. Abgesehen von offiziell erteilten Zeitzuschlägen aufgrund einer Lese-Rechtschreib-Schwäche o. Ä., die auch schon während des Schuljahres gewährt wurden, gibt es keinerlei Möglichkeit einer Zeitverlängerung. Sollten Sie schon früher abgeben wollen, so ist dies möglich. In der Regel darf bis 12:45 Uhr vorzeitig abgegeben und der Prüfungsraum verlassen werden. Danach gibt es keine Möglichkeit mehr einer vorzeitigen Abgabe.

Die Bearbeitungszeit von vier Stunden ist auf den ersten Blick recht lang, allerdings sind die Aufgabenstellungen auch so gewählt, dass diese Zeit tatsächlich benötigt wird. Deshalb sollten Sie sich die Zeit gut einteilen, um sich nicht zusätzlich zur besonderen Prüfungssituation auch zeitlich unter Druck zu setzen.

2.1 Wie wähle ich den passenden Aufgabenbereich aus?

Die erste Entscheidung ist eine der wichtigsten: Welchen Aufgabenbereich sollten Sie auswählen? Es besteht dabei die Wahl zwischen den schon erwähnten drei Bereichen Sachtext, Epik und Dramatik.

Vor einer endgültigen Auswahl sollten alle Aufgabenstellungen, zunächst ohne die Materialien zu lesen, gesichtet werden. Dadurch erhält man einen Überblick, was bei der Bearbeitung verlangt wird. Sind hier Aufgaben dabei, die Sie nicht ausreichend geübt haben, sollten Sie diese hintenanstellen und sich zunächst den Aufgabenbereichen widmen, die Sie gut bewältigen können.

Für diese Aufgabenbereiche lesen Sie dann die zugehörigen Materialien. Wenn Sie sich sicher sind, dass Sie den Text verstehen, die Inhalte richtig erfasst haben und auch einen ersten Zusammenhang zwischen Material und Aufgabenstellung herstellen können, dann wählen Sie diesen Aufgabenbereich aus. Ist dies nicht der Fall, sollten Sie sich den anderen Aufgabenbereichen widmen und sie ebenfalls dahingehend überprüfen.

Sollten Sie, wider Erwarten, mit keinem Aufgabenbereich spontan zurechtkommen, ist es empfehlenswert, in diesem kritischen Fall den Aufgabenbereich zu wählen, bei dem Sie in den Schulaufgaben während des Jahres die beste Note erzielt haben.

Setzen Sie sich bei dieser Auswahl zeitlich nicht zu sehr unter Druck und sichten Sie Aufgaben und Materialien sorgfältig, halten Sie aber auch die von Ihnen selbst gesetzte Frist für diesen Vorgang ein, um nicht in Zeitnot zu geraten. Als Richtwert sollten Sie nicht mehr als eine halbe Stunde für diese Auswahl einkalkulieren.

2.2 Wie teile ich mir die Zeit in der Prüfung ein?

Es verbleiben in der Regel etwa 3,5 Stunden für die Bearbeitung der Aufgaben. Stürzen Sie sich aber nicht sofort auf die Reinschrift aller Aufgaben, sondern gehen Sie schrittweise vor. Dazu gibt es grundsätzlich zwei Strategien. Bei der ersten erstellen Sie eine Stoffsammlung für die erste Aufgabe und formulieren diese dann aus. Widmen Sie sich anschließend der Stoffsammlung für eine eventuelle zweite Aufgabe und formulieren Sie diese aus. Der Vorteil dieser Strategie ist, dass Sie so immer Schritt für Schritt bereits fertige Lösungen für die verschiedenen Aufgaben erstellen. Bei der zweiten Strategie erstellen Sie zunächst für alle Aufgaben eine Stoffsammlung und formulieren erst im Anschluss Aufgabe für Aufgabe aus. Der Vorteil hierbei ist, dass evtl. Querbezüge zwischen den Aufgaben klarer werden und Sie so u. U. mehrere Facetten der Aufgabenstellung berücksichtigen können, die bei einer schrittweisen Bearbeitung nicht oder erst im Nachhinein klar werden und Überarbeitungen der ausformulierten Lösungen nötig machen können.

Egal für welche Strategie Sie sich entscheiden, lassen Sie sich etwa eine Stunde für die Stoffsammlung zu den Aufgaben Zeit. Notieren Sie sich Ihre Gedanken dazu auf dem Konzeptpapier und gliedern Sie Ihre Vorgehensweise. Ihnen verbleiben dann noch 2,5 Stunden, in denen Sie Ihr Konzept ausformulieren können. Idealerweise kalkulieren Sie noch eine Viertel- bis halbe Stunde für eine letzte Sichtung Ihrer Ergebnisse ein, in der Sie Rechtschreib-, Satzzeichen-, Grammatik- und Ausdrucksfehler ausbessern können.

2.3 BuchPlusWeb

Originalprüfungsaufgaben und Lösungsvorschlägen mit Hinweisen finden Sie als Zusatzmaterial auch unter BuchPlusWeb. Wählen Sie hierzu unter www.westermann.de die ISBN dieses Titels aus, klicken Sie auf BuchPlusWeb und geben Sie dort den folgenden Webcode ein: **BPWC-41N0-747G-E59H**

Hinweis: Aus Gründen der besseren Lesbarkeit wurde in diesem Schulbuch auf die gleichzeitige Verwendung von männlicher und weiblicher Schreibweise verzichtet.

Grundfertigkeiten

Grundfertigkeiten

Für die Bearbeitung aller Prüfungsaufgaben – gleich welchen Prüfungsbereichs – sind einige Grundfertigkeiten erforderlich, mit denen das zur Verfügung stehende Material ausgewertet und in die Formulierung eingearbeitet wird.

1. Materialauswertung von diskontinuierlichen Texten

Eine wesentliche Fertigkeit ist die Materialauswertung von diskontinuierlichen Texten. Unter diesem Begriff werden Darstellungsweisen zusammengefasst, deren Funktion es ist, Informationen übersichtlich und anschaulich darzustellen und die sich dabei nicht nur des Textes bedienen. Dies sind vor allem Schaubilder, Diagramme, Tabellen etc. Ein weiteres Kennzeichen ist, dass diese Texte keine vorgegebene Rezeptionsrichtung haben, also nicht kontinuierlich von links oben nach rechts unten gelesen werden müssen. Die enthaltenen Informationen können in freier Reihenfolge entnommen, gesammelt und interpretiert werden. Diskontinuierliche Texte stehen selten allein, sondern unterstützen meist kontinuierliche Texte, die deshalb auch das Hauptmaterial der Prüfungsaufgaben sind.

1.1 Bilder

Bilder sind die einfachste Form eines diskontinuierlichen Textes, da häufig keinerlei Buchstaben im Bild vorkommen. Trotzdem können Bilder als Begleitmaterialien sowohl in Sach- als auch literarischen Texten eine Rolle spielen. Dabei ist es nicht erforderlich, dass das Bild bei der Bearbeitung der Aufgabe beschrieben wird. Die Kernaussage des Bildes oder von Teilen des Bildes bzw. der Bezug zur Aufgabenstellung sollen erkannt und die so gewonnenen Aspekte Eingang in die Bearbeitung der Aufgabe finden.

Bei literarischen Texten wäre es beispielsweise möglich, dass eine Szene aus einem Werk in einem Bild verarbeitet wurde und auf Basis der Darstellung Charakterzüge oder besondere Handlungsstränge akzentuiert werden sollen und dies dann in der Bearbeitung der Aufgabe als ein neuer oder ergänzender Aspekt Berücksichtigung finden soll.

Folgendes Beispiel könnte Begleitmaterial zu einem Sachtext sein, der sich mit Chancen und Risiken des Internets auseinandersetzt. Es sollte dabei erkannt werden, dass das Internet als Netz wie ein Spinnennetz wirken kann und man sich darin verfangen kann. Damit stellt es eine Gefahr dar, sich im Netz zu verlieren, d. h., dass man Realität und Scheinwelt des Internets nicht mehr auseinanderhalten kann. Die Gefahr, dass man dem Internet nicht mehr entrinnen kann, wie die Fliege, die im Spinnennetz gefangen ist, könnte auch durch das Bild symbolisiert sein. Damit könnte sowohl die Tatsache, dass das Internet nichts vergisst, gemeint sein oder auch, dass man gesellschaftlich fast gezwungen ist, im Netz zu verharren, da man sonst die Teilhabe am sozialen Leben verliert. All diese Aspekte können Sie in der Bearbeitung der Aufgaben (in Form eines Kommentars, Leserbriefs oder einer Erörterung) verarbeiten.

1.2 Karikaturen

Eine Karikatur ist die oftmals komische Überzeichnung von gesellschaftlichen Zuständen oder einzelnen Personen. Sie wird meist als Begleitmaterial für Sachtexte verwendet und greift entweder einen Aspekt aus den anderen Textmaterialien nochmal überspitzt auf oder bietet einen neuen Argumentationsansatz. In der Lösung der Aufgabe ist es nicht erforderlich, eine genaue Beschreibung der Karikatur (wie es häufig in Englisch-Prüfungen verlangt wird) zu geben. Sie müssen nur den Sinn/die Aussage der Karikatur erkennen und in der Bearbeitung der Aufgabe verwenden.

Im Folgenden ist beispielsweise eine Karikatur abgebildet, die zu einer Prüfungsaufgabe gehören könnte. Hierzu könnte eine Erörterung, ein Kommentar oder ein Leserbrief zum Thema Plastikmüll in den Weltmeeren und welche Möglichkeiten ein Verbot von Einwegplastik in der Europäischen Union böte verfasst werden.

Die Karikatur zeigt dabei, dass das Verwenden von Plastikbesteck als ein Beispiel für Einwegplastik den Menschen selbstverständlich erscheint, es gedankenlos auch in der Natur verwendet und womöglich gleich dort (hier am Beispiel des Strandes) entsorgt wird. Gleichzeitig sind aber die Weltmeere bereits so mit Kunststoff verschmutzt, dass der Bedarf an Plastikbesteck leicht daraus gedeckt werden könnte. Damit wird überspitzt gezeigt, wie hoch der Verschmutzungsgrad der Weltmeere ist. Diese Aussage der Karikatur können Sie dann in die Ausführungen zum Thema übernehmen.

1.3 Schaubilder/Grafiken

Schaubilder versuchen Zusammenhänge, Abläufe oder Strukturen anschaulich grafisch dazustellen. Ihrer Natur nach werden sie hauptsächlich bei Sachtexten als Begleitmaterial eingesetzt. Damit liefern sie Hintergrund- oder Zusatzinformationen, die bei der Bearbeitung der Aufgabenstellungen mitverarbeitet werden sollen.

Im folgenden Beispiel ist ein Schaubild dargestellt, dass die Einnahmen von Bund, Ländern und Kommunen und die Aufgaben, die sie damit bewältigen, veranschaulicht. Im Kern ist erkennbar, dass Bürger über Steuern, Abgaben und Gebühren die Aufgaben der verschiedenen Ebenen finanzieren.

Auf der Verwendungsseite wird deutlich, dass die Kommune dadurch Aufgaben wie die Wasser- und Energieversorgung, die Straßenreinigung und die Müllabfuhr übernimmt. Auf Länderebene sind u. a. die Aufgaben im Bereich Kultur, Polizei und Bildung angesiedelt.

Der Bund letztendlich übernimmt die Verantwortung für Forschung, Verteidigung, soziale Sicherung usw. Bei der Bearbeitung der Aufgabenstellung ist es nicht erforderlich, das Schaubild im Detail zu beschreiben.

Die Kernaussagen sollen aus dem Schaubild entnommen und relevante Informationen für die Argumentation oder sonstige Aufgabenstellung verwendet werden. Im Fall des Beispielschaubildes könnten diese Hintergrundinformationen bei einem Sachtext über z. B. den Länderfinanzausgleich einen Aufschluss geben, welche Aufgaben die Länder mit den Einnahmen zu tätigen haben und welche dadurch evtl. an eine andere Ebene abgegeben werden könnten.

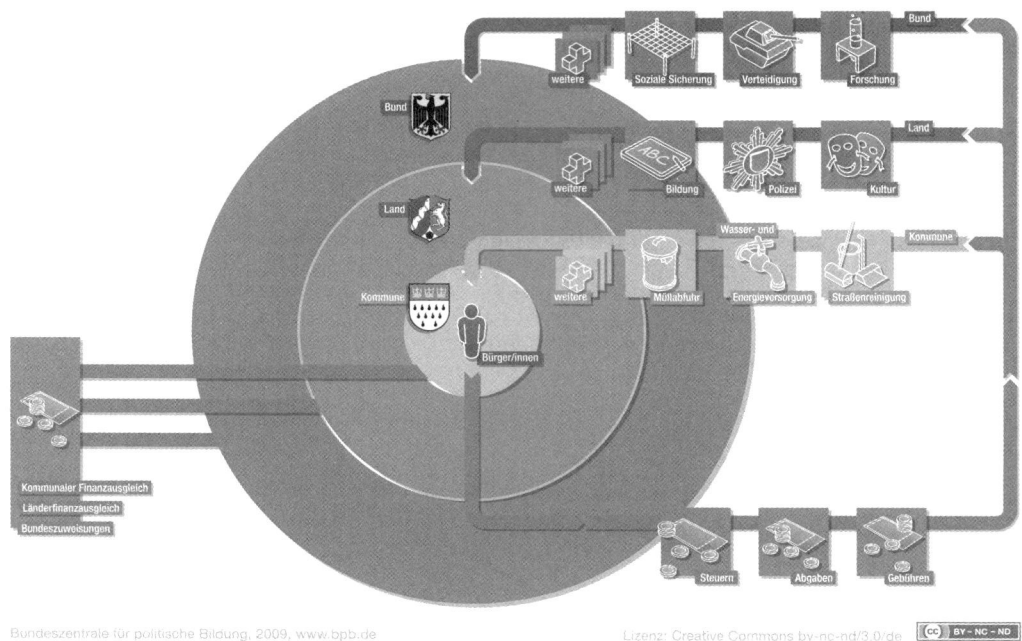

Bundeszentrale für politische Bildung, 2009, www.bpb.de — Lizenz: Creative Commons by-nc-nd/3.0/de

1.4 Diagramme

Diagramme sind eine grafische Darstellung von Zahlenwerten oder Größenverhältnissen in übersichtlicher und möglichst leicht verständlicher Form. Es gibt dabei eine Vielzahl an Diagrammvarianten:

- Kreis- oder Tortendiagramme zur Vermittlung von Verteilungen innerhalb einer Gesamtheit.
- Säulen- oder Balkendiagramme zur Darstellung und zum Vergleich von Größenverhältnissen. Die Darstellung erfolgt bei Säulendiagrammen vertikal, bei Balkendiagrammen horizontal.
- Kurven- oder Liniendiagramme zur Visualisierung von Entwicklungen, häufig entlang der Zeitachse.

Oft existieren in einer Diagrammdarstellung Mischformen, wenn verschiedene Diagramme zusammen angeordnet werden oder eine Reihe von Sachverhalten in einem Diagramm dargestellt werden soll.

Besonderes Augenmerk bei der Interpretation von Diagrammen ist auf die Legende und die Achsen der Darstellung zu legen. Durch die Wahl der Maßeinheiten oder die Skalierung der Achsen kann die Tendenz der Aussage beeinflusst werden. Die Basis des Diagramms (Art der Erhebung, Urheber des Diagramms und der Basisdaten, Umfang der Befragten etc.) ist ebenfalls mit in die Interpretation des Diagramms einzubeziehen.

Diagramme werden meist bei Sachtexten als Begleitmaterial eingesetzt. Ihnen kommt die Aufgabe zu, statistische Daten als Argumentationsgrundlage für die Bearbeitung der Aufgabenstellung zu liefern. Dabei muss wiederum nicht das Diagramm beschrieben, sondern die Kernaussage des Diagramms erkannt und berücksichtigt werden.

Beim folgenden Beispieldiagramm handelt es sich um eine Sonderform des Balkendiagramms. Es gibt an, wie häufig Biolebensmittel von Konsumenten gekauft werden. Die Legende zeigt, dass dunkelgraue Balken den Anteil der Befragten repräsentieren, die ausschließlich Biolebensmittel kaufen, und hellgraue Balken diejenigen, die generell keine Biolebensmittel der angegebenen Kategorie kaufen. Die Farbschattierungen dazwischen stellen Abstufungen zwischen diesen beiden Extremen dar. Zusätzlich zu den Größenverhältnissen sind auch noch die genauen Zahlenangaben (in Prozent) in den Balken angegeben.

Als Urheber des Diagramms wird das Bundesministerium für Ernährung und Landwirtschaft genannt. Es kann von einer zuverlässigen Quelle ausgegangen werden. Diese Zuverlässigkeit gilt es bei der Interpretation von Diagrammen stets zu berücksichtigen.

Weiterhin wird die Ursprungsmenge der Befragung – in diesem Fall 713 Personen – genannt. Hier ist für die Beurteilung des Diagramms die statische Repräsentativität der Umfrage in Erwägung zu ziehen. Im Allgemeinen ist für eine repräsentative Aussage eine minimale Stichprobengröße von 1 000 erforderlich. Damit könnte dieses Diagramm hinsichtlich seiner Repräsentativität vielleicht etwas in Zweifel gezogen werden.

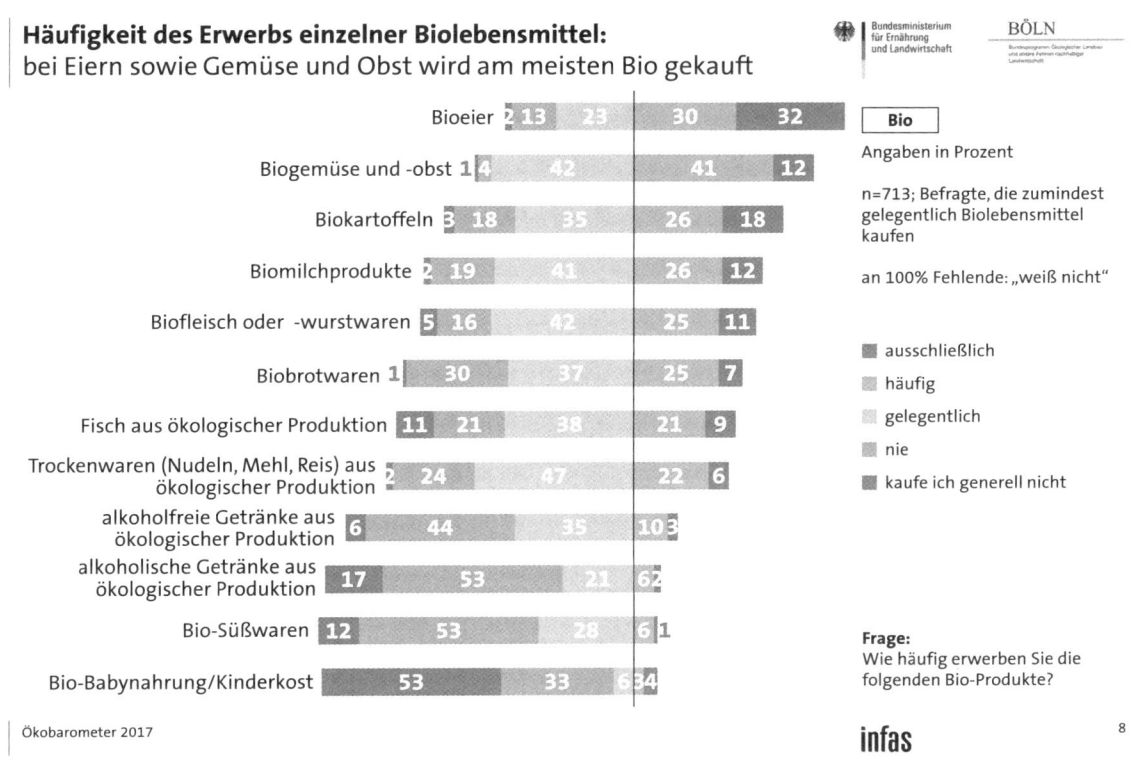

Aus dem Diagramm selbst können Sie schließen, dass nur Bioeier und Biogemüse/-obst von mehr als der Hälfte der Befragten häufig oder mehr gekauft werden. Beziehen Sie noch die gelegentlichen Käufer von Biolebensmitteln mit ein, so werden mit Ausnahme von Getränken, Süßwaren und Babynahrung alle Biolebensmittel von mehr als 50 % der Käufer erworben. Je nach Themenstellung können Sie diesen Fakt nun als Pro- oder Kontra-Argument mit in die Bearbeitung der Aufgabenstellung aufnehmen.

1.5 Tabellen

Eine einfachere und häufig weniger anschaulichere Form der Darstellung von Zahlenwerten als Material sind Tabellen. Hier werden die Zahlen in übersichtlicher Form gruppiert, um dem Leser einen Einstieg in eine Statistik o. Ä. zu ermöglichen. Tabellen werden meist als Begleitmaterial für Sachtexte eingesetzt und liefern zusätzliche Hintergrundinformationen oder geben noch weitere Details zu den in den Textmaterialien dargestellten Fakten.

Zur Analyse von Tabellen lesen Sie zunächst die Spalten- und Zeilenüberschriften, um sich einen Überblick über die Art der dargestellten Daten zu schaffen. Wichtig sind hier die den Zahlen zugrunde gelegten Maßeinheiten, da sich hierüber Größenverhältnisse beeinflussen lassen. Auch den Unterschied, ob es sich um absolute oder relative Zahlen (Prozentangaben) handelt, sollten Sie bei der Interpretation berücksichtigen. Wie auch bei den Diagrammen können Sie den Urheber als Gradmesser für die Zuverlässigkeit und Basis für die Einschätzung der Repräsentativität betrachten.

In der Beispieltabelle wird die Stromerzeugung aus regenerativen Energien dargestellt. Es könnte sich damit um ein Begleitmaterial zur Bedeutung von regenerativen Energien in Deutschland handeln. Die Tabelle besteht aus vier Spalten, von denen jeweils zwei ein Jahr (2017 und 2016) repräsentieren und jeweils eine davon die absoluten und eine die relativen Werte (bezogen auf den gesamten Bruttostromverbrauch) angeben.

In den Zeilen werden die verschiedenen Möglichkeiten der regenerativen Energieerzeugung dargestellt. Damit lässt sich in dieser Tabelle nicht nur die Verteilung der gesamten durch regenerative Energien erzeugten Strommenge auf die verschiedenen Energiequellen ersehen, sondern auch die zeitliche Entwicklung der Bedeutung der einzelnen regenerativen Energien.

Es wird zunächst bei der Betrachtung der Summe ersichtlich, dass der Gesamtanteil der regenerativen Energien von 31,6 % auf 36,2 % zugenommen hat. Diese Steigerung ist bei genauerer Betrachtung hauptsächlich auf die größere Stromerzeugung durch Windenergie, sowohl an Land als auch auf See, zurückzuführen.

Die Kernaussage ist demnach, dass die Ausweitung der Bruttostromerzeugung durch regenerative Energien auf die Windenergie zurückzuführen ist, während das Wachstum in den anderen Bereichen vernachlässigbar ist. Diesen Aspekt können Sie in der Bearbeitung der Aufgabenstellung berücksichtigen.

Stromerzeugung aus erneuerbaren Energien

	Erneuerbare Energien 2017		Erneuerbare Energien 2016	
	Bruttostromerzeugung in GWh	Anteil am Bruttostromverbrauch[5] in %	Bruttostromerzeugung in GWh	Anteil am Bruttostromverbrauch[5] in %
Wasserkraft[1]	19.800	3,3	20.546	3,4
Windenergie an Land	88.667	14,7	67.650	11,3
Windenergie auf See	17.947	3,0	12.274	2,0
Photovoltaik	39.895	6,6	38.098	6,4
biogene Festbrennstoffe[2]	10.649	1,8	10.795	1,8
biogene flüssige Brennstoffe	537	0,1	497	0,1
Biogas[3]	32.500	5,4	31.906	5,3
Klärgas	1.480	0,2	1.440	0,2
Deponiegas	320	0,1	358	0,1
biogener Anteil des Abfalls[4]	5.907	1,0	5.930	1,0
Geothermie	155	0,03	175	0,03
Summe	**217.857**	**36,2**	**189.669**	**31,6**

1 bei Pumpspeicherkraftwerken nur Stromerzeugung aus natürlichem Zufluss
2 inkl. Klärschlamm
3 inkl. Biomethan
4 biogener Anteil des Abfalls in Abfallverbrennungsanlagen mit 50 Prozent angesetzt
5 bezogen auf den Bruttostromverbrauch, 2016: 599,9 TWh, 2017: 602,6 TWh, fossile Bruttostromerzeugung nach AGEB, Außenhandelssaldo nach StBA, vorläufige Schätzung

Quelle: Arbeitsgruppe Erneuerbare Energien-Statistik (AGEE-Stat)

1.6 Word-Clouds

Word-Clouds oder Schlagwortsammlungen werden sowohl bei Sachtexten als auch bei literarischen Texten als Begleitmaterialien eingesetzt. Häufig lassen sich aus den Inhalten keine wesentlichen neuen Aspekte herausarbeiten, allerdings werden einige Begriffe in Zusammenhang gestellt oder akzentuiert. Je häufiger Worte in einer Textgrundlage vorkommen, desto größer werden sie in der Word-Cloud dargestellt. Die Form der Word-Cloud ist frei – oft steht aber auch sie in Bezug zum Thema, das sie aufgreift.

Das folgende Beispiel zeigt eine Word-Cloud zu Franz Kafkas „Die Verwandlung". Dazu wurde die Textgrundlage der Erzählung aus Projekt Gutenberg (www.gutenberg.de – eine Sammlung von urheberrechtsfreien literarischen Texten) entnommen und die Häufigkeiten der vorkommenden Wörter durch den Programm-Algorithmus der Software, die die Word-Cloud erstellt, dargestellt.

Denkbar wäre hier, dass ein Auszug aus „Die Verwandlung", der Material 1 bildet, und beispielsweise eine Aufgabe zur Charakterisierung und Personenbeziehung zu bearbeiten ist. Da es sich bei „Die Verwandlung" um die Verwandlung eines Menschen zum Käfer handelt, wurde als Form der Word-Cloud die einer Schabe oder eines Insekts gewählt. Dies sollten Sie bei der Interpretation des Materials erkennen und berücksichtigen.

Es zeigt sich, dass das Wort „Gregor", der Name des Protagonisten, am häufigsten vorkommt, aber auch die relevanten Personen und wie groß deren Bedeutung für den Protagonisten ist, kann aus der Word-Cloud erahnt werden. Vor allem der „Vater" erscheint recht groß, während „Mutter" und „Schwester" kleiner gedruckt sind. Es wird deutlich, dass die Beziehung zwischen Gregor und dem Vater eine große Auswirkung auf den Charakter der Figur hat und dass die Beziehung zwischen den beiden entweder besonders eng oder besonders problematisch ist, da sie häufiger thematisiert wird.

Bei der Bearbeitung von Word-Clouds sollten Sie beachten, dass Konjunktionen und einzelne Verben häufiger vorkommen und damit größer erscheinen, da sie im Text oft verwendet werden. Diese haben meist aber keine entscheidende Bedeutung und müssen ggf. bei der Betrachtung außer Acht gelassen werden.

2. Materialauswertung von begleitenden kontinuierlichen Texten

2.1 Aphorismen

Ein Aphorismus ist ein Sinnspruch, der prägnant – manchmal etwas hintersinnig – eine Erkenntnis, Erfahrung oder Lebensweisheit vermittelt. Aphorismen werden gerne als Begleitmaterial zu literarischen Texten verwendet, entweder um einen Aspekt aus dem Textmaterial besonders zu verdeutlichen oder als Ausgangspunkt für einen Vergleich von Motiven.

Zur Verwendung des Aphorismus als Material sollten Sie die Erkenntnis oder die Lebensweisheit, die er vermitteln will, zunächst erkennen und dann in Bezug zum Hauptmaterial setzen.

Folgender Aphorismus könnte Begleitmaterial zu einem literarischen Text sein, bei dem es auch um das Alter oder das Altern geht.

> „Das Alter ist keine Krankheit, sondern immer eine Zugabe."

Quelle: Glaßl, Helmut: Aphorismen. In: www.aphorismen.de/zitat/218538 [02.01.2019].

Durch den Sinnspruch wird eine positive Sicht auf das Alter ausgedrückt: Das Alter ist nichts Negatives, das man durchstehen oder überwinden muss wie eine Krankheit, sondern es ist eine Zeit, die einem geschenkt wird. Der Einbezug dieses Gedankens, beispielweise in einen Motivvergleich, würde die Bandbreite der Betrachtungsweise erhöhen.

2.2 Interviews

Interviews bieten Ihnen die Möglichkeit, sich einen Überblick über Hintergründe oder Ansichten einer Person zu verschaffen. Bei Sachtexten lassen sich aus Interviews entweder zusätzliche Sachinformationen und Fakten gewinnen oder es wird der Standpunkt der interviewten Person zu einem bestimmten Thema klar. Häufig wird das Interview auch bei Aufgaben zu literarischen Texten eingesetzt. Meist sind es dann Interviews mit dem Autor eines der Materialien oder mit Literaturkritikern o. Ä., die sich zum Werk des Materials äußern.

Im Folgenden ist ein Auszug aus einem Interview mit Daniel Kehlmann zu finden, das anlässlich seines damals neu erschienenen Romans „Die Vermessung der Welt" geführt wurde. Der Roman handelt vom Leben zweier deutscher Naturwissenschaftler, Alexander von Humboldt und Carl Friedrich Gauß, die zur gleichen Zeit gelebt haben und gemeinsam gealtert sind.

Eine Prüfungsaufgabe zu einem Auszug aus diesem Roman könnte lauten, das Motiv des Alterns der beiden Wissenschaftler zu untersuchen. Als Begleitmaterial könnte das Interview dienen, aus dem die Sicht des Autors zu diesem Thema erkennbar wird. Das Interview gibt damit Hinweise auf die Bearbeitung der Aufgabe und greift Aspekte auf, die Sie in den Ausführungen dazu vertiefen können.

> **Material: Auszug aus dem Interview der Frankfurter Allgemeinen mit Daniel Kehlmann: „Ich wollte schreiben wie ein verrückt gewordener Historiker" (2006)**
>
> Sein Roman „Die Vermessung der Welt" ist einer der größten Bucherfolge der deutschen Literatur. Ein Gespräch mit Daniel Kehlmann über den Erfolg und die geheimen Hauptthemen des Buches: die Deutschen und das Alter.
>
> [...] Ist „Die Vermessung der Welt" also ein Roman über unseren Nationalcharakter, darüber, was es heißt, deutsch zu sein?
>
> Ja, das habe ich ganz stark so empfunden. Eine satirische, spielerische Auseinandersetzung mit dem, was es heißt, deutsch zu sein – auch natürlich mit dem, was man, ganz unironisch, die große deutsche Kultur nennen kann. Für mich ist das eines der Hauptthemen des Romans, wie Andreas Maier so schön im Booklet des Hörbuchs geschrieben hat, „die große deutsche Geistesgeschichte, eine einzige Lebensuntauglichkeit". In der breiten Rezeption ist dieses Thema dann merkwürdigerweise vernachlässigt worden. Da wurde der Roman als ein Buch über Wissenschaft und vor allem über zwei schrullige Leute verstanden. Daß in dieser Schrulligkeit aber viel an satirischer Ideologiekritik steckt, ist in der deutschen Rezeption völlig in den Hintergrund getreten. Aber vielleicht hat das ja auch eine gewisse Logik.
>
> Ich habe „Die Vermessung der Welt" vor allem als Roman über das Altern gelesen.
>
> Ja, das ist er auch. Das ist die andere Sache, bei der ich mich gewundert habe, daß sie so wenig beachtet wurde.
>
> Sie sind gerade einunddreißig geworden. Was hat Sie dazu bewogen, sich mit der Frage des Alterns auseinanderzusetzen?
>
> Mich hat das Thema des Alterns immer fasziniert. Schon mein letzter Roman, „Ich und Kaminski", beschreibt ein Duell zwischen Alter und Jugend, das das Alter gewinnt. Ein Thema, das sich beim Schreiben der „Vermessung" sehr klar hergestellt hat, ist die Tatsache, daß alle Menschen über die Jahre hinweg ihren Eltern immer ähnlicher werden, ob sie wollen oder nicht – und normalerweise wollen sie ja überhaupt nicht. In diese Richtung spielt übrigens auch das letzte Kapitel mit Gauß' Sohn Eugen. In dem Moment, wo er selbständig wird, beginnt er plötzlich, sich zu entfalten wie sein Vater, ohne es zu bemerken. Das Altern ist insofern tatsächlich das eine Hauptthema des Buches, und damit verbunden der traurige Umstand, daß man, wenn man lange genug da ist, sich selbst überlebt, sich selbst historisch wird. Es gibt den schönen lateinischen Spruch als Aufschrift auf Sonnenuhren „omnia vulnerant, ultima necat": Jede verwundet, die letzte bricht. Gemeint sind die Stunden. Ich finde der große existentielle Skandal ist nicht, daß wir sterben, sondern daß wir alt werden müssen. [...]
>
> *Quelle: von Lovenberg, Felicitas: „Ich wollte schreiben, wie ein verrückt gewordener Historiker", Interview mit Daniel Kehlmann. In: www.faz.net. 09.02.2006. www.faz.net/aktuell/feuilleton/buecher/bucherfolg-ich-wollte-schreiben-wie-ein-verrueckt-gewordener-historiker-1304944.html?printPagedArticle=true#pageIndex_0 [02.01.2019]. © Alle Rechte vorbehalten. Frankfurter Allgemeine Zeitung GmbH, Frankfurt. Zur Verfügung gestellt vom Frankfurter Allgemeine Archiv.*

3. Zitiertechniken

Insbesondere bei den Prüfungsaufgaben zur Epik und Dramatik müssen Schlussfolgerungen und Behauptungen, die auf Basis der Textgrundlage getroffen werden, durch diese belegt werden. Das heißt, Sie müssen die Stellen im Text anführen, die zu dem gezogenen Schluss führen. Hierzu sollten Sie die betreffenden Passagen entweder zusammenfassend wiedergeben oder wörtlich zitieren.

Ein zusammenfassender Verweis auf den Text kann nötig sein, wenn sich eine Behauptung durch eine ganze Textpassage zieht. Häufig sind dann noch den Textbeleg erläuternde Hinweise in den Ausführungen erforderlich. Ein wörtliches Zitieren ist dann notwendig, wenn sprachliche Besonderheiten erkennbar werden sollen oder wenn die Schlussfolgerung, auf die Sie hinauswollen, wortwörtlich im Text zu finden ist.

Wörtliches Zitieren

Wird wortwörtlich zitiert, so heißt das, dass ein Textteil direkt übernommen wird. Das bedeutet, er darf in seinem Wortlaut nicht verändert werden. Für die Übernahme des wörtlichen Zitats kann es aber erforderlich werden, dieses entweder etwas zu kürzen, grammatikalisch zu verändern oder andere Kennzeichnungen vorzunehmen. Hierfür gelten die Regeln, die anhand des folgenden Beispielsatzes erläutert werden.

Beispielsatz, aus dem zitiert werden soll:

Die Bilder galten als älteste Malerei, besser als die „Mona Lisa" – bis zu einem neuen Fund.

Regeln:

- Auslassungen sind durch drei Punkte in eckigen Klammern zu kennzeichnen […]. Beispiel: „Die Bilder galten als älteste Malerei […] bis zu einem neuen Fund."
- Zu Beginn oder am Ende eines Satzes müssen Auslassungen nicht gekennzeichnet werden.
- Enthält der zitierte Text selbst schon Anführungszeichen, werden diese als einfache Anführungszeichen übernommen. Beispiel: „Die Bilder galten als älteste Malerei, besser als die ‚Mona Lisa' – bis zu einem neuen Fund."
- Zitate müssen grammatikalisch richtig in den eigenen Text eingebaut werden. Veränderungen im grammatikalischen Bereich oder im Tempus müssen durch eckige Klammern kenntlich gemacht werden. Beispiel: Er möchte hervorheben, dass „die Bilder […] als älteste Malerei [gelten]" oder „Die Bilder [gelten] als älteste Malerei".
- Am Anfang und am Ende eines Zitates können die Groß- und Kleinschreibung dem eigenen Text angepasst werden.

Zum Nachverfolgen des Belegs müssen Sie in jedem Zitat angeben, an welcher Stelle der Textgrundlage das Zitat entnommen wurde. Hierzu müssen Sie die entsprechende Zeilennummer angeben. Die Angabe kann dabei unmittelbar im Anschluss an das Zitat in Klammern erfolgen, wobei dann Zeile mit Z. abgekürzt wird: „Die Bilder galten als älteste Malerei" (Z. 1). Sie können aber auch im Text auf die Zeile verweisen: In Zeile 1 erklärt der Autor: „Die Bilder galten als älteste Malerei", oder: In Zeile 1 betont der Autor, dass „die Bilder […] als älteste Malerei [gelten]". Eine weitere Möglichkeit besteht darin, das wörtliche Zitat im Anschluss an die Ausführungen in Klammen zu setzen, wobei dann die Zeilenangabe durch ein Komma vom Zitat abgetrennt wird: Der Autor macht auf die Bedeutung der Malereien aufmerksam („Die Bilder galten als älteste Malerei", Z. 1). Werden mehrere Zitate in Klammern angegeben, so werden diese durch ein Semikolon voneinander abgetrennt: („Die Bilder galten als älteste Malerei", Z. 1; „anderes Zitat", Z. 1).

Wird direkt im Anschluss an ein Zitat ein weiteres Zitat mit derselben Zeilenangabe zitiert, so wird beim zweiten Mal nicht noch einmal die Zeile angegeben, sondern dies erfolgt dann durch die Abkürzung ebd. (für ebenda): „Die Bilder galten als älteste Malerei" (Z. 1). Dies galt aber nur „bis zu einem neuen Fund" (ebd.).

Wird das Zitat nicht nur aus einer Zeile entnommen, sondern aus mehreren Zeilen, dann wird dies durch den Zusatz „f." für eine weitere Zeile bzw. „ff." für mehrere Zeilen markiert: (Z. 1 f.) für die Zeilen 1 und 2 oder (Z. 1 ff.) für die Zeilen 1 bis 3 oder noch weiter im Text.

Achten Sie darauf, dass wörtliche Zitate nicht losgelöst vom eigenen Text stehen und gewissermaßen nur hineingeworfen werden, sondern in den eigenen Fließtext eingebunden werden. Hierfür gibt es mehrere Möglichkeiten.

- Zitateinbindung vorweg: „Die Bilder galten als älteste Malerei", behauptet der Autor in Zeile 1
- Zitateinbindung nachträglich: Den Beginn seiner Ausführungen markiert der Autor durch die Behauptung, dass „die Bilder […] als älteste Malerei [gelten]" (Z. 1).
- Zitateinbindung als Unterbrechung: Die Behauptung, dass „die Bilder […] als älteste Malerei [gelten]" (Z. 1), wird bereits zu Beginn aufgestellt.
- Zitateinbindung nach einem Doppelpunkt: Der Autor kommt gleich am Anfang zu dem Schluss: „Die Bilder [gelten] als älteste Malerei" (Z. 1).

Zusammenfassendes (indirektes) Zitieren

Wollen Sie nur zusammenfassend aus der Textgrundlage zitieren, wird den Ausführungen, die Sie als Schlussfolgerung aus der Textstelle gezogen haben, in Klammern die Zeile mit vorangestelltem „vgl." (als Abkürzung für vergleiche) angegeben: (vgl. Z. 1 f.). Meist ist es in diesen Fällen aber erforderlich, genau darzulegen, wie Sie auf Basis dieser (meist dann etwas umfangreicheren Textstelle) zu Ihren Analyseergebnissen gekommen sind.

4. Sprachliche Mittel

Im Rahmen der Untersuchung der sprachlich-stilistischen Gestaltung eines Textes sind zunächst Satzbau und Wortwahl zu prüfen.

Satzbau	Wortwahl
Satzarten • Aussagesatz • Befehlssatz • Fragesatz in Form einer Alternativ-, Auskunfts- oder rhetorischen Frage	**Wortarten** • Substantiv • Verb • Adjektiv • Personalpronomen
Satzkomplexität • Parataktischer Satzbau (einfache Satzreihen) • Hypotaktischer Satzbau (Satzgefüge)	**Sprachebene** • Hochsprache • Fachsprache • Umgangssprache

Neben diesen allgemeinen sprachlichen Mitteln sind die Texte sprachlich-stilistisch auch auf rhetorische Stilmittel und deren Wirkungen hin zu untersuchen. Im Folgenden eine Auflistung gängiger rhetorischer Mittel (ohne Anspruch auf Vollständigkeit).

Fachausdruck	Erklärung	Beispiel
Akkumulation	Reihung von Wörtern ohne Nennung des Oberbegriffs	Bücher, Zeitungen, Zeitschriften (statt Oberbegriff Printmedien)
Alliteration	Gleicher Buchstabe oder Laut zweier aufeinanderfolgender Wörter	Milch macht müde Männer munter.
Anapher	Wiederholung desselben Wortes oder derselben Wortgruppe am Beginn von Sätzen oder Nebensätzen	Das Kind war müde, das Kind schlief ein.
Antithese	Gegenüberstellung von Gegensätzen oder gegensätzlicher Begriffe	Tag und Nacht, natürlich und künstlich
Apostrophe	Hinwendung des Autors oder einer Figur an eine Sache, eine imaginäre Person oder den Leser	Sehen Sie selbst.
Asyndeton	Gleichgestellte Wort- oder Satzreihe, deren Glieder nicht durch eine Konjunktion miteinander verbunden sind	„Alles, rennt, rettet, flüchtet" (Schiller); „Er kam, er sah, er siegte" (Cicero)
Ellipse	Satz ohne vollständigen Satzbau (Subjekt, Prädikat und/oder Objekt fehlen)	Je größer, desto besser.
Emphase	Betonung	Das ist ja total irre. Daran muss ich überhaupt nicht denken.
Enumeratio	Aufzählung	Er arbeitet am Montag, Dienstag, Mittwoch und Freitag.
Epipher	Aufeinander folgende Sätze oder Teilsätze enden mit den gleichen Wörtern	Lassen Sie uns also zügig handeln, konsequent handeln, aber trotzdem besonnen handeln.
Euphemismus	Beschönigung	Nullwachstum (statt Stillstand) Facility Manager (statt Hausmeister)
Exclamatio	Ausruf	Hilfe! Au!
Gemination	Wortwiederholung	Aber Verlass, Verlass ist auf ihn.
Inversion	Auffallende Abweichung von der üblichen	Gesprochen habe ich noch nicht.
Hyperbel	Übertreibung Untertreibung	Das ist der genialste Moment. So wenig hatte ich noch nie getan.

4. Sprachliche Mittel

Fachausdruck	Erklärung	Beispiel
Ironie	Feiner Spott, dadurch dass man das Gegenteil des Gemeinten darstellt (erkennbar durch Ironiesignale im Kontext)	Das macht mir überhaupt nichts aus.
Klimax	Steigerung	Erst war sie klein, dann größer und am Ende riesig.
Konnotation	Positiver oder negativer Beiklang eines Begriffes	Teufel, Bulle (für Polizist), Engel
Litotes	Verneinung des Gegenteils	Er macht das gar nicht schlecht.
Metapher	Sprachliches Bild	Sprachbarriere, Verkehrsfluss, Lebensmittelbrücke
Neologismus	Wortneuschöpfung	skypen, chatten
Onomatopoesie	Lautmalerei	Kuckuck, Klipp-Klapp, Huhu
Oxymoron	Verbindung widersprüchlicher Begriffe	ein schaurig-schöner Film, „Liebespein" (Goethe)
Paradoxon	scheinbarer Widerspruch	„Ich weiß, dass ich nichts weiß" (Sokrates); „Wer sein Leben findet, wird es verlieren" (Mt 10, 39)
Parenthese	Einschub	Heute morgen – es war gerade mal hell – klingelte schon der Postbote.
Periphrase	Umschreibung eines Begriffs	Wenn in Frankfurt alljährlich die größte Schau des Automobils die Tore öffnet ... auch: Der Allmächtige (Gott)
Personifikation	Eine Sache oder ein abstrakter Begriff werden wie eine Person dargestellt, z. B. durch ein Prädikat oder ein Adjektiv, das nur Personen zugeschrieben werden kann.	Seine Zuneigung stirbt. Die Stadt legte sich schlafen.
Pleonasmus	↔ Oxymoron Inhaltliche Wiederholung auf unterschiedliche Weise mit verschiedenen Wortarten	weißer Schimmel; runde Kugel; alter Greis
Rhetorische Frage	Scheinbare Frage, die sich eigentlich selbst beantwortet	Reicht es nun endlich?
Symbol	Sinnbild	Rose (für Liebe), Kreuz (für Christentum), Kette (für Bindung)
Synekdoche	Teil fürs Ganze	Traube statt Wein
Tautologie	↔ Oxymoron Inhaltlichen Wiederholung Unterschied zum Pleonasmus: hier gleiche Wortart	nie und nimmer; Reih und Glied;
Vergleich	Veranschaulichender Vergleich zweier Begriffe	Blau wie der Himmel, Lebendig wie ein Fisch im Wasser
Wortspiel	Sprachliches Spiel mit dem Klang oder der Bedeutung von verschiedenen Wörtern	Lieber arm dran als Arm ab. Wer nie vom Weg abkommt, bleibt immer auf der Strecke.

Sachtexte

Der Umgang mit Sachtexten ist stets Bestandteil der ersten Prüfungsaufgabe. Dabei sind die Grundlagen mehrere Materialien. Das erste, meist umfangreichste davon ist in der Regel eine journalistische Darstellungsform wie ein Zeitungs-/Zeitschriftenbericht, ein Kommentar, eine Glosse oder eine Reportage. Dieses Hauptmaterial wird durch einen oder mehrere weitere pragmatische Texte wie beispielsweise einem Lexikoneintrag, einer Definition, einem Interview o. Ä. unterstützt. Zu diesen kontinuierlichen Texten werden dann als weitere Materialien diskontinuierliche Textformen wie Statistiken, Karikaturen oder sonstige grafische Darstellungsformen bereitgestellt.

Aus all diesen Materialien sollen Informationen gewonnen werden, die der Analyse eines Themas dienen. Auf Basis dieser Analyse wird dann in der Aufgabenstellung gefordert, selbst einen Sachtext zu produzieren. Die in der Prüfung verlangten Formen sind dabei die Erörterung, der Kommentar oder der Leserbrief.

1. Erörterung

Bei der Erörterung handelt es sich um eine argumentative Auseinandersetzung mit einem vorgegebenen Thema. Dabei sollen unterschiedliche Sichtweisen und Argumente zu einem Problem oder Themenkomplex dargestellt werden, die schließlich in eine Synthese münden. Dabei darf und soll auch die eigene Meinung mit einfließen.

In der Prüfung werden Aufgaben gestellt, die auf eine Darlegung von Pro- und Kontra-Argumenten mit abschließender Synthese abzielen. Dabei stehen Materialien zur Verfügung, aus denen Argumente gewonnen werden können. Diese sollten Sie auch alle verwenden. Zusätzlich können Sie die Erörterung noch mit eigenen Erfahrungen und Erkenntnissen anreichern.

1.1 Vorbereitung

Klärung der Themenstellung

Zur Vermeidung einer Themaverfehlung sollten einige Fragen genau geklärt werden:

- Wie lautet die Aufgabenstellung?
- Welches Thema soll untersucht werden?
- Wird nur eine lineare Erörterung verlangt oder ist sie dialektisch aufzubauen?[1]

Halten Sie sich streng an den genauen Wortlaut der Aufgabenstellung. In den meisten Fällen verlangt die Aufgabenstellung eine dialektische Erörterung, weshalb diese im Folgenden auch im Detail erläutert wird.

Bei einer linearen Erörterung entfällt die Darstellung der Gegenseite. Deshalb lassen sich die wesentlichen Ausführungen zur dialektischen Erörterung auf diese Form übertragen. Sind Sie sich nicht sicher, welche Form verlangt wird, ist es ratsam, eine dialektische Erörterung zu verfassen. Es ist besser, irrtümlich eine Gegenseite und damit zu viel darzustellen, als dass bei falschem Verständnis der Aufgabe die Darstellung der Gegenseite am Ende fehlt.

Stoffsammlung

Die dialektische Erörterung sollte nach dem in Tabelle 1 dargelegten Schema aufgebaut sein. Um diese Struktur mit Inhalt zu füllen, müssen die eigenen Gedanken, eigene Argumente sowie Argumente und Aussagen aus dem Text und den Materialien geordnet werden. Dies kann beispielsweise in Form von Mind-Maps erfolgen.

Folgende Fragestellungen sollten dabei in Ihre Überlegungen für die Stoffsammlung mit einbezogen werden:

- Wie steht der Autor des Textes zur Frage der Erörterung? Bin ich der gleichen Ansicht? Warum?
- Mit welchen Argumenten untermauert der Autor des Textes seine Meinung? Welche bringt er/sie für die Gegenseite? Sind die Argumente einleuchtend/nachvollziehbar/stichhaltig oder berücksichtigen sie nur Sonderfälle? Wie veranschaulicht der Autor seine Argumentation durch Beispiele oder Belege? Wie könnte die Argumentation noch durch meine eigene ergänzt/noch anschaulicher gemacht werden? Welche Gegenargumente zur Autorenmeinung sind denkbar?
- Was sagen die Materialien aus? Stützt das Material durch seine Aussage eine Argumentationsrichtung? Wenn ja, inwiefern? Welche Argumente können daraus abgeleitet werden?

---

1 Bei einer linearen Erörterung ist lediglich eine Argumentationsrichtung (also entweder pro oder contra) auszugestalten. Eine dialektische Erörterung erfordert die Berücksichtigung beider Argumentationsseiten und eine abschließende Darstellung einer Synthese.

- Welche Argumente finde ich noch zusätzlich für beide Argumentationsrichtungen? Welche Aspekte könnte ich noch anführen (ethische, moralische, materielle, gesellschaftliche, psychologische, politische, religiöse, ökologische, wirtschaftliche, ökonomische, rechtliche, geschichtliche, ...)?
- Welche Lösungsmöglichkeiten für das Problem bringt bereits der Autor? Sind diese für mich nachvollziehbar/einleuchtend? Welche anderen Lösungsmöglichkeiten gäbe es aus meiner Sicht? Welche positiven und negativen Konsequenzen hätte eine Umsetzung des Lösungsvorschlags des Autors oder des eigenen zur Folge?

Es ist wichtig, die Gegenseite angemessen und gleichgewichtig darzustellen, auch wenn Sie grundsätzlich die Meinung des Autors teilen.

Aufbau

Die in der Stoffsammlung gewonnenen Informationen sollten in eine Gliederung münden. Diese ist zwar nicht Bestandteil der Ausführungen und wird nicht bewertet, sie stellt aber eine wertvolle Strukturierungshilfe dar. Der Aufbau der Gliederung sollte dem der dialektischen Erörterung folgen. Dieser ist in der folgenden Tabelle schematisch dargestellt.

Tabelle 1: Schematische Darstellung des Aufbaus einer dialektischen Erörterung

Einleitung
- Definition von Begriffen, Einbetten in aktuelle politische/gesellschaftliche Diskussion, Aufgreifen eines Zitats, Aufgreifen von Stichworten aus den Materialien, ... - Aufgreifen und eindeutiges Formulieren der Themenstellung

Hauptteil
- Beginn entgegen der favorisierten Argumentationsrichtung.   ◦ Erstes Argument

Behauptung	Genau formuliertes Darstellen der These/des Standpunktes	
Begründung	Formulieren des Arguments zur Unterstützung der These	„weil, da, denn, nämlich, ..."
Beleg/Beispiel	Veranschaulichen durch Beispiele und/oder Beweisen des Arguments durch Belege/Statistiken etc.	„wie, zum Beispiel, so sieht man, so zeigt sich, ..."
Folgerung	Erweitern des Problemzusammenhangs und/oder verweisen auf Konsequenzen	„deshalb, deswegen, folglich, in Folge dessen, sodass, darum, ..."
Rückbezug und Überleitung	Rückführen auf die These zur Gewährleistung des roten Fadens und überführen zum nächsten Argument	„also, somit, ..."

    ◦ Weitere Argumente (nach dem Schema des ersten)
- Kurzen Überleitungssatz einschieben, um zu verdeutlichen, dass nun die andere Argumentationsrichtung folgt (erhöht die Struktur des Textes)
- Formulieren von Argumenten für die Argumentationsrichtung, die persönlich favorisiert wird.
  ◦ Erstes Argument (nach dem Schema des ersten Arguments der Gegenseite)
  ◦ Weitere Argumente (s. o.)

Schluss
Formulieren einer Synthese, Entwickeln von Lösungsvorschlägen, Aufzeigen eines Kompromisses, Ausblick auf mögliche weitere Entwicklungen, Appell an den Leser der Erörterung, ...

Es ist empfehlenswert, dass Sie mit der Gegenseite zur eigenen Überzeugung beginnen und mit der eigenen Argumentationsrichtung abschließen.

Werden Gedankengänge des Autors/der Autorin aus der Textgrundlage oder den sonstigen Materialien direkt entnommen, so sind die üblichen Zitiertechniken und -regeln zu befolgen.

Die Zeitform der Erörterung ist generell das Präsens (Gegenwart).

Formulierungshilfen

Eine Hilfestellung bei der Formulierung von Argumenten können folgende Stichpunkte bieten.

Für die Bewertung von Argumenten aus dem Text:

Zustimmend	Differenzierend	Ablehnend
- Der Auffassung, dass ..., ist beizupflichten/zuzustimmen, weil ... - Der Standpunkt ... ist überzeugend, denn... - Dies wird untermauert durch ... - Das Argument ... ist stichhaltig/nachvollziehbar/einleuchtend, weil ...	- Dem Punkt ... ist zuzustimmen, doch man darf dabei ... nicht übersehen. - Dem kann man nur dann zustimmen, wenn ... - Man kann sicherlich einräumen, dass ..., aber darf dabei nicht ... außer Acht lassen. - Dabei nicht berücksichtigt wird allerdings, dass ...	- Die Argumentation, dass ... ist nicht haltbar, weil ... - Nicht überzeugend ist ..., weil ... - Die Sichtweise ... ist nicht haltbar, denn ... - Wenig überzeugend ist das Argument ... - Einer gründlichen Überprüfung hält ... keineswegs stand, weil ...

Für die Verbindung und Überleitung von Argumenten:

Aneinanderreihend	Begründend	Einschränkend
- Zunächst - Darüber hinaus - Des Weiteren - Im Übrigen sollte man nicht vergessen, ... - Letztlich	- Weil/aufgrund/wegen/da/denn, ... - Das liegt daran, dass ... - Ein Grund dafür ist ... - Einer der Gründe ist ... - Die Ursache dafür liegt ... - Verantwortlich dafür ist ...	- Wenn/falls - Sollte ... zutreffen, dann ... - Nur unter der Bedingung, dass ..., ist das Argument ... - Geht man davon aus, dass ..., ist die Ansicht ... - Im Falle ...

Für die Formulierung des Schlusses als Synthese:

- Als Ziel bietet sich möglicherweise an ...
- Trotz der genannten Schwierigkeiten ist ...
- Unter der Bedingung, dass ...
- Unter der Berücksichtigung von ...
- Ein möglicher Kompromiss wäre ...
- Die Notwendigkeit eines besseren/anderen/neuen Verständnisses von ...
- Das Ziel eines neuen/anderen/geänderten Bewusstseins von ...

1.2 Übungsaufgabe 1 und zwei Varianten

Aufgabe

Erörtern Sie die positiven und negativen Aspekte eines bedingungslosen Grundeinkommens. Zeigen Sie im Anschluss alternative Möglichkeiten auf, wie man die Sozialsysteme weiterentwickeln könnte.

Beziehen Sie die beigefügten Materialien, eigenes Wissen und eigene Erfahrungen sinnvoll in Ihre Argumentation mit ein.

Material 1:

> **Christoph Butterwegge: Das Grundeinkommen ist nicht egalitär, sondern elitär (2017)**
>
> **Seine Einführung würde das Ende des Sozialstaats bedeuten. Denn konstruiert ist es nicht für einen Minimalverdiener – sondern für einen Lottogewinner**
>
> Ein bedingungsloses Grundeinkommen (BGE), wie es in weiten Bevölkerungskreisen auf große Sympathien stößt, hat auf den ersten Blick etwas Faszinierendes: Statt wie im bestehenden Wohlfahrtsstaat nur jene Menschen durch eine spezielle Transferleistung wie das Arbeitslosengeld II aufzufangen, die weder über ein ausreichendes Erwerbseinkommen noch über Leistungsansprüche aus dem Versiche-
> 5 rungssystem verfügen, sollen alle (Wohn-)Bürger ohne Ansehen der Person, ohne Arbeitspflicht und ohne besonderen Nachweis in den Genuss einer Zuwendung gelangen, die zur Sicherung ihrer materiellen Existenz ausreicht.

Nach jahrzehntelanger Flickschusterei am Sozialstaat, die immer neue Probleme und Streitigkeiten in der Öffentlichkeit mit sich brachte, erscheint der angestrebte Systemwechsel vielen Menschen geradezu als Erlösung: Hartz-IV-Bezieher hoffen, vom Druck ihres Jobcenters befreit zu werden, Steuerzahler glauben, nichts mehr von Reformen hören zu müssen, die – wie Hartz IV – keine Verbesserungen bringen. An die Stelle eines gleichermaßen komplexen wie komplizierten Wohlfahrtsstaates, individuell geltend zu machender Ansprüche und behördlicher Kontrollen soll ein Universaltransfer treten, der keiner großen staatlichen Bürokratie mit Sanktionsdrohungen mehr bedarf.

Auf den zweiten Blick fallen allerdings gravierende Nachteile dieser Idee ins Auge: Beim BGE handelt es sich um eine Leistungsart, die mit der Konstruktionslogik des bestehenden, früher als Jahrhundertwerk gefeierten und selbst in entfernten Weltgegenden nachgeahmten Wohlfahrtsstaates brechen und seine ganze Struktur zerstören würde. Der Wohlfahrtsstaat gründet seit Bismarck auf einer Sozialversicherung, die in unterschiedlichen Lebensbereichen, -situationen und -phasen auftretende Standardrisiken (Krankheit, Alter, Invalidität, Arbeitslosigkeit und Pflegebedürftigkeit) kollektiv absichert, sofern entsprechende Beiträge entrichtet wurden. Nur wenn dies nicht der Fall ist oder der Leistungsanspruch bei längerer Arbeitslosigkeit endet, muss man auf steuerfinanzierte Leistungen zurückgreifen, die bedarfsabhängig – also nur nach Prüfung der Einkommensverhältnisse, vorrangigen Unterhaltspflichten und Vermögen – gezahlt werden.

Wenn (fast) alle bisherigen Leistungsarten zu einem Grundeinkommen verschmolzen würden, wäre das Ende des Sozialstaates gekommen, wie Deutschland ihn seit mehr als 100 Jahren kennt. Selbst ein reiches Land wie die Bundesrepublik kann sich nicht beides zugleich leisten, die Sozialversicherung mit einem Beitragsvolumen von gut 600 Milliarden Euro und außerdem ein Grundeinkommen, das die öffentlichen Haushalte erheblich mehr Geld kosten würde, als Bund, Länder und Gemeinden heute an Steuern einnehmen. Im Haushaltsjahr 2016 waren das knapp 650 Milliarden Euro.

Um allen 82,5 Millionen Einwohnern Deutschlands ein Grundeinkommen in Höhe von 1000 Euro monatlich zahlen zu können, müsste man knapp eine Billion Euro, fast ein Drittel des Volkseinkommens, aufwenden. Wenn man das Grundeinkommen den Besserverdienenden vorenthielte oder diesen Personenkreis darauf Steuern entrichten ließe, um staatlicherseits billiger davonzukommen, wäre es nicht bedingungslos, sondern an die Voraussetzung geknüpft, dass keine anderen Einkommensquellen vorhanden sind. Folglich ist die Finanzierung des Grundeinkommens der kritische Punkt.

Konstruiert nach dem Lebensentwurf eines Lottogewinners

Völlig unberücksichtigt lässt das Grundeinkommen die Lebensumstände der Individuen. Alle erhalten denselben Geldbetrag, unabhängig davon, ob sie ihn brauchen oder nicht. Auf diese Weise gewährleistet das Grundeinkommen zwar eine für jeden gleich hohe Minimalabsicherung, der Spezialbedarf vieler Menschen, etwa von Schwerstbehinderten, die teure Geräte oder eine Vollassistenz brauchen, werden hingegen missachtet. Auch widerspricht eine Sozialpolitik nach dem Gießkannenprinzip dem vorherrschenden Gerechtigkeitsverständnis. Dies strebt nach Bedarfsgerechtigkeit – wer nichts hat, soll viel, wer viel hat, soll nichts bekommen –, nach Leistungsgerechtigkeit – wer viel leistet, soll viel, wer wenig leistet, wenig bekommen – und nach Verteilungsgerechtigkeit – alle sollen gleichermaßen am gesellschaftlichen Reichtum des Landes beteiligt werden.

Das bedingungslose Grundeinkommen wirkt egalitär, ist aber in Wirklichkeit elitär, weil es nach dem Lebensentwurf eines Lottogewinners oder eines reichen Müßiggängers konstruiert wurde. Es scheint, als wollten seine Anhänger den Kommunismus im Kapitalismus verwirklichen. An der sozialen Ungleichheit und der sich vertiefenden Kluft zwischen Arm und Reich könnte das Grundeinkommen indes nichts Wesentliches ändern.

Seit den griechischen Philosophen des Altertums ist bekannt, dass Gleiches gleich und Ungleiches ungleich behandelt werden muss, soll es gerecht zugehen. Milliardären denselben Geldbetrag wie Müllwerkern und Multijobberinnen zu zahlen, verfehlt das Ziel einer „austeilenden Gerechtigkeit" (Aristoteles), weil die sozialen Gegensätze nicht beseitigt, sondern zementiert würden.

BGE-Befürworter gehen davon aus, dass seine Bezieher nicht bloß schmutzige und schwere Arbeiten meiden, sondern auch für bessere Arbeitsbedingungen und höhere Löhne sorgen würden. Eher ist das Gegenteil anzunehmen: Weil das Grundeinkommen den Menschen schon aus Kostengründen höchstens eine spartanische Lebensführung ermöglicht, ihr Existenzminimum aber auf einem Minimalniveau durch den Staat gesichert wird, könnten dessen Bürger auch schlechter entlohnte Jobs annehmen, ohne darben zu müssen. Daher würde der Niedriglohnsektor, schon heute das Haupteinfallstor für Erwerbs- und spätere Altersarmut, nach Einführung des Grundeinkommens noch größer.

Sinnvoller als den bestehenden Sozialstaat zu schleifen und durch ein gesellschaftliches Großexperiment mit zweifelhaftem Ausgang zu ersetzen, wäre es deshalb, ihn zu einer solidarischen Bürgerversicherung fortzuentwickeln: Freiberufler, Selbständige, Beamte, Abgeordnete und Minister müssten einbezogen, mithin auch sämtliche Einkunftsarten beitragspflichtig werden, etwa Zinsen, Dividenden und Tantiemen sowie Miet- und Pachterlöse. Die Versicherungspflicht- und Beitragsbemessungsgrenzen wären auf- oder stark anzuheben, damit Besserverdienende weder in privilegierte Versorgungseinrichtungen ausweichen noch sich ihrer finanziellen Verantwortung für Schlechtergestellte entziehen können.

Quelle: Butterwegge, Christoph: Das Grundeinkommen ist nicht egalitär, sondern elitär. In: sueddeutsche.de. 11.10.2017. www.sueddeutsche.de/wirtschaft/bedingungsloses-grundeinkommen-das-grundeinkommen-ist-nicht-egalitaersondern-elitaer-1.3702230 [03.01.2019].

Material 2:

Interview mit Götz Werner, Gründer der Drogeriekette DM, über die Vorzüge eines bedingungslosen Grundeinkommens, den eigentlichen Sinn von Arbeit und eine revolutionäre Steuerreform (2017).

[...] Herr Werner, Sie plädieren in Ihrem jüngsten Buch vehement für ein bedingungsloses Grundeinkommen (BGE). Was bedeutet das?

Jeder einzelne erhält einen monatlichen Betrag, der sein kulturelles Existenzminimum abdeckt, ohne dass er dafür eine Gegenleistung erbringen müsste. [...]

Schön und gut, aber wer putzt dann noch Toiletten?

Ich glaube, das hängt von der Wertschätzung ab, die die Gesellschaft einer Tätigkeit zumisst. Ich denke, alle Menschen freuen sich über saubere Toiletten. Dass Menschen, die genau dafür sorgen, nicht mehr Anerkennung erhalten, ist ein kulturelles, kein ökonomisches Problem. Wir brauchen deshalb einen Wertewandel: Es geht bei der Arbeit vor allem anderen um Sinnstiftung und Wertschätzung. [...]

Eltern mit drei Kindern kämen in Ihrem Modell auf 5 000 Euro netto im Monat, ohne auch nur eine Minute bezahlte Arbeit geleistet zu haben. Das ist deutlich mehr, als eine Durchschnittsfamilie dieser Größe an Arbeitseinkommen erzielt.

Es wird einen kleinen Teil der Bevölkerung geben, vielleicht ein oder zwei Prozent, die das Grundeinkommen nehmen und das war's. Leute, die für Nichtstun Geld bekommen, gab es aber immer schon, den Adel im Mittelalter zum Beispiel. Faulpelze gibt es auch heute. Tatsächlich aber ist das gegenteilige Phänomen viel verbreiteter. Nämlich, dass Menschen ungeheure gesellschaftliche Leistungen erbringen, ohne dafür bezahlt zu werden: Sie erziehen Kinder, pflegen Angehörige, arbeiten in Vereinen und Bürgerinitiativen oder engagieren sich anderweitig ehrenamtlich. Das zeigt einesteils die Bereitschaft der Menschen zu sinnhafter, für das soziale Gefüge wertvoller Arbeit. Andernteils verringert ein bedingungsloses Grundeinkommen ungerechte Schieflagen. Zum Beispiel stünden Frauen, die ihr Leben lang hart für ihre Familie gearbeitet haben und deshalb keine eigenen Rentenansprüche erwerben konnten, mit einem Grundeinkommen viel besser da.

Aber was gilt für junge Leute mit schlechtem Schulabschluss und wenig erbaulichen Berufsaussichten? Die könnten das BGE als Einladung begreifen, jedwede Anstrengung zu weiterem Fortkommen einzustellen. Das würde die Benachteiligung bestimmter Bevölkerungsschichten noch zementieren.

Ich glaube, das Gegenteil wird der Fall sein. Das Grundeinkommen befreit vom Arbeitszwang – man könnte auch sagen: von Zwangsarbeit – und eröffnet so erst die Möglichkeit für den einzelnen, sich zu entfalten und weiterzuentwickeln. Nichtstun ist vielleicht einige Wochen ganz nett, aber es wird schnell langweilig. Da fehlen Ziele, da fehlt Sinnstiftendes. Das findet man nun einmal in einer Arbeit, die einem Anerkennung bringt und natürlich auch Geld, mit dem sich Wünsche jenseits der Grundbedürfnisse befriedigen lassen. Menschen wollen nicht lebenslang stehen bleiben, nur weil es ein BGE gibt. Sie wollen sich einbringen und weiterentwickeln.

Aber wenn jeder nur noch tut, wonach ihm ist, geht die Wirtschaft den Bach runter.

Glauben Sie? Ich nicht. Produktivität und gesellschaftlicher Wohlstand wären viel höher, wenn alle Menschen aus freiem Willen arbeiteten. Für den französischen Aufklärer Jean-Jacques Rousseau bedeutete Freiheit, nicht tun zu müssen, was man soll, sondern tun zu können, was man will. Diesem Gedanken folgt das BGE, indem es die Möglichkeit eröffnet, auch Nein zu einem miesen Job sagen zu können. [...]

Und der Herr ließ Manna vom Himmel regnen und alle Menschen wurden satt ...

Darauf würde ich mich nicht verlassen. Wir schlagen vor, alle Steuern durch eine einzige Verbrauchssteuer zu ersetzen, mit der dann sämtliche staatlichen Aufgaben finanziert werden können. Unser

Steuersystem setzt bisher an der völlig falschen Stelle an: Es besteuert vor allem die Leistung der Menschen, also Einkommen und Gewinne, dafür aber nur in geringem Umfang den Konsum. Wir begehen eine Art Knospenfrevel, indem wir die jungen Blüten hoch besteuern, anstatt erst bei den reifen Früchten zuzulangen. Wir plädieren für eine Umkehr: Besteuerung der Leistung abschaffen, dafür den Konsum besteuern. [...]

Quelle: Sauer, Stefan: Interview mit Götz Werner. „Man kann zu einem miesen Job Nein sagen". In: fr.de. 14.07.2017. www.fr.de/wirtschaft/interview-man-kann-zu-einem-miesen-job-nein-sagen-a-1314161, [03.01.2019].

Material 3: Zukunftspläne: Mit Grundeinkommen würde ich ...

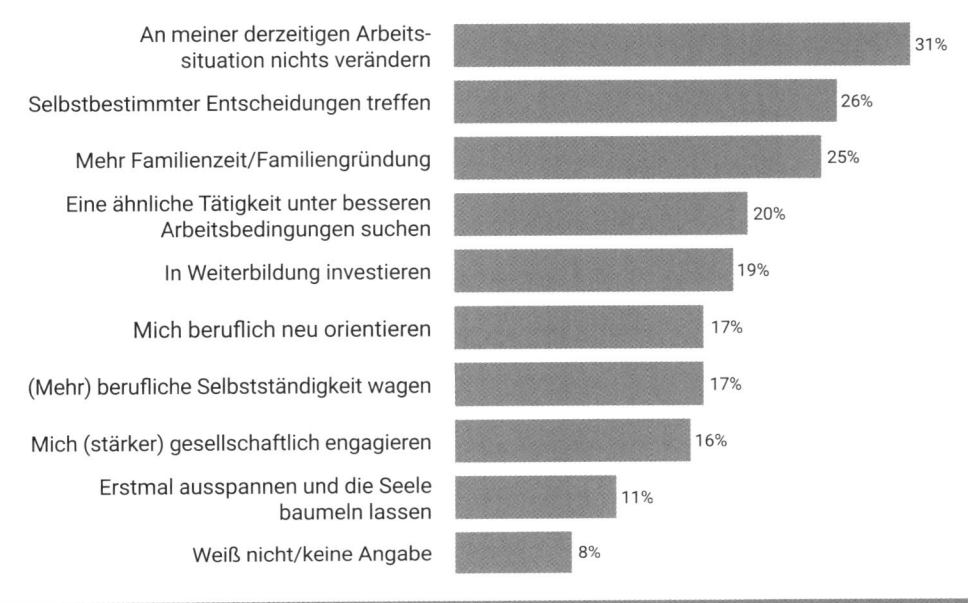

Material 4: Das Bedingungslose Grundeinkommen (2017)

Sachtexte

Aufgabenvarianten zu den Materialien:

Variante 1: Kommentar (▸ *vgl. Kapitel 2, Seite 26*)

Für die Beilage Ihrer Tageszeitung werden Beiträge zum Thema „Chancen und Risiken des bedingungslosen Grundeinkommens" gesucht. Verfassen Sie einen Kommentar, in dem Sie sich zu dieser Frage positionieren. Beziehen Sie dazu die beigefügten Materialien und eigenes Wissen und Erfahrungen mit ein und verfassen Sie eine passende Überschrift. Der Umfang des Kommentars sollte ca. 800 Wörter betragen.

Variante 2: Leserbrief (▸ *vgl. Kapitel 3, Seite 35*)

Verfassen Sie einen Leserbrief als Antwort auf den Kommentar von Christoph Butterwegge (Material 1). Beziehen Sie dabei neben den weiteren Materialien auch Ihr persönliches Wissen und Ihre persönlichen Erfahrungen mit ein.

1.3 Checkliste für meine Lösung

☐ Ist die Struktur (siehe Tabelle 1) eingehalten?

☐ Werden an geeigneter Stelle (z. B. Einleitung) Begriffe geklärt?

☐ Sind die Argumente strukturiert aufgebaut (Behauptung, Begründung, Beispiel/Beleg, Folgerung, Rückbezug) und überzeugend formuliert?

☐ Werden Stellen aus den Textmaterialien verwendet, um zustimmende und entgegnende Argumente zu gewinnen und werden diese ggf. auch korrekt zitiert?

☐ Werden die Materialien ausgewertet und für die Problematisierung, Stützung von Argumenten oder Widerlegung von Argumenten mit einbezogen?

☐ Werden bei der Argumentation eigene Erfahrungen und Wissensstände berücksichtigt?

☐ Erfolgt die Auseinandersetzung mit den unterschiedlichen Positionen abwägend?

☐ Bietet der Schluss einen Lösungsvorschlag oder werden lediglich Argumente wiederholt oder oberflächlich zusammengefasst?

☐ Wird eine eigene Position entwickelt und dargelegt?

☐ Wird die Zeitform Präsens eingehalten?

☐ Genügt die Erörterung den sprachlichen Anforderungen (Genauigkeit, Abwechslungsreichtum, Sprachniveau, Überzeugungskraft, etc.)?

☐ Werden die Regeln der Rechtschreibung, Zeichensetzung und Grammatik eingehalten?

2. Kommentar

Beim Kommentar handelt es sich um einen meinungsbildenden Text, der sich auf ein Thema bezieht, das durch eine Nachricht oder andere journalistische Darstellungsformen (anderer Kommentar, Glosse, Interview etc.) zur Diskussion gestellt wurde. Der Kommentar liefert nicht viele neue Fakten, sondern er setzt voraus, dass das Thema dem Leser bekannt ist bzw. er bereits durch den Ursprungstext ausreichend informiert wurde.

Im Kommentar nimmt der Autor eine persönliche Wertung vor, formuliert seine Ansicht zu dem Thema und stellt es ggf. in einen größeren Gesamtzusammenhang. Dabei werden Argumente und Gegenargumente gegeneinander abgewogen und auf eine Schlussfolgerung hingearbeitet. Ziel des Kommentators ist es, seine Meinung dem Leser näher zu bringen und ihn entweder von dessen Ansicht zu überzeugen oder die Leserschaft zum Handeln aufzufordern.

In seinem argumentierenden Grundaufbau ist der Kommentar der Erörterung sehr ähnlich, allerdings soll im Kommentar die Meinung des Verfassers durch die Verwendung sprachlicher Mittel pointiert und überzeugend dargelegt werden. In der Praxis können Kommentare einen Umfang von wenigen Zeilen bis zu mehreren Seiten haben. Als Aufgabenform des Fachabiturs wird der Umfang in der Regel mit einer bestimmten Anzahl an Wörter reglementiert (üblich sind hier ca. 800 Wörter).

2.1 Vorbereitung

Klärung der Themenstellung

Die Aufgabenstellung des Verfassens eines Kommentars wird klar formuliert. Sie sollten genauer betrachten, was und in welche Richtung kommentiert werden soll. Es kann verlangt sein, einen Kommentar auf eine allgemeine Fragestellung hin zu verfassen, wobei die Materialien berücksichtigt werden sollen. Es ist aber auch möglich, dass zu einem konkreten Material ein Kommentar geschrieben werden soll und die anderen Materialien als zusätzliche Informationsquelle dienen.

Sie sollten die Themenstellung dahingehend untersuchen, ob lediglich ein Darstellen der verschiedenen Positionen verlangt ist („Kommentieren Sie die Ansicht des Verfassers zu diesem Thema") oder eine eindeutige Positionierung mit dem Versuch, die Leserschaft zu überzeugen, das Ziel ist („Verfassen Sie einen Kommentar, in dem Sie sich zu dieser Frage positionieren" o. Ä.).

In der Regel wird die anspruchsvollere Variante der Positionierung in der Fachabiturprüfung verlangt werden. In jedem Fall ist die Fragestellung bzw. das Thema, zu dem der Kommentar verfasst werden soll, klar zu formulieren, um einen Themaverfehlung zu vermeiden.

Stoffsammlung

Da ein Kommentar grundsätzlich Argumente aufgreifen und überzeugend darstellen, aber auch mögliche Gegenargumente bewerten und möglichst entkräften soll, sollten Sie, ähnlich wie bei der Erörterung, alle Materialien auf mögliche Argumentationsrichtungen zum gestellten Thema hin untersuchen. Folgende Fragestellungen zur Stoffsammlung sind hilfreich:

- Wie stehen die Autoren der Materialien zum Thema? Bin ich der gleichen Ansicht? Warum?
- Mit welchen Argumenten untermauert der Autor des Textes seine Meinung? Welche bringt er/sie für die Gegenseite? Sind die Argumente einleuchtend/nachvollziehbar/stichhaltig oder berücksichtigen sie nur Sonderfälle? Wie veranschaulicht der Autor seine Argumentation durch Beispiele oder Belege? Sind die Beispiele gut gewählt oder macht sich der Autor durch die Beispiele angreifbar? Wie könnte die Argumentation noch durch meine eigene ergänzt/noch anschaulicher gemacht werden? Welche Gegenargumente zur Autorenmeinung sind denkbar?
- Welche Einwände können den Argumenten, die meiner Meinung zuwiderlaufen, entgegengesetzt werden?
- Was sagen die Materialien aus? Stützt das Material durch seine Aussage eine Argumentationsrichtung? Wenn ja, inwiefern? Welche Argumente können daraus abgeleitet werden? Wo widersprechen sich vielleicht die Materialien? Welche Angriffspunkte für einen Widerspruch ergeben sich daraus?
- Welche Argumente finde ich noch zusätzlich für beide Argumentationsrichtungen? Welche Aspekte könnte ich noch anführen (ethische, moralische, materielle, gesellschaftliche, psychologische, politische, religiöse, ökologische, wirtschaftliche, ökonomische, rechtliche, geschichtliche, ...)?
- Welche Lösungsmöglichkeiten für das Problem bringt bereits der Autor? Sind diese für mich nachvollziehbar/einleuchtend? Welche anderen Lösungsmöglichkeiten gäbe es aus meiner Sicht? Welche positiven und negativen Konsequenzen hätte eine Umsetzung des Lösungsvorschlags des Autors oder des eigenen zur Folge?
- Welche Stoßrichtung möchte ich verfolgen? Was möchte ich mit meinem Kommentar erreichen? Welcher Strategie bediene ich mich dazu (Übertreiben der Vorteile der eigenen Ansicht, Nachteile herunterspielen, die Gegenseite lächerlich machen, mich als Fachmann für dieses Thema darstellen, die Kompetenz der Gegenseite anzweifeln etc.)?

Aufbau

Jeder Kommentar beginnt mit einer passenden, prägnanten Überschrift, die häufig auch schon in der Aufgabenstellung explizit gefordert wird. Es empfiehlt sich, vor dem Ausformulieren des Kommentars ein Stichpunktkonzept inkl. einer Gliederung auf Basis der in der Stoffsammlung gewonnenen Informationen zu entwickeln. Dadurch soll ein roter Faden erkennbar werden, der den Leser überzeugend zur eigenen Schlussfolgerung hinführt.

Dieses Stichwortkonzept bzw. die Gliederung ist nicht Bestandteil der bewerteten Aufgabe, bildet jedoch die Basis für das Verfassen des Kommentars. Grundsätzlich sollte beim Kommentar folgender Aufbau verfolgt werden.

Überschrift Prägnante, ansprechende ggf. auch provozierende Überschrift, die auch schon mit einem sprachlichen Mittel gestaltet werden kann (z. B. Rhetorische Frage oder Sprach-/Wortspiel)
Einleitung - Kurze Darstellung des Sachverhalts/des Themas, auf das man sich bezieht, ggf. auch unter Bezug auf den journalistischen Ausgangstext aus den Materialien - Es sollten die Fragen „Worum geht es?" und „Was bezwecke ich mit dem Kommentar?" klar werden und das Interesse des Lesers für das Thema und das Weiterlesen des Kommentars geweckt werden. Deshalb empfiehlt sich ein origineller Einstieg.
Hauptteil - Aufbau einer logischen Argumentationskette/eines roten Fadens ohne große Gedankensprünge - Grundsätzlicher Aufbau der Argumente nach dem Schema der Erörterung (Behauptung, Begründung, Beispiel/Beleg, Folgerung, Rückbezug) - Manche, unwichtigere Argumente können knapper ausgeführt werden, zentrale Überlegungen sollten allerdings ausführlich dargestellt werden. - Gegenargumente aufgreifen und widerlegen, nicht unterschlagen. - Überleitungen und Zusammenhänge zwischen den Argumenten herstellen. - Die Reihenfolge der Argumente sollte wohlüberlegt sein und sich bis zum schlagkräftigsten am Ende steigern.

Schluss
- Die Schlussfolgerung am Ende sollte klar und eindeutig und für den Leser nachvollziehbar sein.
- Möglich hierfür ist:
  ◦ Formulieren eines Lösungsvorschlags für das Problem
  ◦ Aufforderung zu einer bestimmten Handlung in Form eines Appells
  ◦ Provokation, die die Leser des Kommentars zur Reflexion über das Thema anregt

Da durch den Kommentar die Meinung des Lesers beeinflusst werden soll, sollte die Sprache publikumsbezogen und adressatengerecht sein und sich damit entsprechender Sprachrepertoires bedienen. Bei der Bewertung wird Wert auf eine stilistisch anspruchsvolle, pointierte sprachliche Gestaltung gelegt.

Der Leser soll auf der inhaltlichen Ebene und durch die funktionale Verwendung rhetorischer Stilmittel von der Meinung des Verfassers des Kommentars überzeugt werden. Deshalb kann der Kommentar auch durchaus etwas polemisch wirken oder die Darstellung überspritzt erfolgen. Grundsätzlich wird der Kommentar nicht in der Ich-Perspektive verfasst.

Formulierungshilfen

Für die Überschrift bietet es sich an, mit einer passenden Redensart oder einem passenden Sprichwort evtl. in abgewandelter Form zu beginnen. Auch rhetorischen Fragen können das Interesse des Lesers gleich zu Beginn wecken. Alternativ können auch plakative Gegenüberstellungen oder eine knappe provokative These den Leser gleich zu Beginn fesseln.

Beispiele: „Was du nicht willst das man dir tu – warum Tierschutz heute nötiger denn je ist", „Ist Tierschutz heute wirklich noch wichtig?", „Diskussion um Tempolimit – Raser trifft Schleicher" oder „Tempolimit – Der Bürger wird noch unmündiger!"

Zum Einstieg bei der Einleitung bieten sich Formulierungen an, die gleich auch an das Thema des Materials anknüpfen, z. B.:

- Wieder einmal wird diskutiert, was schon vor Jahren begonnen hat: ....
- Schon seit Langem ist ... in der Diskussion. Jetzt meldet sich ... mit ... zu Wort.
- Die Debatte um ... scheint nicht enden zu wollen. Jetzt zeigen neue Erkenntnisse, dass ...

Im Anschluss daran sollten Sie Kernbegriffe klären, was in Form von einfachen Sätzen erfolgen sollte. Ggf. können Sie auch hier schon durch geeignete Wortwahl und Verwendung von rhetorischen Stilmitteln erste Wertungen einfließen lassen.

Im Verlauf des Hauptteils können Gegenargumente mit konzessiven Adverbialen, wie z. B. zugegeben, unbestritten, sicher, gewiss, freilich, zugegebenermaßen, wohl, gewürdigt werden. Damit zeigen Sie, dass das Argument zwar erkannt worden ist, seine Gültigkeit oder Gewichtigkeit aber aus Gründen, die dann anschließend mit einem „aber" o. Ä. aufgeführt werden, eingeschränkt wird. Hilfreich sind dabei auch Konstruktionen wie „auf den ersten Blick erscheint ... nachvollziehbar, sieht man aber genauer hin, stellt man fest ..." oder „lässt man sich nicht von diesem ersten Eindruck täuschen, erkennt man schnell ...".

Für die Formulierung der die eigene Meinung unterstützenden Argumente können Sie sich an die Formulierungshilfen der Erörterung anlehnen. Es ist aber dringend zu beachten, dass die Argumentation im Kommentar deutlicher sprachlich wertend durchzuführen ist. Dazu bieten sich Hyperbeln, rhetorische Fragen, negative oder positive Konnotationen, Antithesen, Parallelismen, Reihungen/Akkumulationen etc. an.

Auch für den Schluss bieten Formulierungshilfen der Erörterung für den Kommentar eine gute Grundlage. Allerdings gilt wie bei den Ausführungen der Argumente auch hier, dass die sprachliche Wertung deutlich erkennbar sein muss. Der letzte Satz des Kommentars ist derjenige, der beim Leser am ehesten haften bleibt. Deshalb sollte die Botschaft, die von diesem ausgeht, nicht zu komplex sein und einfach, präzise, u. U. aber auch plakativ die wesentliche Aussage oder Forderung des Kommentators beinhalten. Ein paratraktischer Satzbau ist an dieser Stelle hilfreich, es kann aber auch sinnvoll sein, den Kommentar mit einer rhetorischen Frage als Denkanstoß für den Leser zu beenden.

2.2 Übungsaufgabe 2 und zwei Varianten

Aufgabe: Für eine Serie in einer Wochenzeitung zu Entwicklungen der deutschen Sprache werden Beiträge gesucht. Verfassen Sie einen Kommentar, in dem Sie sich zu der Frage positionieren, ob die deutsche Sprache ihrem Verfall entgegen geht. Beziehen Sie dazu die beigefügten Materialien und eigenes Wissen und Erfahrungen mit ein und verfassen Sie eine passende Überschrift. Der Umfang des Kommentars sollte ca. 800 Wörter betragen.

Material 1:

Uwe Hinrichs: Die deutsche Sprache (2016)

Nicht nur der Genitiv stirbt: Die Deutschen sprechen immer schlechter Deutsch. Sie vereinfachen gnadenlos und pfeifen auf korrekten Satzbau

In seinem Buch A tramp abroad sagte Mark Twain, ein begabter Mensch könne Englisch in dreißig Stunden lernen, Französisch in dreißig Tagen, Deutsch aber kaum in dreißig Jahren: „Es ist ganz offenkundig, dass die deutsche Sprache zurechtgestutzt und renoviert werden muss. Wenn sie so bleibt, wie sie ist, sollte man sie sanft zu den toten Sprachen legen, denn nur die Toten haben genügend Zeit, sie
5 zu lernen." Und heute? Ist hier etwas im Gange? Im Jahre 2008 waren zwei Drittel der Deutschen der Meinung, mit ihrer Sprache gehe es rasant bergab. Als Gründe wurden genannt Leseabstinenz, Anglisierung, Internet-Kommunikation und Jugend-Slangs. Und 2010 meinten schon 84 Prozent, es müsse jetzt endlich mehr für den Erhalt des Deutschen getan werden. Inzwischen spaltet eine heftige Debatte über „Sprachwandel oder Sprachverfall" das Land und erzeugt zwei unversöhnliche ideologische
10 Lager: Da sind die Sprachpuristen, die überall Verlotterung wittern und auf die hohe Norm pochen – meist vollkommen vergeblich. Den Sprachhütern gegenüber steht eine Multikulti-Schickeria, die jede Sprachmischung erst mal pauschal verherrlicht, aber oft naiv-romantisch daherkommt. Beide Sichtweisen vernebeln, worum es im Sprachwandel geht; höchste Zeit, solche Positionen aufzugeben. Denn erst dann wird ein Schuh draus: Das Hochdeutsche entwickelt aus seinem Reichtum allmählich eine
15 flexible Sprechnorm, die den kommunikativen Herausforderungen des 21. Jahrhunderts angepasst ist.

Ein deutscher Neusprech? Wie geht das? Dass die deutsche Umgangssprache sich in den letzten Jahrzehnten rasant verändert hat, bestreitet heute niemand mehr.
20 Wer aufmerksam in die Talkshows hineinhört, stellt schnell fest: Das gesprochene Deutsch baut ordentlich grammatischen Ballast ab, der Satzbau wird einfacher und effizienter, in allen Medien wirkt eine starke Doktrin von Schnelligkeit und mündlicher Effizienz. Noch nie
25 war das gesprochene Deutsch von der Schulgrammatik so weit entfernt wie heute, und die Schere geht immer weiter auseinander. Worum geht es genau?

Eine kleine Tour d'Horizon durch den Alltagssprech der Fernsehserien und der städtischen Milieus
30 zeigt die wichtigsten Züge, den harten Kern des Sprachwandels: Alle vier Fälle geraten mächtig in Bewegung, sie werden oft verwechselt, verschliffen oder auch ganz weggelassen. Überall kann man Sätze hören wie „wir fahren im Urlaub" (Dativ statt Akkusativ), „er hat es ihn versprochen" (statt: ihm), „er muss sich eine Behandlung unterziehen" (statt: einer Behandlung). Der alte Genitiv stirbt zuerst und wird oft durch kleine Wörtchen ersetzt, die Präpositionen: das Auto von Philipp; die Zukunft für
35 Deutschlands Banken; die Justiz in Deutschland. Die Fälle können auch ganz fehlen: wir treffen den Präsident_; der Strom geht zu den Verbraucher_; die neue Rolle Deutschland_ in der Welt; er hat darauf kein_ Anspruch. Auch die Endungen werden geschliffen, und die Satzteile stimmen formal oft kaum noch überein. Vollkommen salonfähig sind bereits Sätze wie „sie spielten mit ein niedlichen Eisbär"; „von viele interessierten Jugendliche" etc. Der formale Zusammenhalt im Satz, die sogenann-

te Kongruenz, verliert immer mehr an Bindungskraft. Zugegeben: Im Schriftbild mag vieles gewöhnungsbedürftig aussehen. Es sind aber keine Zufallsfehler, sondern nachhaltige Formen, die einen Sprachgebrauch andeuten, in dem die Grammatik eine geringere Rolle spielt.

Und das ist nur die Spitze des Eisbergs: Die Tendenz zur Vereinfachung erfasst mittlerweile viele Bereiche der Grammatik; wir können sie hier nur knapp umreißen: Im Wortschatz setzt sich immer mehr der neue Typ mit machen durch: Schweinsteiger macht ein Tor; Castorf macht eine Aufführung; die Polizei macht eine Kontrolle. Ganz nach englischem, türkischem und persischem Muster werden Verben wie schießen, inszenieren, durchführen durch machen ersetzt. Langsam bereitet sich eine neue Steigerung nach dem Muster vieler Migrantensprachen vor: „er ist mehr zugänglich"; „sie ist mehr aufgeregt" statt: aufgeregter. Unübersehbar sind auch neue Schwankungen im Artikelgebrauch. Heißt es der, die oder das Klientel? Und sogar Sprecher von Tagesschau und heute sagen bereits durchgängig „die politische Lage in Westen"; „in ZDF" – also ganz ohne Artikel. Neue Wortfolgen wie „er kommt nicht, weil er hat keine Zeit" ahmen das Muster des Englischen und vieler Migrantensprachen nach. Verwickelte Kategorien wie der echte Konjunktiv (er äße) oder das Futur II werden kaum noch gebraucht. Und wer dem Volk genau aufs Maul schaut, kann immer öfter Schnellformen erhaschen wie „er empfehlt"; „helf mal!", „sie ratet ab" – die zwar grausam klingen, aber oft kaum noch korrigiert werden.

Der Motor des Sprachwandels: Migration, Sprachkontakte, Mehrsprachigkeit. Die Umgangssprache wirft Ballast ab, wird schlanker und effektiver. Warum gerade jetzt? „Sprache ändert sich, weil sich die Gesellschaft ändert. Wollen wir das eine anhalten oder steuern, müssen wir das auch mit dem anderen tun." So der englische Linguist David Crystal. Viele Faktoren mögen hier einwirken. Eine vernünftige Intuition sagt aber, dass der Sprachwandel vor allem mit dem Ansteigen der Migrationen Fahrt aufnimmt.

Heute haben circa 18 Millionen Bürger einen Migrationshintergrund, offiziell sind im Land 69 Sprachen registriert, in Großstädten wie Berlin leben Menschen aus 189 Nationen, und 13 Millionen sprechen jeden Tag noch eine andere Sprache. Exotische Fremdsprachen, Mehrsprachigkeiten und Migrantendeutschs gehören längst zum Alltag und prägen die öffentliche Wahrnehmung immer intensiver. Und die neuen Migrationen werden den Sprachwandel weiter beschleunigen. Deutschland ist ein wahres „living language laboratory" (Hans-Peter Stoffel), das neue Sprachformen erzeugt, parallel zur Hochsprache, aber nicht: gegen sie.

Intensive Sprachkontakte sind der Motor für Sprachwandel. Bekannte Linguisten wie Salikoko Mufwene (Chicago) oder Harald Haarmann (Helsinki) verweisen auf den Balkan, die romanischen Sprachen, die Kreolsprachen – alles Regionen, wo Sprachkontakte die Grammatik vereinfacht haben. Und die Weltsprache Englisch ist selber ein Produkt intensivster Sprachkontakte! Dabei kommt es nicht so sehr darauf an, welche Sprachen es im Einzelnen genau sind, die auf die Landessprache einwirken: Es ist die Mehrsprachigkeit als solche, die einen neuen Modus der Sprachverarbeitung und des Kommunizierens erzeugt. Belegt ist, dass mehrsprachige Menschen sprachlich kompetenter, geistig flexibler und kulturell offener sind. Deshalb wird Mehrsprachigkeit heute früh gefördert und von Politik, Wirtschaft und Kultur als wertvolle Ressource entdeckt.

Der „Trampelpfad" des Sprachwandels

Niemand könnte die Anzahl der Tandems hochrechnen, die die neuen Fremdsprachen mit dem Deutschen eingehen: Schier unübersehbar sind die Varianten und Kompetenzen. Türken, Russen oder Araber springen dabei virtuos zwischen den Sprachen hin und her (code switching). Das Deutsche interagiert dabei stark mit den Herkunftssprachen – in den Köpfen und im Alltag. Es entsteht so, wie die Linguisten es nennen, eine „doppelte Anderssprachigkeit": Das Deutsch der Migranten ist nicht identisch mit der Hochsprache, und auch die Muttersprachen der Migranten wandeln sich in Deutschland: Beide schleifen Grammatik ab. Im Munde von mehrsprachigen Menschen durchläuft die Umgangssprache so markante Veränderungen, die sie ökonomisch an neue Kommunikationsbedürfnisse anpassen: Wer viel Energie für Wortschatzarbeit braucht, reduziert automatisch die operative Grammatik. Dies ist die stärkste Wurzel der Vereinfachungen, die die Umgangssprache kompatibel machen für eine effiziente Verständigung.

Das Schriftdeutsche hat als Sprache der Philosophie, der Wissenschaft und der Weltliteratur einen einzigartigen Reichtum entwickelt, mit einer breiten stilistischen Differenzierung. Den gilt es zu erhalten. Eine weit ausgreifende Sprach-Architektur aber ist für neue, niederschwellige Kommunikationserfordernisse nicht zuständig und auch gar nicht erforderlich: Migranten wie Nichtmigranten benötigen eine Sprachform, die vor allem den Alltag flexibel managen kann. Dabei nimmt das Gefühl für strenge grammatische Korrektheit allmählich ab. Dass Hochsprache und Umgangssprache verschiedene Normen und Formen haben können, die sich gegenseitig ergänzen, zeigen zum Beispiel das Russische oder Tschechische. Auch die Deutschen steuern nun auf das zu, was die Linguisten eine „Diglossie" nennen: Es wird anders gesprochen als geschrieben. Die deutsche Sprache setzt dabei nur Tendenzen fort, die schon seit Jahrhunderten in ihr angelegt sind: Sie wird allmählich, wie das Englische, „analy tischer", das heißt, es gibt weniger Grammatik, mehr Präpositionen und einen entspannteren Satzbau. Vieles wird schon durch die reine Wortfolge geregelt.

Fast alle neuen Sprachzüge entstehen unter den Bedingungen der Mehrsprachigkeit oder werden durch sie schnell verstärkt. Im Laufe der Zeit werden sie auch von einsprachigen Sprechern übernommen. Was zunächst wie ein „Fehler" aussieht, wird zuerst lose toleriert, dann imitiert und geht irgendwann in den allgemeinen Sprachgebrauch über: Durch den Urwald der Schulgrammatik bahnt sich allmählich, wie von einer unsichtbaren Hand gezeichnet, ein „Trampelpfad" des Sprachwandels, wie es der Düsseldorfer Linguist Rudi Keller ausdrückt. Und wir beobachten diesen Wandel quasi aus der Froschperspektive, in einem schmalen Zeitfenster, vermeinen Fehler und Barbarismen zu entdecken, weil wir immer nur durch die Brille der Hochsprache sehen. Was wir dagegen in Wahrheit sehen, sind die Umrisse einer anderen Norm in statu nascendi: „Die systematischen Fehler von heute sind mit hoher Wahrscheinlichkeit die neuen Regeln von morgen." (Rudi Keller)

Die deutsche Umgangssprache wird in der Zukunft – wie andere Sprachen auch – ihre vielen Sprachkontakte widerspiegeln, nicht nur im Wortschatz, sondern auch in ihrer Struktur. Schule und Universität sind aufgerufen, den Sprachwandel auch im Unterricht bewusst zu machen.

Quelle: Hinrichs, Uwe: Die deutsche Sprache. In: zeit.de. 21.04.2016. www.zeit.de/2016/16/linguistik-deutsch-grammatik-sprache-satzbau/komplettansicht [03.01.2019].

Material 2:

Heike Wiese: Kiezdeutsch – ein neuer Dialekt (2010)

Kiezdeutsch ist kein „falsches" Deutsch. Es ist ein neuer Dialekt des Deutschen, der sich in Wohngebieten mit hohem Migrantenanteil unter Jugendlichen entwickelt hat und in sich stimmig ist.

Einleitung

Etwa seit Mitte der 1990er-Jahre ist mit „Kiezdeutsch" eine Jugendsprache in den Blick der Öffentlichkeit getreten, die sich in Wohngebieten mit hohem Migrantenanteil ausgebildet hat. Hier einige Beispiele aus diesem Sprachgebrauch: „Lassma Viktoriapark gehen, Lan." / „Ich höre Alpa Gun, weil der so aus Schöneberg kommt." / „Ich hab meiner Mutter so Zunge rausgestreckt, so aus Spaß. Wallah." Wie diese Sätze illustrieren, weicht Kiezdeutsch in verschiedenen Bereichen vom Standarddeutsch ab. Entgegen einer verbreiteten öffentlichen Wahrnehmung ist es jedoch kein gebrochenes Deutsch, sondern begründet einen neuen, urbanen Dialekt des Deutschen, der – ebenso wie andere deutsche Dialekte auch – systematische sprachliche Besonderheiten in Bereichen wie Aussprache, Wortwahl und Grammatik aufweist. [...]

Bedroht Kiezdeutsch das Deutsche?

Die sprachlichen Neuerungen liefern in der öffentlichen Diskussion zu Kiezdeutsch mitunter Anlass für massive Sprachkritik. Kiezdeutsch wird als „gebrochenes Deutsch" angesehen, als aggressives „Gossen-Stakkato", das auf „Spracharmut" und „sprachliches Unvermögen" hinweise, als eine „Verhunzung des Deutschen", die zum „Verfall unserer Sprache" beitrage. Kritik an Jugendsprache hat es selbstverständlich schon immer gegeben – schließlich ist eine der Funktionen von Jugendsprache die Abgrenzung gegenüber den Älteren. Im Fall einer multiethnischen Jugendsprache wie Kiezdeutsch findet sich darüber hinaus aber oft eine deutliche gesellschaftspolitische Komponente, die neben der Sorge um das Deutsche zum Teil in dem Vorwurf gipfelt, wer als Jugendlicher nicht-deutscher Herkunft Kiezdeutsch spreche, zeige damit zumindest einen mangelnden Integrationswillen, wenn nicht gar seine Ablehnung der Mehrheitsgesellschaft und ihrer Sprache.

Man muss sich hier aber klar machen, dass es nicht das eine Deutsch gibt, sondern dass die deutsche Sprache, wie jede Sprache, ein Spektrum unterschiedlicher Dialekte und Stile umfasst, und die Entwicklung von Jugendsprachen ist ein Aspekt davon. Wir alle beherrschen mehrere Elemente dieses Spektrums und sprechen beispielsweise neben dem Standarddeutschen noch eine regional gefärbte Varietät oder einen Dialekt, und wir sprechen ein stärker umgangssprachliches Deutsch mit der Familie oder mit Freunden als etwa mit Vorgesetzten oder bei einer Prüfung. Ebenso ist Kiezdeutsch nur ein Teil des sprachlichen Repertoires von Jugendlichen: Kiezdeutsch wird unter Freunden gesprochen, aber nicht mit Eltern, Lehrern usw.

Kiezdeutsch stellt somit grundsätzlich keine Bedrohung für das Deutsche dar: Auf der Ebene seiner Sprecher ist es Teil eines größeren sprachlichen Repertoires, auf der Ebene des Sprachsystems einer von vielen Dialekten des Deutschen – lediglich mit der Besonderheit, dass es sich hier um einen Dialekt handelt, der überregional im multiethnischen urbanen Raum beheimatet ist. Daher ist es auch nicht überraschend, dass wir ganz ähnlichen Vorurteilen und Befürchtungen gegenüber Kiezdeutsch begegnen, wie sie auch gegenüber traditionellen Dialekten verbreitet waren und zum Teil noch sind. Ebenso wie das Hessische oder das Bayerische jedoch nicht eine Bedrohung des Deutschen, sondern eine Bereicherung des deutschen Varietätenspektrums darstellen, beeinträchtigt auch Kiezdeutsch die deutsche Sprache nicht in ihrer grammatischen Integrität, sondern fügt ihrem Spektrum ein neues Element hinzu. Und ebenso wie der Gebrauch des Hessischen oder des Bayerischen nicht einen gescheiterten Versuch darstellt, Standarddeutsch zu sprechen, so weist auch die Verwendung von Kiezdeutsch nicht auf mangelnde Sprachkompetenzen hin. [...]

Quelle: Wiese, Heike: Kiezdeutsch – ein neuer Dialekt. In: www.bpb.de/apuz/32957/kiezdeutsch-ein-neuer-dialekt?p=all [03.01.2019].

Material 3:

Anja Kühne: Mein Deutsch, dein Deutsch (2017)

Schauderhaft kreativ: Der „Bericht zur deutschen Sprache" beschreibt Phänomene wie das Gendersternchen und sterbende Dialekte.

Wie geht es dem Deutschen? Aus konservativer Sicht nicht besonders gut: Die deutsche Sprache wird von Anglizismen überwuchert, der Genitiv scheint so schwer angeschlagen wie die Dialekte, und die Orthografie ist von der Rechtschreibreform verstümmelt. Zusätzlich wird das Deutsche von Randgruppen gequält: Nach dem großen I der FeministInnen muss es das Gendersternchen erdulden, Jugendliche mit Migrationshintergrund erfinden in ihrem wilden Sprach-Mischmasch eine neue Grammatik, und in der Politik werden Wahlprogramme in „Leichter Sprache" zum Standard erhoben. Allerdings: All diese Phänomene lassen sich auch optimistisch betrachten. Dann zeugt der Sprachwandel von der großen Flexibilität der deutschen Sprache, die dank der Kreativität ihrer Sprecherinnen und Sprecher ständig reicher wird.

Verfällt die deutsche Sprache oder blüht sie? „Weil Nani hatte keine Zeit", „wegen dem schlechten Wetter" – solche Sätze müssten der Eleganz des Deutschen ja eigentlich keinen Abbruch tun, erklärt der Linguist Wolfgang Klein (Nijmegen). Er selbst fände solche Formulierungen aber „schauderhaft": „Was von den Normen abweicht, die man uns in der Kindheit eingebleut oder eingebläut hat und die von den Autoritäten eingehalten werden, empfindet man als falsch, als schlecht, als hässlich, als Deppensprache; es kennzeichnet den Ungebildeten. Varietäten sind aber nie in sich selbst falsch. Sie sind nur anders als jene, die man selber hochhält." Klein präsentierte am Mittwoch in Berlin gemeinsam mit anderen Linguistinnen und Linguisten den „Zweiten Bericht zur Lage der deutschen Sprache".

[...] Beim Genitiv gibt Eisenberg Entwarnung: „Von einer Verdrängung des Genitivs kann man nicht sprechen." Auch Anglizismen seien für das Deutsche keine Bedrohung, selbst wenn sie sich während des 20. Jahrhunderts verzehnfacht hätten, der Gesamtwortschatz im gleichen Zeitraum aber nur um weniger als ein Drittel gewachsen sei. Schließlich hätten Anglizismen so gut wie keinen Einfluss auf das bestehende Wortbildungssystem des Deutschen, sie seien „strukturell weitgehend angepasst" und sogar „einem erheblichen Integrationsdruck ausgesetzt".

[...] Auch seien weder das Englische noch „Migrantensprachen" für neue Wortfolgen verantwortlich („Sie kommt nicht, weil sie hat keine Zeit"). „Weil" mit Verbzweitsatz sei eine alte Struktur des Deutschen, erklärt Eisenberg. Insgesamt attestiert er der deutschen Standardsprache „eine stabile Verankerung in der Sprachgemeinschaft". Sprachakademien oder Sprachgesetze wie es sie in Polen und Frankreich gibt, scheinen also nicht nötig.

Allerdings hat sich das Standarddeutsche (umgangssprachlich „Hochdeutsch" genannt) auf Kosten der dialektalen Vielfalt durchgesetzt. 1500 Jahre lang war der Dialekt die wichtigste Form des gesprochenen Deutsch, stellt Jürgen Erich Schmidt (Marburg) fest. Noch um 1900 habe er die Alltagssprache fast aller Sprecher des Deutschen dargestellt.

Inzwischen beherrschen zwar in Deutschland noch 57 Prozent der Männer und 50 Prozent der Frauen die „echten alten Dialekte", wie Schmidt in einem Test herausgefunden hat. Allerdings gibt es deutliche Unterschiede je nach Region und Alter. Im bairischen, alemannischen und im äußersten nordwestniederdeutschen Sprachraum (Ostfriesland) beherrschen fast 100 Prozent der Älteren und zwei Drittel der unter Dreißigjährigen den Dialekt noch aktiv. Aber im Ostfränkischen und Ostmitteldeutschen beherrschen nur noch zwei Drittel der Älteren und ein Drittel der Jüngeren den Dialekt aktiv. Und in den übrigen Sprachräumen beobachtet Schmidt „einen schnellen Verfall der aktiven Dialektkompetenz". Im Nordhessischen, im Rheinischen und im Mecklenburg-Vorpommerschen sei der Dialekt an die unter 30-Jährigen praktisch nicht weitergegeben worden: „Die aktive Kompetenz liegt nahe Null."

[...] Um Zugehörigkeit zur Gruppe geht es auch beim innovativen Deutsch von Jugendlichen mit türkischem Migrationshintergrund, in der Öffentlichkeit „bald Türkendeutsch, Kanaksprak, Türkenslang oder Kiezdeutsch" genannt, wie Norbert Dittmar (Berlin) und Yazgül Eimeek (Münster) schreiben. Der Ethnolekt unterscheide sich deutlich vom „Gastarbeiterdeutsch" der sechziger und siebziger Jahre; er dient dazu, eine eigene Identität im Gastland der Eltern und Großeltern aufzubauen. Zum Teil wird er auch von deutschstämmigen Jugendlichen übernommen („De-Ethnisierung"). Die Jugendlichen kombinieren Elemente aus dem Türkischen, dem Deutschen und aus Jugendsprachen sowie in Berlin auch aus dem Berlinischen – das Stilrepertoire der Muttersprachler wird dabei jedoch so radikalisiert, dass es als Abweichung empfunden wird: „Aron übertreibt, er hängt sich da voll rein, vallah, er nimmt die Arbeit zu ernst, er ist voll geil jetzt, macht disch rischtisch platt so, voll der Killer."

[...] Doch verstießen diese Jugendlichen damit gegen die bürgerlichen Machtstrukturen des sprachlichen Knigge und würden von dessen „Torhütern", die hier sprachliche Defizite unterstellen, nicht reingelassen. Manche sähen sogar den formalen Bestand des Standarddeutschen bedroht und „den Sprachstolz der nativen Deutschen" herabgesetzt „in dem moralischen Sinne: ,da tickt die Uhr des korrekten Sprachgebrauchs gegen uns'".

Quelle: Kühne, Anja: Mein Deutsch, dein Deutsch. In: Online-Ausgabe von Der Tagesspiegel. 20.09.2017. www.tagesspiegel.de/wissen/sprachentwicklung-meindeutsch-dein-deutsch/20354030.html [11.07.2019].

Material 4: Begriffe der Jugendsprache

Material 5: Comic-Strip „Sprachwandel"

Material 6: Titelbilder „Der Spiegel" (28-1984 und 10-2006)

Aufgabenvarianten zu den Materialien:

Variante 1: Erörterung (▸ vgl. Kapitel 1, Seite 20)

Es stehen sich zwei Lager in der Beurteilung zur Entwicklung der Sprache gegenüber. Das eine beklagt den Verfall der deutschen Sprache, während das andere einen Wandel feststellt. Erörtern Sie, in welche Richtung die Entwicklung der Sprache steuert. Beziehen Sie die beigefügten Materialien, eigenes Wissen und eigene Erfahrungen sinnvoll in Ihre Argumentation mit ein.

Variante 2: Leserbrief (▸ vgl. Kapitel 3, Seite 35)

Verfassen Sie einen Leserbrief als Antwort auf den Kommentar von Uwe Hinrichs (Material 1). Beziehen Sie dabei neben den Materialien auch Ihr persönliches Wissen und Ihre Erfahrungen mit ein.

2.3 Checkliste für meine Lösung

☐ Ist die Struktur (siehe Tabelle 2) eingehalten?

☐ Ist die Überschrift prägnant und weckt sie das Interesse des Lesers?

☐ Wird in der Einleitung der zugrundeliegende Sachverhalt klar genug dargestellt?

☐ Ist die Argumentation schlüssig und folgt einem roten Faden?

☐ Folgt die Argumentation der grundsätzlichen Struktur (Behauptung, Begründung, Beispiel/Beleg, Folgerung, Rückbezug)?

☐ Werden auch Gegenargumente mit in die Abwägung einbezogen? Werden diese auch gewürdigt/abgeschwächt/für meine Argumentationsrichtung verwendet?

☐ Werden die Materialien ausgewertet und für die Problematisierung, Stützung von Argumenten oder Widerlegung von Argumenten mit einbezogen?

☐ Werden bei der Argumentation eigene Erfahrungen und Wissensstände berücksichtigt?

☐ Wird die Argumentation sprachlich durch rhetorische Stilmittel etc. unterstützt?

☐ Ist die Schlussfolgerung/der Lösungsansatz nachvollziehbar und überzeugend dargelegt?

☐ Werden die Regeln der Rechtschreibung, Zeichensetzung und Grammatik eingehalten?

3. Leserbrief

Beim Leserbrief handelt es sich um einen argumentativen Text, der im Anschluss an einen journalistischen Artikel verfasst wird. Er spiegelt die persönliche Meinung des Autors zu den in dem Artikel aufgegriffenen Themen wider. Der Inhalt des journalistischen Beitrags wird aufgegriffen, kommentiert, richtiggestellt oder den Thesen des Textes widersprochen.

Obwohl der Leserbrief als Schreibaufgabe der Erörterung sehr ähnlich ist und wie unten angeführt eine feste Form und Struktur aufweisen sollte, haben Leserbriefe in den entsprechenden Rubriken der Zeitungen und Zeitschriften keine festen Formvorgaben und sind meist kürzer bzw. werden von der Redaktion gekürzt. In der Abschlussprüfung ist meist eine Begrenzung des Umfangs, die zwischen 500 und 800 Wörtern variieren kann, angegeben.

3.1 Vorbereitung

Klärung der Themenstellung

Die Themenstellung ist beim Leserbrief eindeutig. Es wird konkret in der Aufgabe das Verfassen eines Leserbriefes verlangt. Prüfen Sie, ob vorgegeben ist, welche Position zu einem Thema einzunehmen ist. Häufig ist dies die Gegenposition zu einem Text aus den Materialien. Es können aber auch Leserbriefe gefordert werden, bei denen Sie sich den Standpunkt, den Sie zu dem Thema vertreten wollen, selbst auswählen können.

Stoffsammlung

Da der Leserbrief insgesamt argumentativ überzeugen soll, müssen Argumente für den eigenen Standpunkt gesammelt und geordnet werden. Hierzu bieten sich folgende Fragestellungen für Ihre Stoffsammlung an:

- Welche Argumente führen die Autoren der Materialien für ihre Position an?
- Wie können diese Argumente entkräftet werden? Wie können Schwachpunkte in der Argumentation von mir ausgenutzt werden? Welche Gegenargumente gibt es dazu?
- Welche Argumente gibt es darüber hinaus zur Unterstützung meines Standpunktes? Welche Aspekte könnte ich noch anführen (ethische, moralische, materielle, gesellschaftliche, psychologische, politische, religiöse, ökologische, wirtschaftliche, ökonomische, rechtliche, geschichtliche, ...)?
- Wie kann ich meine Argumente anschaulich ausgestalten? Welche Unterstützung bieten dazu die Materialien (Achtung: Statistiken können häufig unterschiedlich interpretiert werden – vgl. dazu auch das Kapitel Statistiken)?
- Geben die Autoren der Materialien Lösungsvorschläge oder ziehen sie Schlussfolgerungen? Sind diese stichhaltig? Welche Schwachpunkte liegen in diesen Vorschlägen? Wie kann ich diese Schwachpunkte zu meinen Gunsten ausnutzen?

Aufbau

Der Leserbrief ist grundsätzlich ein Brief, weshalb die Formvorgaben dieser Textsorte auch auf den Leserbrief zutreffen:

Tabelle 2: Schematische Darstellung des Aufbaus eines Leserbriefs

Formaler Beginn • Ort und Datum am rechten Schreibrand • Betreff des Leserbriefs • Anrede („Sehr geehrte Damen und Herren," oder direkte Ansprache des Autors)
Einleitung • Aufgreifen ggf. kurze Erläuterung/Definition des Themas, zu dem der Leserbrief verfasst werden soll. • Berücksichtigen der Materialien. D.h., mit dem Leserbrief auf den journalistischen Text in den Materialien reagieren und konkret auf diesen Text Bezug nehmen (mit Nennung der Quellenangaben wie Autor, Titel, Veröffentlichungsdatum und Name der Zeitung/Zeitschrift und der Kernaussage des Textes). • Gleich zu Beginn die Aufmerksamkeit des Lesers wecken und die Motivation für den Leserbrief ausführen. Ggf. kann hier einleitend eine Art Gliederung des Leserbriefs gegeben werden.

Hauptteil
- Ergänzen / Relativieren von Argumenten aus dem Ausgangstext.
- Darlegen der eigenen Position, die im Leserbrief vertreten wird / vertreten werden muss.
- Differenziertes und überzeugendes Ausführen von Argumenten der eigenen Position nach dem Schema der Erörterung (▶ *vgl. Kapitel 1, Seite 21*) (Behauptung, Begründung, Beispiel/Beleg, Folgerung, Rückbezug; Sachtexte
- Heranziehen der Materialien als Beispiel/Beleg im Rahmen der Argumentation.
- Unterstützen der Argumentation und Steigerung der Überzeugungskraft durch geeignete rhetorische Stilmittel (vgl. Kapitel Rhetorische Stilmittel).

Schluss

Je nach Aufgabenstellung kann hier erwartet werden:

- Ausgestaltung eines Lösungsvorschlags für ein Problem/Thema
- Ziehen von Schlussfolgerungen als Resultat aus den eigenen Ausführungen
- Aufruf, bestimmte Maßnahmen einzuleiten oder bestimmte Verhaltensweisen zu ändern

Formales Ende
- Grußformel („Mit freundlichen Grüßen")
- Nennung des vollständigen Namens

Da es sich beim Leserbrief um einen argumentativen Text handelt, soll die Meinung des Verfassers durchaus deutlich und pointiert dargestellt werden und der Leserbrief damit überzeugend wirken. Deshalb können Sie rhetorische Stilmittel zur Steigerung der Eindringlichkeit, Formen der Zuspitzung bis hin zu Polemik und Ironie wählen.

Bei aller Subjektivität in der Darstellung hängt die Überzeugungskraft eines Leserbriefes allerdings von einer möglichst sachlichen und nachvollziehbaren Argumentationsführung ab. Deshalb sollten Sie den im Kapitel zur Erörterung (▶ *vgl. Kapitel 1, Seite 21*) angesprochenen Argumentationsaufbau aus Behauptung, Begründung, Beispiel/Beleg, Folgerung und Rückbezug berücksichtigen.

Formulierungshilfen

Als einleitender Satz eines Leserbriefs kann folgende Formulierung dienen:

> Sehr geehrte Damen und Herren,
> Sie behaupten *auf Ihrer Internetseite/in Ihrer Zeitschrift/in der Ausgabe Ihrer Zeitung* „Titel der Internetseite/Zeitschrift/Zeitung" *im Kommentar/in der Glosse/Textsorte* „Titel des Textes" von „Name des Autors" am „Datum der Veröffentlichung", dass …

Mit diesem einleitenden Standardsatz sind zum einen die formalen Angaben abgedeckt. Zum anderen kann gleich im Anschluss das Thema, das behandelt wird, aufgeführt werden.

Es folgt dann die Darlegung der Motivation für das Verfassen des Leserbriefs. Folgende Formulierungen bieten sich an:

- Besonders beeindruckt an Ihren Ausführungen hat mich …
- Da ich mich schon ausführlich mit dem Thema … im Rahmen von … beschäftigt habe, möchte ich …
- Mit Interesse habe ich dabei Ihre Meinung zum Thema … verfolgt, komme aber nicht umhin, Ihnen in einigen Punkten zu widersprechen.
- Soweit ich Sie dabei verstanden habe, möchten Sie … Um Ihre Betrachtungsweise zu ergänzen, verfasse ich diesen Leserbrief um …

Zur Ausführung der Argumentation und des Schlusses bieten sich die Formulierungshilfen der Bewertung von Argumenten, wie sie im Kapitel Erörterung (▶ *vgl. Kapitel 1, Seite 22*) dargelegt wurden, an.

wichtig bei der Formulierung im Leserbrief ist, dass Sie rein sachlich argumentieren. Außerdem sollten Sie mithilfe von sprachlichen Mitteln die Eindringlichkeit und Überzeugungskraft steigern. Hierzu bieten sich Wiederholungen, Anaphern, Aufzählungen, rhetorische Fragen, Emphasen, Hyperbeln und auch Parallelismen für geeignete Stellen der Argumentation an. Hier einige Beispiele:

- Soll es wirklich soweit kommen, dass …? (Rhetorische Frage)
- Es ist wichtig, dass jetzt schnell gehandelt wird. Es ist wichtig, dass nun konsequent gehandelt wird. (Parallelismus, Wiederholung)
- Sie sehen sicherlich ein, dass jetzt schnellstens … (Apostrophe, Hyperbel)
- Ein schnelles Handeln ist jetzt dringend geboten. (Hyperbel)

3.2 Übungsaufgabe 3 und zwei Varianten

Aufgabe

Verfassen Sie einen Leserbrief als Antwort zum Bericht über die geplante Einführung einer Zuckersteuer auf alkoholfreie Getränke in Deutschland. Beziehen Sie dabei neben den Materialien auch Ihr persönliches Wissen und Ihre persönlichen Erfahrungen mit ein.

Material 1:

Alina Leimbach: Eine Zuckersteuer allein schafft Übergewicht nicht aus der Welt (2018)

In Großbritannien gibt es ab sofort eine Abgabe für Softdrinks. Ziel ist es, Fettleibigkeit einzudämmen. Erfahrungen aus anderen Ländern zeigen, dass der Konsum der süßen Getränke zwar oft abnimmt – doch das reicht nicht aus.

"Die Zuckersteuer wirkt", so titeln derzeit viele Medien. Denn noch vor der Einführung der britischen Steuer am sechsten April haben die meisten Getränkehersteller des Vereinigten Königreichs eingelenkt und den Zuckergehalt ihrer Getränke um bis zu 50 Prozent gesenkt. Darunter Unternehmen wie Coca-Cola, Irn Bru, Lucozade Ribena Suntory, aber auch große Einzelhandelsketten wie Tesco. Damit müssen sie die zusätzliche Abgabe nicht zahlen.

Auch in Deutschland reagieren die ersten Unternehmen. So nimmt sich Discounter Lidl im Rahmen seiner Strategie zur Reduzierung von Zucker und Salz nun Getränke und Backwaren vor. "In den kommenden Wochen" würden in den Filialen weitere zuckerreduzierte Produkte erhältlich sein, darunter Cola und Eistee, hieß es. Die SPD appellierte erneut an die Getränkehersteller, freiwillig den Zuckergehalt in ihren Produkten zu senken, die Linke forderte eine Kennzeichnung nach dem Ampelprinzip auf Lebensmitteln.

Die bereits in Großbritannien und anderswo eingeführte Zuckersteuer ist genau genommen eine Herstellerabgabe. Die Unternehmen müssen für 100 Milliliter verkauften Softdrink mit mehr als fünf Gramm Zucker 21 Cent pro Liter an die Regierung zahlen. Enthält ein Getränk mehr als acht Gramm Zucker auf 100 Milliliter, werden sogar 27 Cent fällig. Beispiele aus anderen Ländern zeigen, dass die Unternehmen diese Abgabe zu einem Großteil an die Konsumenten weiterreichen. Gezuckerte Milchprodukte und Säfte sind von der Steuer in England ausgenommen.

Weltgesundheitsorganisation empfiehlt eine Zuckersteuer

In Deutschland schauen viele Organisationen mit großem Interesse auf die Softdrinksteuer. "Die Softdrinkabgabe sehen wir als einen ersten wichtigen Schritt in die richtige Richtung, der hoffentlich weitere Nachahmer in Deutschland und anderen Ländern findet", sagt die Sprecherin der Deutschen Adipositas Gesellschaft, Stefanie Gerlach. Insgesamt, so fordert sie, soll Gesundes durch Umstrukturierung der Mehrwertsteuer billiger und Ungesundes teurer werden. Auch die Weltgesundheitsorganisation empfiehlt eine Zuckersteuer auf Getränke. Sie plädiert sogar für eine Steuer in Höhe von 20 Prozent.

Doch wirkt die Zuckersteuer wirklich? Denn das Ziel der britischen Regierung ist es, den Softdrinkkonsum zu reduzieren, um damit das Übergewicht bei Jugendlichen zu bekämpfen.

Die Industrie zweifelt genau den letzteren Effekt der Steuer an. "Limo-Steuer macht weder schlank noch gesund", kritisierte die Wirtschaftsvereinigung der alkoholfreien Getränke in einer Meldung. Deren Hauptgeschäftsführer Detlef Groß sagte WELT: "Übergewicht ist regelmäßig keine Folge von zu hohem Softdrinkkonsum" sondern durch Ernährungsweise generell, zu wenig Bewegung sowie "genetische Disposition geprägt." Einseitig auf Softdrinks abzuzielen, sei nicht sinnvoll. "Es braucht eine übergreifende Strategie."

Tatsächlich sind Softdrinks nur ein Teilaspekt schlechter Ernährung. Doch die Deutschen sind Europameister in ihrem Verzehr. Etwa 60 Liter pro Jahr alleine an zuckerhaltigen Limonaden und Cola trinkt jeder Deutsche im Schnitt. Zuckerhaltige Energydrinks, Säfte und andere gesüßte Getränke sind dabei noch nicht berücksichtigt. Diese 60 Liter Limonaden enthalten etwa 27 000 Kalorien.

Für diese Menge könnte der durchschnittliche Deutsche 45 mal Mittagessen gehen und würde beim Weglassen vier Kilo Körpergewicht abnehmen. Und: gerade Jugendliche und Kinder greifen gerne zu den Getränken. Etwa 16 Prozent der Mädchen und 24 Prozent der Jungen trinken täglich die süßen Getränke.

Dazu kommt: In Deutschland wächst das Problem mit Übergewicht. Jahr für Jahr gibt es mehr Menschen hierzulande, die deutlich mehr wiegen als empfohlen. Rund zwei Drittel der Männer und 37 Prozent der Frauen sind übergewichtig. Die Deutschen sind zwar noch nicht so dick wie die Briten, aber Schwergewichte im europäischen Vergleich.

Die Gier nach Zucker wird angeheizt

Softdrinks gelten als „Zucker-Fallen". Da Cola und Limo fast ballaststofffrei sind und der Zucker sofort vom Körper verarbeitet werden kann, stellt sich kein Sättigungseffekt ein. Der Insulinkreislauf läuft und das Bedürfnis nach neuem Zucker ist sofort wieder da.

In Mexiko, Ungarn und verschiedenen Staaten der USA gibt es seit ein paar Jahren Zuckerdrinkabgaben. In Ungarn und Mexiko gibt es sogar ganze Junk-Food-Steuern. Produkte mit hohem Fett und Zuckeranteil werden in Ungarn mit vier Prozent besteuert, in Mexiko mit acht Prozent.

Für Softdrinks fällt in Mexiko ein Peso pro Liter an, was etwa einer zehnprozentigen Steuer entspricht. In den USA liegt die Steuer durchschnittlich bei vier Prozent, nur in der Stadt Berkeley ist sie deutlich höher mit etwa 15 bis 25 Prozent pro Getränk.

„Für diese Länder kommen Studien zu Ergebnissen, die den Befürwortern der Steuer durchaus Rechnung tragen", sagt der Gesundheitsökonom Renke Schmacker vom Deutschen Institut für Wirtschaftsforschung, der als einer der wenigen in Deutschland zu dem Thema Zuckersteuer forscht.

In Mexiko sei der Konsum von Zuckerdrinks im Jahr nach der Einführung um zehn Prozent gefallen. „Dafür tranken die Menschen in Mexiko 16 Prozent mehr Wasser. In Nachbarschaften mit Geringerverdienern lag der Rückgang bei Softdrinks sogar noch höher", sagt Schmacker.

Diese Menschen seien zudem öfter von Übergewicht und anderen zuckerbedingten Krankheiten betroffen und könnten daher von einer solchen Intervention in Hinsicht auf ihre Gesundheit mehr profitieren. Auch in Studien zu anderen Ländern mit Zuckersteuer decken sich die Beobachtungen.

Welche Auswirkung haben Steuern auf die Kalorienzufuhr

In der kalifornischen Stadt Berkeley, die als erste in den USA die Softdrinksteuer eingeführt hatte, sank der Konsum bereits im Jahr nach der Einführung um 21 Prozent, der Wasserkonsum hingegen stieg um 63 Prozent. In Ungarn reduzierte laut der WHO ein Fünftel der Bewohner ihren Softdrinkkonsum.

Doch was, wenn die Menschen statt zur Cola dann eben zu Chips greifen? „In Hinsicht auf die Kalorienaufnahme zeichnet sich ein etwas durchwachseneres Bild ab", sagt der Wissenschaftler. Für Mexiko habe sich beispielsweise in einer großangelegten Konsumstudie gezeigt, dass zwar zwei Prozent weniger Zucker aufgenommen wurde, dieser Effekt in Sachen Kalorien aber durch Nebeneffekte der gleichzeitig eingeführten Junk-Food-Steuer ausgeglichen würde.

Die mexikanische Steuer auf hochkalorische Produkte hat laut der Studie dazu geführt, dass vergleichsweise günstige Lebensmittel mit schlechten Nährwerten hochwertigeren, aber durch die Junk-Food-Abgabe stärker im Preis gestiegenen Produkten, vorgezogen wurden. Unterm Strich seien gleichviele Kalorien konsumiert worden.

Andere Studien aus den USA zeigen leichte Effekte der Softdrinksteuer auf den BMI. Da die Steuern erst seit wenigen Jahren erhoben werden, ist diese Frage jedoch nicht großflächig erforscht.

Insgesamt hält Schmacker die Steuer jedoch für gerechtfertigt. „Die Steuer würde insbesondere auf Kinder und Jugendliche abzielen, da sie die Hauptkonsumentengruppen von Softdrinks darstellen. Diese bilden ihren Geschmack noch aus. Wenn sie in dieser entscheidenden Zeit weniger süße Getränke konsumieren, kann das einen positiven Effekt für ihr ganzes Leben haben."

Quelle: Leimbach, Alina: Eine Zuckersteuer allein schafft Übergewicht nicht aus der Welt. In: welt.de. 06.04.2018. www.welt.de/wirtschaft/article175211898/Ernaehrung-Das-wuerde-eine-Zuckersteuer-wirklich-bringen.html [04.01.2019].

Material 2:

Foodwatch: 2 000 Ärzte fordern Maßnahmen gegen Fehlernährung (2018)

[...] In dem Offenen Brief fordern die mehr als 2 000 Ärztinnen und Ärzte vier konkrete Maßnahmen gegen Fehlernährung: Eine verständliche Lebensmittelkennzeichnung in Form einer Nährwert-Ampel, Beschränkungen der an Kinder gerichteten Lebensmittelwerbung, verbindliche Standards für die Schul- und Kitaverpflegung sowie steuerliche Anreize für die Lebensmittelindustrie, gesündere Rezepturen zu entwickeln – etwa durch eine Sonderabgabe auf gesüßte Getränke. Unter den Unterzeichnerinnen und Unterzeichnern sind allein mehr als 1 300 Kinder- und Jugendärzte, 222 Diabetologen und 58 Professoren der Medizin.

Breites Bündnis fordert Bundesregierung zum Handeln auf

Den Offenen Brief stellte foodwatch gemeinsam mit anderen Organisationen am heutigen Mittwoch auf einer Pressekonferenz in Berlin vor. Die Unterschriftenaktion hatte foodwatch, die Deutsche Diabetes Gesellschaft (DDG) und der Berufsverband der Kinder- und Jugendärzte (BVKJ) ins Leben gerufen. Zahlreiche Fachorganisationen haben sich angeschlossen: die Bundeszahnärztekammer, die Deutsche Gesellschaft für Innere Medizin, die Deutsche Adipositas Gesellschaft, die Deutsche Gesellschaft für Kardiologie, die Deutsche Herzstiftung, die Diakonie Deutschland, die Deutsche Gesellschaft für Pneumologie und Beatmungsmedizin, die Deutsche Gesellschaft für Gastroenterologie, Verdauungs- und Stoffwechselkrankheiten, die Bundesvertretung der Medizinstudierenden, der Verband der Diabetes-Beratungs- und Schulungsberufe, der AOK-Bundesverband und die Techniker Krankenkasse.

Übergewicht und Fettleibigkeit: Besorgniserregende Zahlen

Laut Robert-Koch-Institut gelten 15 Prozent der Kinder und Jugendlichen in Deutschland als übergewichtig oder adipös. Im Vergleich zu den 1980er- und 1990er-Jahren hatte der Anteil übergewichtiger Kinder um 50 Prozent zugenommen, der Anteil adipöser Kinder hatte sich verdoppelt. Im letzten Jahrzehnt sind diese Zahlen nicht weiter angestiegen, haben sich jedoch auf dem hohen Niveau stabilisiert. Bei Erwachsenen gelten 67 Prozent der Männer und 53 Prozent der Frauen als übergewichtig sowie 23 Prozent der Männer und 24 Prozent der Frauen als adipös. Besorgniserregend sind auch die Zahlen der Diabetes-Erkrankungen: In Deutschland leben derzeit 6,7 Millionen Menschen mit Diabetes – eine Steigerung um etwa 38 Prozent seit Beginn des Jahrtausends, altersbereinigt um etwa 24 Prozent.

Dass die „Kehrtwende in der Adipositas-Epidemie" nicht mithilfe „freiwilliger Selbstverpflichtungen der Lebensmittelwirtschaft" gelingen werde, zeige etwa die „Erfahrung beim Thema an Kinder gerichtete Werbung", erklärten die Autorinnen und Autoren des Offenen Briefs. Die von der Bundesregierung geplante Strategie zur freiwilligen Reduktion von Zucker, Fett und Salz in Lebensmitteln sei „zwar begrüßenswert", der zu erwartende Effekt jedoch „sehr begrenzt". [...]

Quelle: Foodwatch: 2.000 Ärzte fordern Maßnahmen gegen Fehlernährung. In: www.foodwatch.org/de/informieren/zucker-fett-co/aktuelle-nachrichten/2000-aerzte-fordern-massnahmen-gegen-fehlernaehrung/ [04.01.2018].

Material 3: Zucker in ausgewählten Lebensmitteln?

Zucker im Essen
So viele Stücke Würfelzucker stecken in einer Portion dieser Lebensmittel

- 1,5 – Ketchup (20 g)
- 4,3 – Tiefkühlpizza Salami (390 g)
- 8 – Fruchtjoghurt, 3,5 % Fett (150 g)
- 10,9 – Schokoriegel (51 g)
- 17 – Smoothie* (Orange, Karotte, Banane, 200 ml)
- 17,5 – Cola (500 ml)

*Gesamtzuckergehalt inklusive Fruchtzucker

dpa•27802 Angaben gerundet Quelle: Deutsche Gesellschaft für Ernährung

Material 4: Wie viel Zucker ist gesund? (2018)

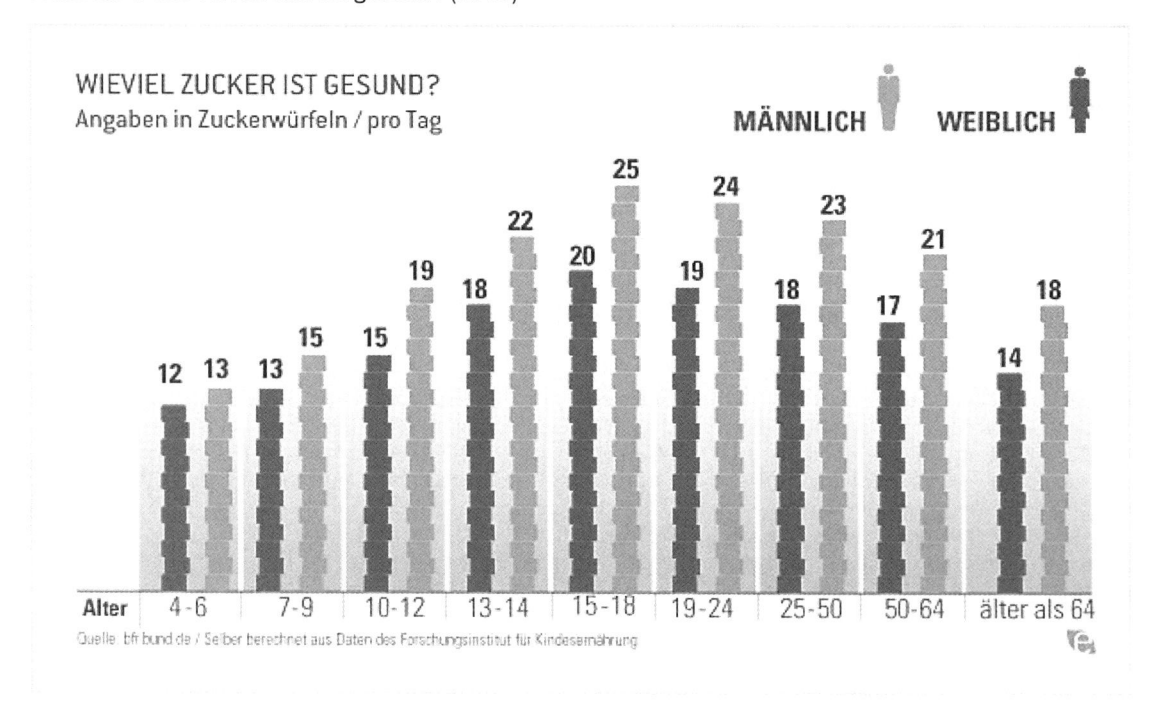

WIEVIEL ZUCKER IST GESUND?
Angaben in Zuckerwürfeln / pro Tag

MÄNNLICH   WEIBLICH

Alter	männlich	weiblich
4-6	12	13
7-9	13	15
10-12	15	19
13-14	18	22
15-18	20	25
19-24	19	24
25-50	18	23
50-64	17	21
älter als 64	14	18

Quelle: bfr.bund.de / Selber berechnet aus Daten des Forschungsinstitut für Kinderernährung

Material 5: Veränderung des Zuckergehalts verschiedener Getränke nach Einführung der Zuckersteuer in Großbritannien (2018)

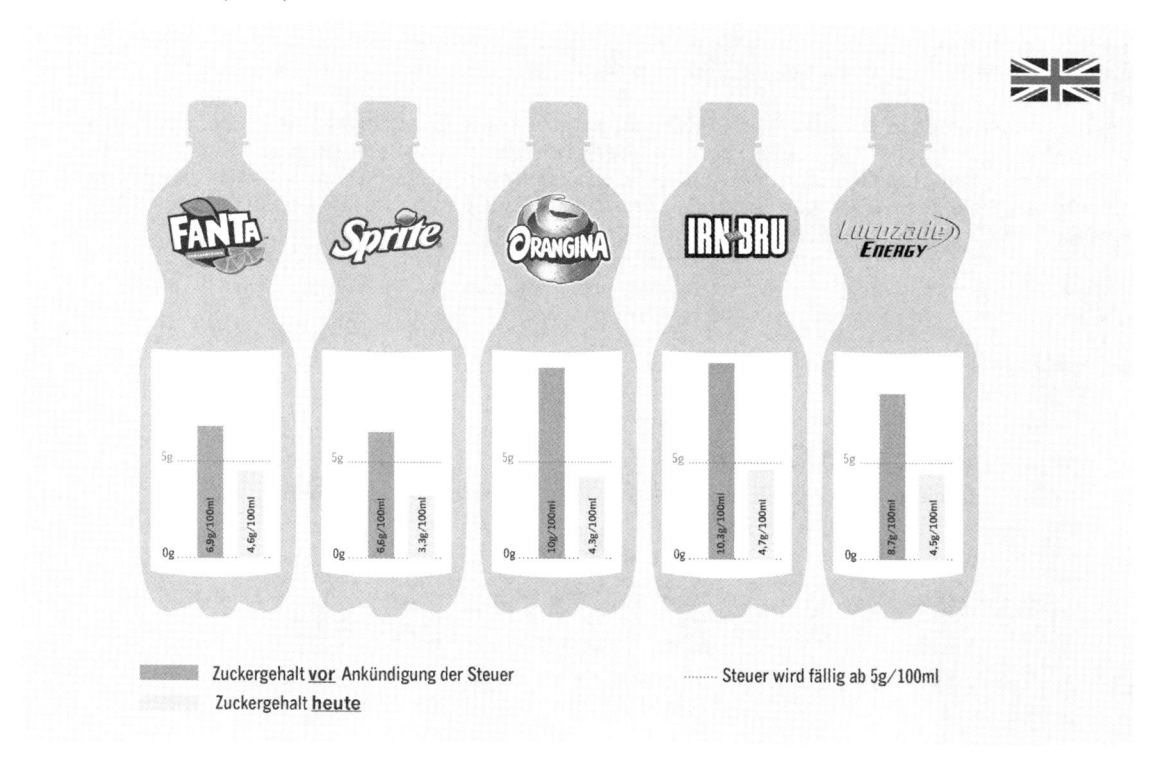

Getränk	Zuckergehalt vor	Zuckergehalt heute
Fanta	6,9g/100ml	4,6g/100ml
Sprite	6,6g/100ml	3,3g/100ml
Orangina	10g/100ml	4,3g/100ml
Irn Bru	10,3g/100ml	4,7g/100ml
Lucozade Energy	8,7g/100ml	4,5g/100ml

Zuckergehalt **vor** Ankündigung der Steuer
Zuckergehalt **heute**
Steuer wird fällig ab 5g/100ml

Aufgabenvarianten zu den Materialien:

Variante 1: Kommentar (▸ *vgl. Kapitel 2, Seite 26*)

Für die Beilage Ihrer Tageszeitung werden Beiträge zum Thema „Zuckersteuer auf Getränke in Deutschland" gesucht. Verfassen Sie einen Kommentar, in dem Sie sich zu dieser Frage positionieren. Beziehen Sie dazu die beigefügten Materialien und eigenes Wissen und Erfahrungen mit ein und verfassen Sie eine passende Überschrift. Der Umfang des Kommentars sollte ca. 800 Wörter betragen.

Variante 2: Erörterung (▸ *vgl. Kapitel 1, Seite 20*)

Erörtern Sie die positiven und negativen Aspekte der Einführung einer Zuckersteuer auf Getränke in Deutschland. Zeigen Sie im Anschluss alternative Möglichkeiten auf, wie man der zunehmenden Verbreitung von Übergewicht entgegenwirken könnte.

Beziehen Sie die beigefügten Materialien, eigenes Wissen und eigene Erfahrungen sinnvoll in Ihre Argumentation mit ein.

3.3 Checkliste für meine Lösung

☐ Ist die Struktur (siehe Tabelle 2) eingehalten?

☐ Werden die formellen Aspekte (Ort und Datum, Betreff, Anrede und Grußformel) eingehalten?

☐ Wird konkret auf das Material Bezug genommen, zu dem der Leserbrief verfasst werden soll?

☐ Sind die Argumente strukturiert aufgebaut (Behauptung, Begründung, Beispiel/Beleg, Folgerung, Rückbezug) und überzeugend formuliert?

☐ Werden Stellen aus den Textmaterialien verwendet, um zustimmende und entgegnende Argumente zu gewinnen und werden diese ggf. auch korrekt zitiert?

☐ Werden die Materialien ausgewertet und für die Problematisierung, Stützung von Argumenten oder Widerlegung von Argumenten mit einbezogen?

☐ Werden bei der Argumentation eigene Erfahrungen und Wissensstände berücksichtigt?

☐ Wird ein geeigneter Schluss in Form eines Lösungsvorschlags oder Aufforderung zum Handeln formuliert?

☐ Wird die Zeitform Präsens eingehalten?

☐ Werden genügend sprachliche Mittel angewendet, die die Überzeugungskraft der Argumentation im Leserbrief stärken?

☐ Werden die Regeln der Rechtschreibung, Zeichensetzung und Grammatik eingehalten?

Literarische Texte: Epik und Dramatik

In den Prüfungsbereichen der Epik und Dramatik gibt es viele Gemeinsamkeiten in den Aufgabenstellungen. In beiden sind die Grundlage mehrere Materialien, wobei das erste Material stets dem Aufgabenbereich entsprechend entweder eine Ganzschrift oder ein Auszug aus einem epischen bzw. dramatischen Werk ist.

Dieses Hauptmaterial, das auch den Ausgangspunkt der beiden Aufgabenstellungen bildet, wird durch weitere Materialien unterstützt. Dies können andere Auszüge aus epischen oder dramatischen Werken sein, wobei auch ein Auszug aus einem Drama Material für den epischen Prüfungsbereich sein kann. Es sind aber auch lyrische Texte als Material möglich, weshalb der Umgang mit diesen auch in Grundzügen beherrscht werden sollte.

Zusätzlich können auch pragmatische Texte wie Interviews mit Autoren, Begriffsdefinition, Lexikoneinträge etc. als Material in die Aufgabenstellung Eingang finden. Wie bei den Sachtexten ist es auch denkbar, dass diskontinuierliche Texte wie Karikaturen, Auszüge aus Graphic Novels, Grafiken oder Wordclouds als Materialien in der Aufgabenstellung verwendet werden.

Auf Basis dieser Materialien werden Aufgaben gestellt, die ebenfalls für die Epik und Dramatik in vielen Teilen ähnlich gestaltet sein können. Es handelt sich meist um zwei Aufgaben, wobei die erste Aufgabe immer eine Kombination aus Zusammenfassung des Inhalts und des Aufbaus eines Materials (in der Regel des Materials 1 als größte Textgrundlage) und einer Charakterisierung einer Figur aus diesem Material ist.

Der zweite Teil der Charakterisierung kann zusätzlich noch mit einem vertiefenden Aspekt wie der Analyse einer Personenbeziehung, des Gesprächsverhaltens oder der sprachlich-stilistischen Gestaltung angereichert sein. Die zweite Aufgabe ist dann meist ein Motivvergleich, wozu die weiteren Materialien heranzuziehen sind. Häufig ist das zweite Material der Vergleichstext.

Die weiteren Materialien liefern Hintergrundinformationen dazu. Der Motivvergleich kann auch literaturhistorische Entwicklungen und Epochenbezüge sowie gattungstypische oder -übergreifende Ansatzpunkte als zusätzlichen Schwerpunkt haben.

1. Unterscheidung in den Prüfungsaufgaben für Epik und Dramatik

Unterschiede in der Bearbeitung der Aufgabe ergeben sich durch die unterschiedlichen Gattungen selbst. Während bei epischen Texten der Erzählcharakter im Vordergrund steht, steht bei dramatischen Texten stets der Dialog im Vordergrund. Es sind unterschiedliche theoretische Grundlagen erforderlich und es bieten sich auch unterschiedliche Schwerpunkte in den Aufgabenstellungen an.

1.1 Epik

Beim Prüfungsbereich der Epik sind die folgenden erzähltechnischen Besonderheiten zu beachten, die u. U. als vertiefender Aspekt der Charakterisierung (denkbar aber auch im Motivvergleich) in die Aufgabenstellung Eingang finden könnten. In diesem Fall sind einige grundlegende Kenntnisse der Erzähltheorie erforderlich, die auch dem Verständnis des Textes dienen.

Erzählperspektive

Unterscheiden Sie generell zwischen dem Erzähler und dem Autor, die nie identisch sind. Nur dem Erzähler kann man im epischen Werk in drei unterschiedlichen Formen, den Erzählperspektiven, begegnen.

auktorialer Erzähler	personaler Erzähler	neutraler Erzähler
Der Erzähler weiß/sagt mehr als irgendeine Figur.	Der Erzähler weiß/sagt genauso viel wie eine Figur.	Der Erzähler weiß/sagt weniger als irgendeine Figur.
Damit ist der Erzähler allwissend und greift kommentierend und wertend in das Geschehen ein. Er kennt auch die Zukunft und Vergangenheit der Handlung und kann vorausdeuten oder zurückschauen.	Der Erzähler vermittelt nur das, was diese Figur erlebt und schildert das Geschehen nur aus deren Sicht. Damit wird der Eindruck einer Unmittelbarkeit erweckt.	Das Geschehen wird sachlich, objektiv und neutral geschildert. Es wird weder kommentiert noch bewertet, sondern nur das Beobachtbare erzählt.

auktorialer Erzähler	personaler Erzähler	neutraler Erzähler
Michael stand ängstlich auf der Straße und beobachtete voller Argwohn das gegenüberliegende Motel. In einem Zimmer des ersten Stocks wälzte sich unterdessen sein Freund, von entsetzlichen Magenschmerzen geplagt, unruhig auf seinem Bett hin und her.	*Michael stand ängstlich auf der Straße. Wie es seinem Freund wohl gerade ergeht? Er sah auf das Fenster im ersten Stock des gegenüberliegenden Motels und fragte sich: „Ob er immer noch krank ist?"*	*Michael stand auf der Straße und beobachtete das gegenüberliegende Motel. Plötzlich öffnete sich ein Fenster im ersten Stock und ein Mann stürzte schreiend auf die Straße. Der herbeigerufene Arzt erklärte: „Der Mann muss entsetzliche Schmerzen gehabt haben."*

Mischformen dieser drei Perspektiven sind möglich, es ist aber immer eine dominant. Im Fall des personalen Erzählers kann auch die Perspektive, die Figur, aus deren Sicht das Geschehen erzählt wird, wechseln.

Die Erzählperspektive kann durch zwei Erzählformen geprägt werden:

- Er/Sie-Form: Der Erzähler tritt als Person fast ganz in den Hintergrund. Er dient nur als Vermittler des Geschehens und tritt nur in Form von Kommentaren zum Erzählten zu Tage.
- Ich-Form: Der Erzähler wird selbst zum Gegenstand des Erzählens und als Person greifbar. Dabei kann er entweder selbst in die Geschichte verstrickt sein (erlebendes Ich) oder das Geschehen als Außenstehender erzählen (erzählendes Ich).

Zeitstruktur

Ein weiterer Aspekt der Erzähltheorie ist die Gestaltung der Zeit in der Erzählung. Dabei ist zwischen der Erzählzeit, als der Zeitdauer, die der Erzähler für das Erzählen der Erzählung benötigt und der erzählten Zeit, als der Dauer der erzählten Geschichte zu unterscheiden. Für die Ausgestaltung dieses Verhältnisses gibt es wiederum drei Möglichkeiten.

zeitdeckendes Erzählen	zeitdehnendes Erzählen	zeitraffendes Erzählen
erzählte Zeit = Erzählzeit	erzählte Zeit < Erzählzeit	erzählte Zeit > Erzählzeit
Es handelt sich häufig um einen erlebenden Erzähler. Die Folge ist eine hohe Unmittelbarkeit	Dieser Fall ist eher selten, in der Regel sind es dann Einschübe, Beschreibung von Gedanken, die Vorgänge im Inneren der Figuren präsentieren.	Es wird summarisch erzählt, d. h., die Handlung wird dadurch beschleunigt und auf wesentliche Geschehnisse reduziert, was auch auf eine gewisse Distanz hindeutet.

Ebenso zu beachten ist die Ordnung. Weicht diese von der Reihenfolge des Geschehens (A-B-C) ab, spricht man von einer Anachronie. Dabei gibt es zwei Varianten:

- Analepse (Rückwendung: B-A-C): nachträgliche Darstellung
- Prolepse (Vorausdeutung: A-C-B): Vorwegnahme des Zukünftigen

Figurenrede

Ein wichtiges Analyseinstrument ist die Darstellung der Gedanken einer Figur. Hier gibt es im Wesentlichen fünf Möglichkeiten:

- zitierte Figurenrede (wörtlich) und erzählte Rede (indirekt)
- erlebte Rede: Darstellung aus der persönlichen Sicht der Figur, aber in 3. Person und im Präteritum
- innerer Monolog (Selbstgespräch): direkte Rede, in der Gedanken formuliert werden (eingeleitet oder uneingeleitet)
- Bewusstseinsbericht: Beschreibung der Gedanken der Figur, aber auch, wessen sich die Figur noch nicht bewusst ist (aus Erzählerinstanz)
- Bewusstseinsstrom (stream of conciousness): frei assoziierte, rational nicht gesteuerte Bewusstseinsabläufe werden authentisch wiedergegeben.

Raumstruktur

Auch der Gestaltung des Raumes kommt besondere Bedeutung zu. Dabei ist der Text daraufhin zu untersuchen, ob der Raum und die Handlung miteinander in Beziehung stehen. Fühlt sich eine Figur beispielsweise frei, so wäre der passende Raum ein freies Feld o. Ä. Die gedankliche Einengung einer Figur könnte beispielsweise durch den Schauplatz eines engen Zimmers als Handlungsort unterstützt werden.

1.2 Dramatik

Besondere Bedeutung in den Prüfungsaufgaben für die Dramatik hat die Gesprächsanalyse. Diese eignet sich besonders als Zusatzaufgabenstellung zur Charakterisierung einer Figur. Zur Bearbeitung der Aufgabenstellung sind Hintergründe über die Besonderheiten der Dramatik sehr hilfreich.

Haupt- und Nebentext

Dramatische Texte haben generell zwei Textschichten:

- der Haupttext, der tatsächlich auf der Bühne gesprochen wird, also Dialog, Monolog, Prolog oder Epilog
- der Nebentext, der nicht gesprochen wird, aber Inszenierungsfunktion haben kann, wie z.B. Dramentitel, Akt- und Szenenmarkierungen, Personenverzeichnis und insbesondere Regieanweisungen

Beide Textschichten können Aufschluss über Charakter und Gesprächsverhalten einer Figur geben. Aus dem Haupttext lassen sich aufgrund der Äußerungen der Figur Rückschlüsse über diese ziehen. Über den Nebentext erfährt man direkt (bspw. in Regieanweisungen) oder indirekt (bspw. über „sprechende" Namen) etwas über die Figur.

Regieanweisungen

Insbesondere die Regieanweisungen sind eine wertvolle Quelle für die Analyse des dramatischen Textes. Entweder kann über explizite Bühnenanweisungen etwas über die Figur oder ihr Verhalten erfahren werden (z.B. eine Regieanweisung „wütend" deutet auf ein entsprechendes emotionales Verhalten hin) oder implizite Regieanweisungen, die in der dramatischen Rede der Figuren deutlich werden, geben Hinweise darauf.

Figurenrede

Da es im Drama keine Erzählerinstanz gibt, muss vor allem die Figurenrede der beteiligten Personen als Quelle für die Analyse dienen. Achten Sie beim Drama neben den Redeanteilen der zu charakterisierenden Figur auch auf die Äußerungen anderer Figuren über diese. Die Sprache der beteiligten Figuren spielt eine große Rolle und lässt ebenfalls Rückschlüsse auf den Charakter der Figur zu.

2. Inhaltszusammenfassung

Die Zusammenfassung des Inhalts eines epischen oder dramatischen Textes ist Bestandteil dieses Aufgabenteils. Sie wird in der Aufgabe a) mit einer Charakterisierung oder der Analyse eines Beziehungsgeflechts (und ggf. weiteren Aufgabenstellungen) kombiniert.

Grundsätzlich sollten Sie eine kurze Textvorstellung voranstellen und danach den eigentlichen Inhalt strukturiert und abstrahiert wiedergeben. Eine bloße Nacherzählung ohne Distanz genügt nicht den Anforderungen an die Inhaltszusammenfassung.

2.1 Vorbereitung

Klärung der Themenstellung

Die Aufgabenstellung ist sehr klar. Sie lautet: „Fassen Sie den Inhalt des Roman-/Dramen-Auszugs unter Einbezug des Aufbaus knapp zusammen." Für die Bearbeitung der Aufgabe ist dabei nur der der Aufgabe zugrundeliegende Textauszug (Material 1) erforderlich.

Stoffsammlung

Stellen Sie zunächst folgende Angaben für die kurze Textvorstellung aus dem Text bzw. den Angaben zum Text zusammen:

- Autor, Titel, Erscheinungsjahr
- Textsorte (Kurzgeschichte, Romanauszug, Szene aus Drama etc.)
- Zeit und Ort der Handlung (z.B. „spielt in einer amerikanischen Großstadt, vermutlich in den 90er-Jahren")
- evtl. vorkommende (Haupt-)Figuren (insbesondere beim Dramenauszug)
- bei erzählenden Texten: Erzählform und -perspektive (z.B. „In personaler Erzählweise wird aus der Perspektive des 14-jährigen Mike berichtet, ...")
- Handlungskern: Zusammenfassung des Inhaltskerns in einem Satz (z.B. „Der vorliegende Ausschnitt handelt von einem Streitgespräch zwischen ...")
- Thematik: Darlegung der hinter der Handlung verborgenen Thematik in einem Satz/Nebensatz (z.B. „..., wobei vor allem die Konflikte zwischen den beiden Ehepartnern deutlich werden")

Teilen Sie danach den Text in Sinnabschnitte ein. Fassen Sie für jeden dieser Abschnitte den Inhalt in wenigen Sätzen zusammen.

Achten Sie zur Informationsgewinnung auch auf die Vorbemerkungen, die dem eigentlichen Textauszug vorangestellt sind. Hier lassen sich häufig wesentliche Informationen gewinnen bzw. ergeben sich schon Hinweise auf den Handlungskern und die Thematik.

Aufbau

Die Inhaltszusammenfassung beginnt mit der schon angesprochenen Textvorstellung. Legen Sie die in der Stoffsammlung gewonnenen Ergebnisse als Einleitung in zwei bis drei Sätzen dar. Geben Sie im Anschluss daran zu jedem inhaltlichen Abschnitt in abstrahierender Form den Inhalt wieder.

Tabelle 3: Aufbau einer Inhaltszusammenfassung

Textvorstellung mit: • Autor, Titel, Erscheinungsjahr   • Textsorte   • Zeit und Ort der Handlung   • Hauptfiguren   • bei erzählenden Texten: Erzählform und -perspektive   • Handlungskern   • Thematik
Inhaltlich abstrahierte Zusammenfassung des ersten Abschnitts
Inhaltlich abstrahierte Zusammenfassung der weiteren Abschnitte
Inhaltlich abstrahierte Zusammenfassung des letzten Abschnitts

In der Regel erfolgt die Darlegung der Abschnitte dem chronologischen Verlauf des Textauszuges, was jedoch nicht grundsätzliche Vorgabe ist. Je nach vorliegendem Text sind ggf. andere Gliederungen sinnvoller bspw. eine Trennung nach äußerer und innerer Handlung oder von verschiedenen Handlungssträngen.

Legen Sie bei epischen Texten besonderes Augenmerk auf verschiedene Erzählebenen. Dies können u. a. unterschiedliche Zeitebenen, Wechsel der Erzählperspektive oder Raumsprünge sein. In diesen Fällen bietet es sich u. U. an, diese Ebenen jeweils separat inhaltlich zusammenzufassen und dies beim Verfassen der Inhaltszusammenfassung deutlich zu machen.

Häufigster Fehler der Inhaltszusammenfassung ist die Reduktion auf eine bloße Nacherzählung ohne Distanz. Deshalb gilt bei der Inhaltszusammenfassung:

- Weglassen unwichtiger Details
- keinerlei bewusster Aufbau von Spannung oder anderer Leser-Emotionen
- stets im Präsens formulieren (nicht im Präteritum der Erzählung)
- keine Wiedergabe von wörtlichen Reden oder wörtliche Wiedergabe von Gedanken (Anführungszeichen kommen in der Inhaltszusammenfassung nur beim Titel vor)
- Einnehmen der ordnenden Perspektive dessen, der den Text „von oben" bzw. „von außen" betrachtet (z. B. „In dem Gespräch zwischen dem Mann und seiner Frau wird deutlich, dass ..."; „Im nächsten Abschnitt werden vor allem Überlegungen Mikes wiedergegeben, aus denen der Leser erfährt, dass ...")

Formulierungshilfen

Als Grundgerüst für die einleitenden Sätze zur Textvorstellung bietet sich folgende Formulierung an:

„Der ROMAN/NOVELLE/TEXTSORTE „TITEL" wurde von NAME DES AUTORS verfasst und erschien erstmals ERSCHEINUNGSJAHR. Im vorliegenden Textauszug BESCHREIBUNG DER ÄUSSEREN HANDLUNG. Die in PERSONALER/AUKTORIALER Erzählweise (aus Sicht von XY in ICH-/ ER-FORM) erzählte Handlung spielt dabei im Wesentlichen an ORT DER HANDLUNG im JAHR/ZEITRAUM DER HANDLUNG. Der ROMANAUSZUG/NOVELLENAUSZUG/TEXTSORTE behandelt dabei die Thematik NENNEN DER INNEREN HANDLUNG/THEMATIK."

Für die weitere Formulierung der Inhaltszusammenfassung achten Sie auf sinnvolle Konjunktionen, die den Aufbau des Textes klar darlegen.

Für zeitliche Zusammenhänge:	Für kausale Zusammenhänge:	Für konzessive Zusammenhänge:
Daraufhin, danach, anschließend, Währenddessen, zeitgleich, ...	Deshalb, aufgrund, ...	Obwohl, obgleich, trotz, ...

2.2 Übungsaufgabe 4 (Epik)

Fassen Sie den Inhalt des Romanauszugs unter Einbezug des Aufbaus knapp zusammen.

Material 1:

Heinrich Böll: Ansichten eines Clowns (1963)

Vorbemerkung: Der nachfolgende, leicht gekürzte Textauszug ist der Beginn des Romans „Ansichten eines Clowns", der 1963 erstmalig erschienen ist. Der Clown Hans Schnier ist der aus der Art geschlagene Sohn eines rheinischen Braunkohlenmillionärs. Schnier hat seit seinem 21. Lebensjahr mit Marie, der katholischen Tochter eines Kommunisten, in nicht legalisierter Ehe gelebt. Nach sechs Jahren hat sie ihn nun, von Glaubensgenossen beeinflusst, verlassen, um den einflussreichen Katholiken Züpfner zu heiraten. Anlass dieses Treuebruchs war Schniers Weigerung, sich schriftlich zur katholischen Erziehung künftig zu erwartender Kinder aus dieser freien Ehe zu verpflichten.[1]

Es war schon dunkel, als ich in Bonn ankam, ich zwang mich, meine Ankunft nicht mit der Automatik ablaufen zu lassen, die sich in fünfjährigem Unterwegssein herausgebildet hat: Bahnsteigtreppe runter, Bahnsteigtreppe rauf, Reisetasche abstellen, Fahrkarte aus der Manteltasche nehmen, Reisetasche aufnehmen, Fahrkarte abgeben, zum Zeitungsstand, Abendzeitungen kaufen, nach draußen gehen und
5 ein Taxi heranwinken. Fünf Jahre lang bin ich fast jeden Tag irgendwo abgefahren und irgendwo angekommen, ich ging morgens Bahnhofstreppen rauf und runter und nachmittags Bahnhofstreppen runter und rauf, winkte Taxis heran, suchte in meinen Rocktaschen nach Geld, den Fahrer zu bezahlen, kaufte Abendzeitungen an Kiosken und genoß in einer Ecke meines Bewußtseins die exakt einstudierte Lässigkeit dieser Automatik. Seitdem Marie mich verlassen hat, um Züpfner, diesen Katholiken, zu heiraten,
10 ist der Ablauf noch mechanischer geworden, ohne an Lässigkeit zu verlieren. [...] Seitdem Marie weg ist, bin ich manchmal aus dem Rhythmus geraten, habe Hotel und Bahnhof miteinander verwechselt, nervös an der Portierloge nach meiner Fahrkarte gesucht oder den Beamten an der Sperre nach meiner Zimmernummer gefragt, irgendetwas, das Schicksal heißen mag, ließ mir wohl meinen Beruf und meine Situation in Erinnerung bringen. Ich bin ein Clown, offizielle Berufsbezeichnung: Komiker, kei-
15 ner Kirche steuerpflichtig, siebenundzwanzig Jahre alt, und eine meiner Nummern heißt: Ankunft und Abfahrt, eine (fast zu) lange Pantomime, bei der der Zuschauer bis zuletzt Ankunft und Abfahrt verwechselt; da ich diese Nummer meistens im Zug noch einmal durchgehe (sie besteht aus mehr als sechshundert Abläufen, deren Choreographie ich natürlich im Kopf haben muß), liegt es nahe, daß ich hin und wieder meiner eigenen Phantasie erliege: in ein Hotel stürze, nach der Abfahrtstafel ausschaue,
20 diese auch entdecke, eine Treppe hinauf- oder hinunterrenne, um meinen Zug nicht zu versäumen, während ich doch nur auf mein Zimmer zu gehen und mich auf die Vorstellung vorzubereiten brauche. Zum Glück kennt man mich in den meisten Hotels; innerhalb von fünf Jahren ergibt sich ein Rhythmus mit weniger Variationsmöglichkeiten, als man gemeinhin annehmen mag – und außerdem sorgt mein Agent, der meine Eigenheiten kennt, für eine gewisse Reibungslosigkeit. Was er „die Sensibilität einer
25 Künstlerseele" nennt, wird voll respektiert, und eine „Aura des Wohlbefindens" umgibt mich, sobald ich auf meinem Zimmer bin: Blumen in einer hübschen Vase, kaum habe ich den Mantel abgeworfen, die Schuhe (ich hasse Schuhe) in die Ecke geknallt, bringt mir ein hübsches Zimmermädchen Kaffee und Kognak, läßt mir ein Bad einlaufen, das mit grünen Ingredienzien wohlriechend und beruhigend gemacht wird. In der Badewanne lese ich Zeitungen, lauter unseriöse, bis zu sechs, mindestens aber drei
30 und singe mit mäßig lauter Stimme ausschließlich Liturgisches: Choräle, Hymnen, Sequenzen, die mir noch aus der Schulzeit in Erinnerung sind. Meine Eltern, strenggläubige Protestanten, huldigten der Nachkriegsmode konfessioneller Versöhnlichkeit und schickten mich auf eine katholische Schule. Ich selbst bin nicht religiös, nicht einmal kirchlich, und bediene mich der liturgischen Texte und Melodien aus therapeutischen Gründen: sie helfen mir am besten über die beiden Leiden hinweg, mit denen
35 ich von Natur belastet bin: Melancholie und Kopfschmerz. Seitdem Marie zu den Katholiken übergelaufen ist (obwohl Marie selbst katholisch ist, erscheint mir diese Bezeichnung angebracht), steigert sich die Heftigkeit dieser beiden Leiden, und selbst das Tantum ergo oder die Lauretanische Litanei, bisher meine Favoriten in der Schmerzbekämpfung, helfen kaum noch. Es gibt ein vorübergehend wirksames Mittel: Alkohol -, es gäbe eine dauerhafte Heilung: Marie; Marie hat mich verlassen. Ein Clown, der ans
40 Saufen kommt, steigt rascher ab, als ein betrunkener Dachdecker stürzt. [...]

Seit drei Wochen war ich meistens betrunken und mit trügerischer Zuversicht auf die Bühne gegangen, und die Folgen zeigten sich rascher als bei einem säumigen Schüler, der sich bis zum Zeugnisempfang noch Illusionen machen kann; ein halbes Jahr ist eine lange Zeit zum Träumen. Ich hatte schon nach
45 drei Wochen keine Blumen mehr auf dem Zimmer, in der Mitte des zweiten Monats schon kein Zimmer mit Bad mehr, [...] während die Gage auf ein Drittel geschmolzen war. Kein Kognak mehr, sondern Korn, keine Varietés mehr: merkwürdige Vereine, die in dunklen Sälen tagten, wo ich auf einer Bühne mit miserabler Beleuchtung auftrat, wo ich nicht einmal mehr ungenaue Bewegungen, sondern bloß noch Faxen machte, über die sich Dienstjubilare von Bahn, Post, Zoll, katholische Hausfrauen oder evangeli-

---
1 Vgl. Kindlers Neues Literaturlexikon (Ba-Bo), München: 1988, S. 845.

sche Krankenschwestern amüsierten, biertrinkende Bundeswehroffiziere, deren Lehrgangsabschluß ich verschönte, nicht recht wußten, ob sie lachen durften oder nicht, wenn ich die Reste meiner Nummer ‚Verteidigungsrat' vorführte, und gestern, in Bochum, vor Jugendlichen, rutschte ich mitten in einer Chaplin-Imitation aus und kam nicht wieder auf die Beine. Es gab nicht einmal Pfiffe, nur ein mitleidiges Geraune, und ich humpelte, als endlich der Vorhang über mich fiel, rasch weg, raffte meine Klamotten zusammen und fuhr, ohne mich abzuschminken, in meine Pension, wo es eine fürchterliche Keiferei gab, weil meine Wirtin sich weigerte, mir mit Geld für das Taxi auszuhelfen. Ich konnte den knurrigen Taxifahrer nur beruhigen, indem ich ihm meinen elektrischen Rasierapparat nicht als Pfand, sondern als Bezahlung übergab. Er war noch nett genug, mir eine angebrochene Packung Zigaretten und zwei Mark in bar herauszugeben. Ich legte mich angezogen auf mein ungemachtes Bett, trank den Rest aus meiner Flasche und fühlte mich zum ersten Mal seit Monaten vollkommen frei von Melancholie und Kopfschmerzen. Ich lag auf dem Bett in einem Zustand, den ich mir manchmal für das Ende meiner Tage erhoffe: betrunken und wie in der Gosse. Ich hätte mein Hemd hergegeben für einen Schnaps, nur die komplizierten Verhandlungen, die der Tausch erfordert hätte, hielten mich von diesem Geschäft ab. Ich schlief großartig, tief und mit Träumen, in denen der schwere Bühnenvorhang als ein weiches, dickes Leichentuch über mich fiel wie eine dunkle Wohltat, und doch spürte ich durch Schlaf und Traum hindurch schon die Angst vor dem Erwachen: die Schminke noch auf dem Gesicht, das rechte Knie geschwollen, ein mieses Frühstück auf Kunststofftablett und neben der Kaffeekanne ein Telegramm meines Agenten: „Koblenz und Mainz haben abgesagt Stop Anrufe abends Bonn. Zohnerer."
[...]

Quelle: Böll, Heinrich: Ansichten eines Clowns. dtv Verlagsgesellschaft, München: 1998, S. 7 ff.

2.3 Übungsaufgabe 5 (Dramatik)

Aufgabe

Fassen Sie den Inhalt des Dramenauszugs unter Einbezug des Aufbaus knapp zusammen.

Material 1:

Botho Strauß: Die Ähnlichen (1998)

Meriggio/Mittags

Am ENDE der Besuch bei seiner geschiedenen Frau (Sie), wo (Er) auf seinen Jungen wartet, um ihn mitzunehmen auf eine Ferienreise.

ER   Du bist der einzige Mensch, von dem ich sicher weiß, daß er mich über den Tod hinaus hassen wird.

SIE   Ja. Wie könnte es anders sein?

ER   Du milderst nicht einmal das Wort „Haß"? Du bestreitest es nicht?

SIE   Nein. Wodurch soll ich es ersetzen?

ER   Ich habe dich gezwungen, nach Deutschland zurückzukehren. Ich habe dich bestrafen lassen, als du versuchtest, den Jungen zu entführen. Du wirst mir bei Gott nicht einen Schritt von den getroffenen Vereinbarungen abweichen.

SIE   Und du solltest wissen, daß ich nichts unversucht lasse, um mein Kind deinem schmutzigen Einfluß zu entziehen.

ER   So fanatisch, wie du mich einst mit deiner Eifersucht verfolgtest – kannst du dir das noch vorstellen? Ich bin immer noch derselbe Mann, den du damals aus Eifersucht zu töten bereit warst.

SIE   Dich zu töten?

ER   Ja. Aus gekränkter Begierde? Aus Liebe? Ich weiß es nicht.

SIE   Ich rede nicht mit dir über vergangene Zeiten.
Du bist hier, um den Jungen abzuholen. Den Jungen abzuholen bedeutet nichts weiter als den Jungen abholen. Eine Regel einhalten, nichts weiter. Hast du denn daran gedacht, daß er sich ein Paar Satteltaschen wünscht? Es würde ihn freuen.

ER   Freut er sich?

SIE   Auf dich? Auf die Reise freut er sich.

ER Warum sagst du nicht: er spricht schon seit Tagen von nichts anderem? Obwohl es sicher die Wahrheit ist. Warum gönnst du mir nicht, daß er sich wie ein Schneekönig freut auf die Reise mit mir?

SIE Er mußte sich bis gestern auf eine Klassenarbeit vorbereiten.

ER Ja. So ist es nun. So ist es eben. Da ist gar nichts zu machen. Ich will dir sagen: Ich finde es immerhin beruhigend, daß ich eine Antwort bekomme, wenn ich dich etwas frage. Zäh, leise, unbarmherzig. Es herrscht gottlob ein erträglicher Ton zwischen dir und mir. Endlich. Du klagst mich nicht mehr an. Du beschimpfst mich nicht mehr?

SIE Mußt du mich das fragen?

ER Du siehst mich an. Erstaunlicherweise siehst du mich an. Und dann frage ich dich. Ganz unwillkürlich.

SIE Es gibt keinen Grund mehr, aufeinander loszugehen. Ich gebe nur soviel nach, wie es die Regeln von mir verlangen.

ER Aber daß du mich anschaust, daß du mir hinter die Stirn zu blicken suchst, ist schon seit langem nicht mehr vorgekommen. Es schien mir eben, als hättest du dich gefragt: Was empfinde ich eigentlich noch für diesen Menschen?

SIE Für dich? Ha! Du täuschst dich. Beim Gedankenlesen noch öfter als bei deinen übrigen Lektüren. Ich habe mich gefragt: Wie lange muß ich noch mit diesem Menschen reden?

ER Es wäre nicht nötig zu reden, wenn wir einander nicht gegenübersäßen.

SIE Es wäre dringend nötig. Ich habe dir etwas zu sagen. Sebastian wird dich nicht begleiten.

ER Warum?

SIE Er kann nicht mitfahren. Meine Schwester nimmt ihn mit nach Amrum. Es wird ihm guttun.

ER Wir fahren auch ans Meer ...!

SIE Nach Griechenland soll er jetzt nicht fahren. Dort ist es zu heiß.

ER Das hast du dir eben überlegt, ausgedacht ...?!

SIE Ich rede mit dir, damit du nicht gleich wieder mit deinem Anwalt drohst. Sebastian ist nicht ganz gesund.

ER Nicht ganz gesund? Der Junge? Was fehlt ihm denn? Das habe ich doch schon einmal gehört! Es ist abscheulich, mit der Gesundheit des Jungen herumzufeilschen, um einen kleinen niedrigen Gewinn zu erzielen: daß er nicht mit seinem Vater auf die Reise kann! Du – du würdest sogar in Kauf nehmen, daß er – dir wär's lieber, er läge krank auf den Tod, als daß er einen einzigen Tag mit mir verbringt.

SIE Dich hat er jedes zweite Wochenende. Es scheint ihm zu genügen.

ER Liebst du dein Kind? Frag dich das mitten ins Herz hinein. Dann wirst du wissen: du liebst es keineswegs. Es ist für dich nur noch ein Beutestück. Oder eine Waffe, mit der du Rache übst. An mir. An mir. Du kannst ihn gar nicht lieben, weil du besessen bist von mir – von mir bist du besessen und leidest an dem Kind, das sich so klar zu mir bekennt, das mir so ähnlich ist in vielen Zügen! Du bist die Teufelskälte in Person.

SIE Du machst mir nicht so einen Lump aus ihm, wie du es bist. Du wirst mir diesen Menschen nicht verderben.

ER Warum hast du nach den Satteltaschen gefragt? Beruhige dich. Warum hast du nach den Satteltaschen gefragt? Es ist gut. Laß es gut sein.

SIE So ist es eben. Es ist ein Fehler, so lange miteinander zu reden.

ER Es ist ein Fehler, daß du mich immerzu anschaust. Ich sagte es schon. Aber du suchst ja nach Gewalt, du starrst sie herbei!

> SIE Du und Gewalt? Welche Gewalt? Du bist verrückt. Du sollst mich in Ruhe lassen. Ich starre dich an, weil ich mein halbes Leben, das du bist, nicht verstehe, einfach nicht verstehe ... Du wirst ihm Satteltaschen kaufen! Du schenkst ihm Satteltaschen, du gehst und kaufst jetzt Satteltaschen, auch wenn diese Satteltaschen nichts, aber auch gar nichts mit eurer Reise zu tun haben, weil es nämlich eine Reise von euch beiden nicht geben wird und weil du nicht ein zweites Mal –
>
> ER Es darf doch nicht sein, daß du wieder zu delirieren beginnst. Zwei Jahre bin ich davon verschont geblieben. Mein Gott! Warum haben wir miteinander gesprochen? Warum hast du mich angeschaut? Du hast es dir ausgedacht. Es war kein Plan. Es ist einfach über dich gekommen. Deine Schwester weiß noch nichts von ihrem Glück.

Quelle: Strauß, Botho: Die Ähnlichen. Moral Interludes. Der Kuß des Vergessens. Vivarium rot. Zwei Theaterstücke. dtv Verlagsgesellschaft, München: 2000. S. 84–87.

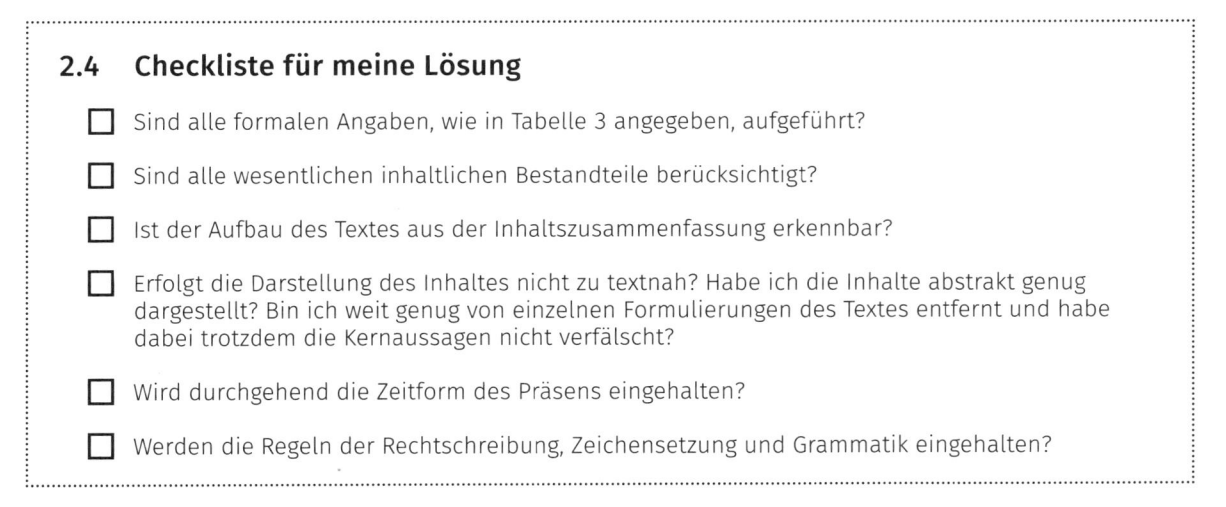

2.4 Checkliste für meine Lösung

- ☐ Sind alle formalen Angaben, wie in Tabelle 3 angegeben, aufgeführt?
- ☐ Sind alle wesentlichen inhaltlichen Bestandteile berücksichtigt?
- ☐ Ist der Aufbau des Textes aus der Inhaltszusammenfassung erkennbar?
- ☐ Erfolgt die Darstellung des Inhaltes nicht zu textnah? Habe ich die Inhalte abstrakt genug dargestellt? Bin ich weit genug von einzelnen Formulierungen des Textes entfernt und habe dabei trotzdem die Kernaussagen nicht verfälscht?
- ☐ Wird durchgehend die Zeitform des Präsens eingehalten?
- ☐ Werden die Regeln der Rechtschreibung, Zeichensetzung und Grammatik eingehalten?

3. Charakterisierung

Die Charakterisierung verfolgt das Ziel, das Wesen einer literarischen Figur zu beschreiben. Dazu ist es notwendig, dass alle Merkmale, Eigenschaften und Charakterzüge sowie auch die Wertvorstellungen und Einstellungen der Figur, die sie vermutlich dauerhaft auszeichnen, möglichst umfassend dargestellt werden. Dabei genügt es nicht, nur Verhaltensweisen darzustellen, die die Figur an der vorliegenden Textstelle an den Tag legt. Vielmehr muss aus den Beobachtungen auf den Charakter der Figur geschlossen werden.

Anhand des Textes durch Einbindung von Zitaten muss die Charakterisierung begründet werden. Manchmal erfährt eine Figur auch während des Textauszuges eine Wandlung in ihren dauerhaft angelegten Charakterzügen, was ebenfalls dargelegt werden muss.

In der Fachabiturprüfung wird eine Charakterisierung einer literarischen Figur häufig unter Berücksichtigung sprachlich-stilistischer Besonderheiten gefordert. Möglich ist als ergänzende Aufgabenstellung auch der Einbezug der politisch/sozialen Bedingungen der Zeit, in der die Handlung spielt oder in der das literarische Werk entstanden ist.

Die Zeitform der Charakterisierung ist durchgängig das Präsens. Besonders bei der Integration von Zitaten sollten Sie darauf achten, dass Sie das häufig verwendete epische Präteritum grammatikalisch richtig in die Charakterisierung einbetten. Schreiben Sie in eigenen Worten; lehnen Sie sich also nicht zu sehr an den Text an. Zudem sollten Sie einen sachlich-distanzierten, objektiven Blickwinkel einnehmen und entsprechend formulieren.

3.1 Vorbereitung

Klärung der Themenstellung

Die Charakterisierung kann als Aufgabenstellung für epische und dramatische Texte vorkommen. Als Aufgabenstellung ist sie leicht zu erkennen: Die Formulierung der Aufgabe beginnt mit „Charakterisieren Sie Figur xy". Wichtig ist die Abgrenzung zur Charakterisierung einer Beziehung, die durch Formulierungen wie „Charakterisieren Sie das Verhältnis von x und y" oder „Analysieren Sie die Beziehung von x und y" und ähnlichen Varianten gekennzeichnet ist (*wird in Kapitel 4, Seite 56 behandelt*).

Achten Sie besonders darauf, dass Sie eventuelle Zusatzaufgabenstellungen, z. B. die oben erwähnte sprachlich-stilistische Analyse, nicht vergessen und ebenfalls bei der Bearbeitung berücksichtigen. Welcher Art diese

Zusatzaufgaben sind, ist textabhängig und breit gefächert. Deshalb können hier nicht alle Möglichkeiten behandelt werden.

Stoffsammlung

Normalerweise muss für die Charakterisierung nur der Haupttext, also das Material 1, bearbeitet werden. Falls es sich um einen Textauszug aus einem Roman o. Ä. handelt, ist dem Material häufig eine kurze Vorbemerkung vorangestellt, aus der Sie ebenfalls Informationen gewinnen können. Markieren Sie zur Stoffsammlung bereits beim ersten Lesen des Materials auffällige bzw. für die Charakterisierung relevante Textstellen.

Im Anschluss daran sollten systematisch alle Informationen zur Figur gesammelt werden. Es bietet sich an, diese bereits dem Aufbau der Charakterisierung folgend zu gliedern. Das heißt, die Informationen sollten nach äußerem Erscheinungsbild, äußerlich beobachtbarem Verhalten, soziale Lage, innerer Verfassung der Figur, Verbindungen zu anderen Figuren, die sie beeinflussen und nach einer möglichen Wandlung eingeteilt werden. Unterstützen können dabei die Mindmap-Technik und folgende Fragestellungen:

- Wie alt ist die Figur? Welches Geschlecht hat die Figur?
- Wie sieht die Figur aus? Welche Mimik, Gestik, Körperhaltung etc. zeichnen sie aus?
- Welche Kleidung trägt die Figur?
- Welche äußerlich erkennbaren Besonderheiten zeichnen die Figur aus?
- Wie sehen die Familienverhältnisse der Figur aus? Lebt die Figur in einer Partnerschaft?
- Welchen Bildungshintergrund hat die Figur?
- Welcher sozialen Schicht gehört die Figur an? In welchen Verhältnissen lebt die Figur?
- Welchen sozialen Einfluss hat die Figur?
- Wie spricht die Figur? Welche besonderen Redewendungen benutzt sie? Wie spricht die Figur mit anderen? (Diese Fragestellungen sind insbesondere auch für die sprachlich-stilistische Analyse hilfreich.)
- Welche Verhaltensweisen und Gewohnheiten zeichnen die Figur aus?
- Welche Wertvorstellungen der Figur lassen sich im Auszug erkennen?
- Welche Wesenszüge prägen die Figur?
- Welche Wünsche/Träume hat die Figur? Welche Ängste belasten sie?
- Welche geistigen Fähigkeiten der Figur lassen sich erkennen?
- Wie geht die Figur mit Gefühlen um? Wie geht sie mit anderen Menschen vor allem in Konflikten um?
- Welche weltanschaulichen Prägungen der Figur werden erkennbar?
- Welche Gewohnheiten und Interessen sind im Textauszug ersichtlich?

Diese Fragen können durch den Textauszug beantwortet werden, indem das Verhalten der Figur beobachtet und gedeutet wird oder sie werden durch die Figur selbst oder durch den Erzähler geäußerte Gedanken beantwortet. Insbesondere bei dramatischen Texten, in denen es keinen Erzähler gibt, müssen Wesenszüge der zu charakterisierenden Figur auch aus dem Verhalten und den Äußerungen der anderen Figuren erschlossen werden. Auch die Sprache/Ausdrucksweise der Figur kann Aufschluss zu den Fragestellungen geben.

Bei der Stoffsammlung sollten Sie Textstellen, die die Ausführungen unterstützen, entweder markieren oder bei der Sammlung bereits notieren, da Sie bei der Formulierung der Charakterisierung stets auf diese verweisen müssen.

Darüber hinaus ist es hilfreich, einen breiten Wortschatz an differenzierten Adjektiven zur präzisen Beschreibung von Eigenschaften zur Verfügung zu haben. Dabei bietet sich die Gegenüberstellung von Gegensatzpaaren an. Folgende Aspekte des Wesens einer Figur sollten damit abgedeckt werden (in Klammern Beispiele für gegensätzliche Adjektive in diesem Bereich):

- persönliche Dynamik (aktiv – lethargisch, beharrlich – willensschwach, ehrgeizig – resigniert)
- Gemütslage (leidenschaftlich – phlegmatisch, ausgeglichen – cholerisch, heiter – schwermütig)
- Selbstbewusstsein (selbstsicher – unsicher, mutig – feige, unterwürfig – rebellisch)
- moralische Ausrichtung (verantwortungsbewusst – unverantwortlich, ehrlich – verlogen)
- geistige Ausrichtung (kreativ – ideenlos, naiv – skeptisch, praktisch veranlagt – theoretisch veranlagt, aufgeschlossen – engstirnig)
- Emotionale Veranlagung (kühl – leidenschaftlich, sensibel – ruppig, leicht erregbar – abgeklärt, fröhlich – depressiv, liebevoll – gefühlskalt)
- Soziale Aspekte (integrierend – spalterisch, arrogant – bescheiden, versöhnlich – streitbar)

Die Beispiele bilden dabei lediglich einen sehr kleinen Ausschnitt der Möglichkeiten in der Ausgestaltung der Figur.

Legen Sie bei der Stoffsammlung auch ein Augenmerk auf die sprachliche Gestaltung. – ganz besonders wenn in der Aufgabenstellung die Berücksichtigung der sprachlich-stilistischen Besonderheiten gefordert ist. Stellen Sie dabei Verbindungen zu den Charakterzügen her und untersuchen Sie, inwiefern die Sprache der Figur die Erkenntnisse aus der Charakterisierung stützt. Einige typische Beispiele hierfür sind:

- Interjektionen und Ausrufe deuten auf Emotionalität hin.
- Einfache Sätze mit beschränktem Wortschatz lassen auf einfache Herkunft und geringes Bildungsniveau schließen.
- Häufiges Verwenden der ersten Person Singular („Ich") weist auf eine hohe Ich-Bezogenheit hin.
- Unsicherheit und mangelndes Selbstbewusstsein lässt sich durch stockendes Sprechen oder einen Wechsel verschiedener Sprachebenen erschließen.
- Ellipsen und Parataxen können auf Aufregung und/oder auf Unsicherheit hindeuten, aber auch auf Eile.

Achten Sie stets auf den Kontext der Sprache. Es lassen sich hier aufgrund der Bandbreite der sprachlichen Möglichkeiten nur wenige allgemeingültige Hilfestellungen geben.

Aufbau

Der Aufbau einer Charakterisierung sollte möglichst thesengeleitet erfolgen. Listen Sie daher nicht einfach anhand des Textauszugs die einzelnen Merkmale nacheinander auf. Bündeln Sie vielmehr Ihre Erkenntnisse aus der Stoffsammlung und legen Sie dann die Wesenszüge der Figur in Form von Thesen dar. Die Behauptungen zum Charakter einer Figur müssen jeweils anschließend anhand des Textes belegt werden.

Aus dieser grundsätzlichen Vorgabe ergibt sich folgender Aufbau.

Tabelle 4: Schematische Darstellung des Aufbaus einer Charakterisierung

Einleitung - kurze Darstellung der Situation, in der sich die Figur gerade befindet (da dies u. U. Einfluss auf das Verhalten der Figur und damit auf die erkennbaren Charakterzüge hat). - Dazu zählt auch die Figurenkonstellation innerhalb des Textauszugs und welche Rolle die Figur innerhalb dieser Konstellation spielt.

Hauptteil
- zunächst **Beschreibung der äußeren Merkmale** der Figur (Mimik, Gestik, Augenfarben, Kleidung, Körperstatur, Geschlecht, Alter, soziales Milieu, Bildung, besondere Merkmale etc.)
- anschließend **thesengeleitete Darstellung der „inneren" Merkmale** der Figur, also Wesenszüge, Eigenschaften, Wertvorstellungen, Gewohnheiten, Interessen etc. nach folgendem Muster.
 	
These Charakterzug 1
- Die These stützende Beobachtung im Text erläutern
  ◦ Verweis auf den Text als Beleg in Form eines direkten oder indirekten Zitats
  ◦ ggf. Funktion der Sprache im Zitat erläutern und auf den Charakterzug beziehen
- Die These stützende Beobachtung im Text erläutern
  ◦ Verweis auf den Text als Beleg in Form eines direkten oder indirekten Zitats
  ◦ ggf. Funktion der Sprache im Zitat erläutern und auf den Charakterzug beziehen
 	
These Charakterzug 2
- Die These stützende Beobachtung im Text erläutern
  ◦ Verweis auf den Text als Beleg in Form eines direkten oder indirekten Zitats
  ◦ ggf. Funktion der Sprache im Zitat erläutern und auf den Charakterzug beziehen
 	
- **Alternativ** können Sie zunächst die Beobachtungen und das Verhalten deuten und diese anschließend nach folgendem Muster in einen Charakterzug zusammenfassen.
  VARIANTE
  - Die These stützende Beobachtung im Text erläutern
    ◦ Verweis auf den Text als Beleg in Form eines direkten oder indirekten Zitats
    ◦ ggf. Funktion der Sprache im Zitat erläutern und auf den Charakterzug beziehen
  - Die These stützende Beobachtung im Text erläutern
    ◦ Verweis auf den Text als Beleg in Form eines direkten oder indirekten Zitats
    ◦ ggf. Funktion der Sprache im Zitat erläutern und auf den Charakterzug beziehen
  Benennen und Zusammenfassen des Charakterzugs 1

Literarische Texte: Epik und Dramatik

- Die nächste die These stützende Beobachtung im Text erläutern
  - Verweis auf den Text als Beleg in Form eines direkten oder indirekten Zitats
  - Ggf. Funktion der Sprache im Zitat erläutern und auf den Charakterzug beziehen

  Benennen und Zusammenfassen des Charakterzugs 2

- Die beiden Varianten sollten allerdings nicht gemischt werden.

Schluss
- Zusammenfassung der identifizierten Merkmale in zwei bis drei Sätzen, sodass der grundsätzliche Charakter der Figur nur daraus ersichtlich würde. Dabei keine neuen Erkenntnisse oder neuen Belege mehr anführen.
- Falls ein Wandel im Charakter der Figur erkennbar ist, sollte dieser hier ebenfalls kurz in zwei bis drei Sätzen beschrieben werden.
- Manchmal wird in der Aufgabenstellung ein kurzes Urteil zum Verhalten verlangt bzw. bietet sich dieses als Abschluss an.

Eine bloße Auflistung oder auch nur eine bloße Beschreibung von Verhaltensweisen genügt nicht den Anforderungen an die Charakterisierung. Jede Beobachtung muss in eine konkrete Behauptung zum Wesen/Charakter der Figur münden und durch den Text belegt werden.

Formulierungshilfen

Wichtig bei der Formulierung der Charakterisierung ist die sinnvolle und grammatikalisch korrekte Einbindung von direkten und indirekten Zitaten als Beleg für die Schlüsse auf Charakterzüge. Diese hängt sehr stark von der Textvorlage ab und kann nur sehr wenig standardisiert werden.

Für die Einleitung bieten sich folgende Formulierungen an:

- Im vorliegenden Textausschnitt wird die Figur ...
  - in die Handlung eingeführt, als sie [Beschreibung der Situation und der beteiligten Figuren].
  - in der Situation dargestellt, als sie [Beschreibung der Situation und der beteiligten Figuren].
- Während die Figur ... im vorliegenden Textausschnitt [Beschreibung der Situation und der beteiligten Figuren], lassen sich typische Wesenszüge und Eigenschaften der Figur erkennen.
- Im Folgenden soll die Figur ... unter Berücksichtigung der sprachlich-stilistischen Gestaltung charakterisiert werden.

Eine Hilfestellung für den Hauptteil können folgende Formulierungen bieten:

Für die Darlegung der These:	Für die Formulierung der Beobachtungen, die zur These führen:
- Ein wesentlicher Charakterzug des Protagonisten ist ... - Besonders auffällig an der Figur ist ... - Charakteristisch für die Figur ist ...	- Besonders deutlich wird dieser Charakterzug an der Stelle als die Figur ... - Zu erkennen wird der Wesenszug als die Figur ... - Das Verhalten der Figur als sie ..., lässt den Schluss auf diese Eigenschaft naheliegen. - Dieser Charakterzug wird besonders dadurch deutlich, dass sie ... - Aus dem Text wird deutlich, dass sie ..., als sie ...

Der Schluss lässt sich mithilfe der folgenden Formulierungen gestalten:

- Zusammenfassend lässt sich sagen, dass die Figur ... [Nennen der wesentlichen und typischen Charakterzüge].
- Betrachtet man die Figur ... insgesamt, so stellt man fest, dass sie [Nennen der wesentlichen und typischen Charakterzüge].
- Im Textauszug/Text lässt sich feststellen, dass die Figur ... insgesamt einen Wandel von [wesentliche Charakterzüge vorher] in Richtung [wesentliche Charakterzüge nachher] durchlebt. Ausschlaggebend hierfür könnte ... sein, da ...
- Betrachtet man das Verhalten und den Charakter der Figur ... insgesamt, so drängt sich die Vermutung auf, dass sie [mögliche Charakterzüge oder Verhaltensweisen, die die Figur gerne ablegen würde] gerne verändern würde, es ihr aber aufgrund von [Nennen von möglichen Gründen] nicht möglich ist.

3.2 Übungsaufgabe 6 (Epik) und zwei Varianten

Aufgabe

Charakterisieren Sie Hans Schnier unter Berücksichtigung der sprachlich-stilistischen Besonderheiten.

Material 1: Heinrich Böll: Ansichten eines Clowns (1963)

▸ *Siehe Kapitel 2.2., Seite 46*

Material 2:

Nachwort Heinrich Bölls zu *Ansichten eines Clowns* aus dem Jahr 1985

Nachgeborene – und darunter verstehe ich schon die jungen Deutschen, die Ende der fünfziger, Anfang der sechziger Jahre geboren sind, heute also zwischen 25 und 27 Jahre alt sind –, Nachgeborene werden kaum begreifen, wieso ein solch harmloses Buch seinerzeit einen solchen Wirbel hervorrufen konnte.
⁵ Lernen können sie an diesem Buch, wie rasch in unseren Zeiten ein Roman zum *historischen* Roman wird; lernen auch – und das wäre möglicherweise das einzig „zeitlose" an diesem Roman –, wie *Verbandsdenken* sich anmaßt, im Namen ganzer Bevölkerungsgruppen zu sprechen, zu urteilen. In diesem Falle geht es um die uralte, bis heute ungeklärte Frage, wie repräsentativ katholische Verbände, Organisationen und ihre publizistischen Organe für die immerhin erhebliche statistische Masse von ungefähr 26 Millionen deut-
¹⁰ scher Katholiken sind? Wer spricht da in wessen Namen, wer ist der *Wortführer* für wen? [...] Unverheiratet zusammenzuleben ist nicht nur gebräuchlich, es ist akzeptiert, in katholischen Kreisen genauso wie in nichtkirchlichen, und doch ist „Ansichten eines Clowns" ein Eheroman, fast dem Bibelwort entsprechend: Was Gott zusammengeführt hat, soll der Mensch nicht trennen. Gewiß für Carl Amery wieder „zu fromm" diese Deutung. Der Anspruch, daß nur Kirche oder Staat, meistens gemeinsam, bestimmen dürfen, was
¹⁵ eine Ehe ist, wird angezweifelt. Mehr nicht. Es wird weder „Konkubinat"¹ propagiert, noch Promiskuität,² sondern – ich schäme mich nicht, es zu schreiben – eine Art von Keuschheit, die den meisten Interpreten unfaßbar geblieben ist. Auch in katholischen Familien wird es inzwischen hingenommen, daß man unverheiratet zusammen lebt, nicht immer gebilligt, aber hingenommen. Die Anpassung, die ich nicht Fortschrittlichkeit nennen möchte, ist geradezu verblüffend. Was noch vor zwanzig Jahren zu Verfluchungen
²⁰ und Verstoßungen geführt hat und hätte, katholische Familien nehmen es hin, wie es die Raketen hingenommen haben. Die Distanz zwischen dem Verbandskatholizismus und der großen Bevölkerungsgruppe „deutsche Katholiken" wird immer größer.

Quelle: Böll, Heinrich: Ansichten eines Clowns. dtv Verlagsgesellschaft, München: 1998, S. 280 ff.

Material 3:

Matthias Politycki: Das Unglück (2009)

Matthias Politycki (*1955): zeitgenössischer Schriftsteller, der neben Lyrik auch Prosa und Essays veröffentlicht.

Wenn es dann schließlich eintritt, ist ja alles
schon tausendmal durchdacht und längst besprochen,
hast du dich schon so oft mit deiner Angst verkrochen
und alles durchgerechnet für den Fall des Falles,

⁵ daß nun, wo's wirklich ernst wird, nicht einmal ein Pochen
im Hals dir zeigt, wie es mit Urgewalt
dich überkommt. Mit einem Herz aus Glas, ganz kalt,
tust du und läßt, was du dereinst versprochen,

¹⁰ und lebst ansonsten einfach weiter. Erst nach Wochen
fällt dir ein Wimmern auf, wie es ununterbrochen
ans Ohr dir dringt. Doch nebenan der Raum ist leer,

¹⁵ und wie du schließlich merkst, du selber bist es, der
ganz leis' zu hören ist, da wird dir jählings schwer
ums Herz, und erst in diesem Augenblick ist es gebrochen.

Quelle: Politycki, M.: Das Unglück. In: Die Sekunden danach. 88 Gedichte. Hamburg: Hoffmann und Campe 2009, S. 7.

---

1 Konkubinat: eheähnliche Gemeinschaft ohne Eheschließung
2 Promiskuität: Geschlechtsverkehr mit häufig wechselnden Partnern

Literarische Texte: Epik und Dramatik

Aufgabenvarianten zu den Materialien:

Variante 1 mit Material 2: Untersuchung gesellschaftlich-politischer Situation

Analysieren Sie die Haltung der Hauptperson zu einem unehelichen/nicht katholischem Zusammenleben unter dem Hintergrund der damaligen Zeit.

Variante 2 mit Material 3: Motivvergleich (▸ *vgl. Kapitel 8, Seite 76*)

Vergleichen Sie Hans Schniers Umgang im Romanauszug mit dem Verlassenwerden mit dem Umgang dieser Situation des lyrischen Ichs im Gedicht „Das Unglück".

3.3 Übungsaufgabe 7 (Dramatik) und zwei Varianten

Charakterisieren Sie SIE unter Berücksichtigung der sprachlich-stilistischen Besonderheiten.

Material 1: Botho Strauß: Die Ähnlichen (1998)

▸ *Siehe Kapitel 2.3, Seite 47.*

Material 2:

Burkhard Spinnen: Müller hoch Drei (2011)

Es war am ersten Sonntag der großen Sommerferien, sieben Tage vor meinem vierzehnten Geburtstag, da verkündeten mir meine Eltern, sie würden sich trennen. Und zwar jetzt. Auf der Stelle. Sie standen vor mir im Flur, luftig gekleidet, sie hatten sich bei den Händen gefasst wie zwei Schulkinder, und wie aus einem Munde sagten sie: „Wir trennen uns."

5 Zuerst brachte ich kein Wort heraus. Ich war bloß erschüttert. Und mir stand leuchtend hell eine Zahl vor Augen: die Dreiunddreißig. Nach meiner letzten Kontrollrechnung waren nämlich genau dreiunddreißig Prozent meiner Klassenkameraden Scheidungskinder, die Sitzenbleiber und die Klassenüberspringer nicht einmal mitgerechnet. Ich hatte ziemlich viel Zeit damit verbracht, über die Scheidungen in meiner Klasse Buch zu führen und die Betroffenen eingehend zu befragen. Man muss ja schließlich
10 wissen, was um einen herum passiert.
Doch erst jetzt ging mir auf, dass ich nie damit gerechnet hatte, es könnte mich selbst einmal erwischen. Ich kam mir vor wie ein Afrikaforscher, der Tag für Tag Giftschlangen untersucht und keine Sekunde lang fürchtet, er könnte gebissen werden. Aus Verzweiflung, mehr aber noch aus Scham über meine Naivität, wurde ich knallrot. Jedenfalls fühlte sich mein Gesicht von innen knallrot an.
15 Außerdem stand wohl darauf zu lesen, was ich dachte. „Es ist nicht, was du denkst!", sagte meine Mutter rasch. „Von Scheidung kann keine Rede sein. Papa und ich verstehen uns glänzend. Wir bleiben sicher ein Leben lang zusammen." Sie machte eine kleine Pause. Dann sagte sie: „Wir trennen uns bloß von dir."
„Ach so." Mehr sagte ich nicht, weil ich in dieser Sekunde erfuhr, wie das ist, wenn einem die Worte im
20 Hals stecken bleiben.
„Deine Mutter und ich", sagte mein Vater, „haben beschlossen, uns in Zukunft mehr mit uns selbst zu befassen. Wir wollen unsere Beziehung vertiefen. Wir werden älter, da wird es Zeit, inniger zueinanderzufinden. Und was dabei am meisten stört, bist du. Deshalb werden wir uns von dir trennen."
Aha! Ich sollte also kein Scheidungskind werden, sondern – was? Eine Verlassenswaise? Gab es das
25 überhaupt? Ich versuchte mir meine Zukunft ohne Eltern auszumalen, doch dazu fehlte mir in diesen Sekunden die Fantasie. Außerdem verstopften die vielen Worte, die ich sagen wollte, jetzt endgültig meine Luftröhre von unten her, so dass ich von oben keine Luft mehr bekam. Das wollte ich auch gerne mitteilen, weil ich es für wichtig hielt, brachte aber nur eine Art Pfeifen heraus, ähnlich wie ein Fahrradschlauch, der gerne platzen würde, aber nicht kann.

Quelle: Spinnen, Burkhard: Müller hoch Drei. Schöffling, München: 2011.

Aufgabenvarianten zu den Materialien:

Variante 1: Gesprächsanalyse (▸ *vgl. Kapitel 5, Seite 60*)

Analysieren Sie den Dialog zwischen SIE und ER.

Variante 2: Motivvergleich (▸ *vgl. Kapitel 8, Seite 76*)

Vergleichen Sie die Konstellationen zwischen Eltern und Kind in dem Dramenauszug aus „Die Ähnlichen" (Material 1) und dem Beginn des Romans „Müller hoch Drei" (Material 2).

3.4 Checkliste für meine Lösung

- [ ] Ist die Struktur (siehe Tabelle 3) eingehalten?
- [ ] Sind alle äußeren Merkmale, die sich im Material finden, in der Charakterisierung berücksichtigt?
- [ ] Werden alle relevanten Wesenszüge/Eigenschaften thesenhaft aufgegriffen?
- [ ] Sind alle Behauptungen zu Charakterzügen am Text belegt?
- [ ] Erfolgt das Zitieren korrekt? Werden alle Zitierregeln eingehalten und die Zitate grammatikalisch korrekt in den Satz eingebaut?
- [ ] Ist das Verhältnis von direkten und indirekten Zitaten ausgewogen?
- [ ] Werden die zitierten Textstellen wirklich auf den Wesenszug hin erläutert und nicht nur einfach ohne weiteren Kommentar in die Charakterisierung eingeworfen?
- [ ] Wird durchgängig die Zeitvorgabe des Präsens eingehalten?
- [ ] Arbeite ich wirklich auf eine Eigenschaft hin oder schildere ich lediglich ein Verhalten der Figur?
- [ ] Wird nicht nur nacherzählt, sondern immer ein Charakterzug genannt?
- [ ] Wird die Sprache der Figur in die Charakterisierung mit einbezogen (insbesondere, wenn dies in der Aufgabenstellung explizit gefordert ist)?
- [ ] Werden sonstige Zusatzaufgaben, die gefordert sind, mit in die Charakterisierung einbezogen?
- [ ] Werden die Regeln der Rechtschreibung, Zeichensetzung und Grammatik eingehalten?

Literarische Texte: Epik und Dramatik

4. Interpretation eines Beziehungsgeflechts

Neben der Charakterisierung ist die Analyse eines Beziehungsgeflechts ein möglicher Bestandteil der Aufgabe der Fachabiturprüfung. Es handelt sich dabei um eine Sonderform der Charakterisierung, in der nicht eine Figur, sondern die Beziehung zwischen zwei oder mehreren Figuren analysiert werden soll.

4.1 Vorbereitung

Klärung der Themenstellung

Wie bei der Charakterisierung kann auch die Beziehungsanalyse in einem epischen oder dramatischen Text als Aufgabe gefordert sein. Während bei der Charakterisierung gezielt nach einer Figur gefragt wird (▸ vgl. *Kapitel 3, Seite 49*), erfolgt die Fragestellung bei der Analyse eines Beziehungsgeflechts durch Formulierungen wie „Charakterisieren Sie das Verhältnis von x und y" oder „Analysieren Sie die Beziehung von x und y". Achten Sie dabei darauf, welche Beziehung genau analysiert werden soll.

Es kann sein, dass nur nach einer bestimmten Beziehung gefragt ist und nicht nach der Beziehung einer Figur zu allen möglichen im Textauszug vorkommenden anderen Figuren. Grundsätzlich ist es aber auch möglich, dass ein ganzes Beziehungsgeflecht von verschiedenen Figuren analysiert werden soll, was dann etwas umfangreicher und komplexer ist. Häufig wird die Interpretation einer Beziehung auch als Zusatzaufgabe zur Charakterisierung einer Figur gestellt (z. B.: „Charakterisieren Sie Figur …. Gehen Sie dabei insbesondere auch auf die Beziehung zu … ein").

Stoffsammlung

Wie bei der Charakterisierung einer Figur ist für die Bearbeitung der Beziehungsanalyse in der Regel nur der eigentliche Textauszug (Material 1) der Aufgabe erforderlich.

Die folgenden Fragestellungen helfen, die zu untersuchende Szene in einem epischen oder dramatischen Werk hinsichtlich der Beziehung zu analysieren. Dabei geht es nicht darum, jede dieser Fragen ausführlich zu beantworten, sondern eine Grundlage für eine Stoffsammlung zu schaffen.

- Um welchen Grundtyp von Beziehung handelt es sich? Ist es eine Vater-Sohn-, Freundschaftsbeziehung oder handelt es sich um eine Paarbeziehung oder um Arbeitskollegen usw.?
- Werden die Erwartungen an diesen Grundtyp der Beziehung erfüllt? Welche bestehen und welche werden davon nicht erfüllt?
- Welche Erwartungen an die Beziehung bestehen wechselseitig? Welche davon werden erfüllt, welche nicht?
- Ist die Beziehung symmetrisch (gleichgestellt) oder asymmetrisch (hierarchisch)? Falls sie hierarchisch ist: Wer ist der dominantere Teil der Beziehung?
- Wie lange kennen sich die an der Beziehung beteiligten Figuren? Existiert die Beziehung zwischen den beiden schon immer oder hat sie sich erst entwickelt?
- Wie gut kennen sich die beteiligten Figuren? Wie vertraut gehen sie miteinander um und wie viel wissen sie voneinander?
- Wie häufig treffen/sehen sich die Beteiligten und wie intensiv ist dann der Kontakt?
- Wird der Kontakt überwiegend von einer der Figuren oder von beiden gesucht oder erfolgt er zufällig oder durch bestimmte äußere Umstände?
- Gibt es Rituale, Gewohnheiten zwischen den Beteiligten? Wechseln die Aktivitäten oder bleiben sie gleich? Treffen sich Figuren nur zu bestimmten Aktivitäten oder Anlässen?
- Gibt es beim Zusammentreffen Konflikte? Grundsätzlich oder nur in dieser Szene? Gibt es Gemeinsamkeiten, die deutlich zu Tage treten? Gibt es versteckte Konflikte? Wenn ja, um welche Themen drehen sich diese?
- Wie ist der Umgang zwischen den Figuren? Welche Verhaltensweisen legen sie im Positiven, insbesondere aber auch in Konfliktsituationen an den Tag (Respekt, Toleranz, Friedfertigkeit, Freundlichkeit, Herzlichkeit, Liebe, Offenheit, verbale und/oder physische Gewalt etc.)?
- Haben Persönlichkeitsmerkmale, Erlebnisse oder Erfahrungen der Vergangenheit oder Besonderheiten der aktuellen Lebenssituation der Beteiligten Auswirkung auf die Beziehung? Gibt es andere Figuren des Texts, die in die Beziehung mit hineinspielen? Falls ja, welche und wodurch?
- Ist ein Wandel in der Beziehung im Textauszug feststellbar oder ist sie eher statisch?

Die Antworten auf diese Fragen sollten Sie jeweils am Text an geeigneten Stellen unterstützen. Wie bei der Charakterisierung müssen Sie alle Behauptungen hinsichtlich der Beziehung durch den Text belegen.

Sollte es sich um mehr als zwei Beteiligte der zu charakterisierenden Beziehung handeln, empfiehlt es sich, eine grafische Darstellung der Beziehung als Unterstützung anzufertigen und wesentliche Erkenntnisse dort zu vermerken, um die Übersicht zu behalten.

4.1 Vorbereitung

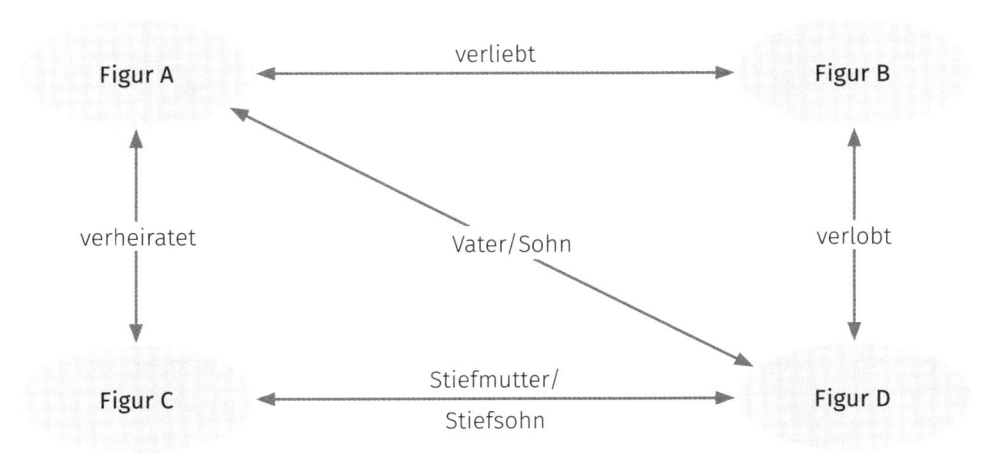

```
Figur A  ←—— verliebt ——→  Figur B
  ↕                              ↕
verheiratet    Vater/Sohn      verlobt
  ↕                              ↕
Figur C  ←— Stiefmutter/ ——→  Figur D
            Stiefsohn
```

Bild 1: Beispiel für die grafische Darstellung eines Beziehungsgeflechts (hier eine spannungsgeladene Beziehungssituation)

Aufbau

Wichtiger als einer Vorgabe zum Aufbau einer Beziehungsanalyse ist die Vollständigkeit der Interpretation. Soll lediglich die Beziehung zwischen zwei Figuren untersucht werden, können Sie sich an der folgenden Grundstruktur orientieren.

Tabelle 5: Schematische Darstellung des Aufbaus einer Beziehungsanalyse

Einleitende kurze Darstellung der Figuren und der Situation, in der sie sich befinden (sofern nicht schon im Teil einer vorausgehenden Charakterisierung erfolgt)
Darlegung der Analyseergebnisse aus den Fragen der Stoffsammlung, jeweils mit Textbelegen durch direkte oder indirekte Zitate
Zusammenfassende Beurteilung der Beziehung der Figuren.

Ist die Analyse der Beziehung zwischen mehreren Figuren verlangt, gibt es zwei Möglichkeiten: Entweder, jede Beziehung wird einzeln nach obigem Aufbau analysiert – also Beziehung Figur A zu B, dann Figur A zu C und schließlich Figur B zu C. Oder es werden gleich die Beziehungen einer Figur zu den jeweils anderen dargestellt – damit Beziehung Figur A zu B und C, anschließend Figur B zu A und C, schließlich Figur C zu A und B. Im letzteren Fall sollten Sie verstärkt darauf achten, dass keine Wiederholungen in der Analyse entstehen. Aus diesem Grund ist die erste Variante zu bevorzugen.

Formulierungshilfen

Wie auch bei der Charakterisierung ist es notwendig, dass die für die Analyse herangezogenen direkten und indirekten Zitate grammatikalisch korrekt als Belege in die Interpretation einbezogen werden. Dies hängt sehr stark von der Textvorlage ab und kann deshalb nur sehr wenig standardisiert werden.

Für die Einleitung bieten sich Formulierungen wie folgt an:

- Im vorliegenden Textausschnitt stehen sich die Figuren A und B gegenüber als [Beschreibung der Situation und der beteiligten Figuren].
- Bereits zu Beginn der Szene wird deutlich, dass es sich zwischen den Figuren A und B um eine typische ...-Beziehung handelt.
- Die Charakterzüge der Figur A zeigen sich auch im Umgang mit Figur B. Dabei zeigen sich typische Merkmale dieser Beziehung, die im Folgenden dargelegt werden:

Der Schluss lässt sich mithilfe der folgenden Formulierungen gestalten:

- Insgesamt/Zusammenfassend betrachtet ist die Beziehung ...
- Es lässt sich damit erkennen, dass die Beziehung zwischen A und B eine Wandlung durchläuft. Während sie zu Beginn ..., zeigt sich am Ende, dass ...
- Es zeigt sich also, dass die Beziehung der beiden Figuren keine typische ...-Beziehung ist. Von einer solchen würde ... erwartet, aber hier lässt sich nur ... erkennen.
- Betrachtet man die Entwicklung der Beziehung insgesamt, so lässt sich erkennen, dass sie sich in Richtung einer ... verändern könnte.

4.2 Übungsaufgabe 8 und zwei Varianten

Analysieren Sie die Personenbeziehungen zwischen Karin, ihrem Vater und Frank.

Material 1:

Volker Braun: Unvollendete Geschichte (1989)

Anmerkung: Der nachfolgende leicht gekürzte Textauszug entstammt dem Beginn der erstmals 1975 erschienenen Erzählung „Unvollendete Geschichte". Die Erzählung spielt in der DDR der 70er-Jahre und hat oberflächlich betrachtet einen Familienkonflikt und eine tragische Liebesgeschichte zum Inhalt, macht aber den Widerspruch zwischen postulierten Anforderungen an die Menschen, die für eine bessere Gesellschaftsordnung kämpfen sollen, und die betrübliche Praxis selbstkritisch deutlich. Brauns Erzählung basiert auf authentischen Ereignissen.

Am Tag vor Heiligabend eröffnete der Ratsvorsitzende des Kreises K. seiner achtzehnjährigen Tochter, nachdem er sich einige Stunden unruhig durch die Wohnung gedrückt hatte, er müsse sie über gewisse Dinge informieren (er sagte informieren), von denen er Kenntnis erhalten, woher ginge sie nichts an, die aber vieles oder, im schlimmsten Fall, alles in ihrem Leben ändern könnten.

5 Die Tochter, die den großen ruhigen Mann nie so bleich und entnervt gesehn hatte, ließ sich in das Arbeitszimmer ziehn vor den wuchtigen Schreibtisch, wo er ihr einige banale Fragen stellte: nach ihrem Freund Frank. Er holte dann ein Zettelchen hervor und redete los. Es könnte ganz kritisch werden, er könne noch nicht darüber sprechen, aber er müsse sie warnen, es werde etwas geschehn, Karin,
10 es werde sehr bald etwas geschehn!

Sie solle sich vorher von Frank trennen, damit sie nicht hineingerissen werde. Die Tochter verstand nichts, aber der Mann be-
15 harrte darauf, nichts sagen zu können. Die Eltern von Frank, das wisse er, seien geschieden, der Vater vorbestraft, im Zuchthaus gesessen, Devisenschmuggel, Frank: ein Rowdy, er habe zu einer dieser Banden
20 gehört, die sich in M. herumtrieben, vor vier Jahren, als sie schon einmal mit ihm ging. Die abends herumgammelten in der Karl-Marx-Straße und sich die Zeit vertrieben, die Mariettabar ihr sogenannter Stütz-
25 punkt, er gehörte dazu. Und Einbrüche machten, im „Fischerufer", Zigaretten klauten, und in mehreren Villen, der war dabei. Und hat auch gesessen. Aber jetzt habe er etwas vor, Karin ... er habe irgendwas vor. Karin sagte: das glaube sie nicht, sie wisse genau, daß Frank nichts mehr vorhabe, er lache heute über sich selbst und schäme sich. Aber der Vater: Du weißt nichts! Das können
30 wir uns nicht erlauben, solche Sachen ... diese Familie allein, das ist für uns untragbar. Sie werde schon sehn was kommt!

Die Unterredung wurde hitzig, die Tochter endlich aggressiv, und der Ratsvorsitzende stellte ihr Frank als Verbrecher dar, der die Wohnung nicht wieder betreten dürfe. Er solle jedenfalls nicht, wie verab-
35 redet, herkommen und mit ihr nach B. ins Theater fahren. Sie heulte. Sie kannte diese Reden alle, von den Berichten beim Abendbrot, aber es hatte sie nie selbst betroffen. Es war ihr für Augenblicke, als wär sie an einem fremden Ort versetzt, wo alle Gegenstände anders heißen und zu was anderem verwendet werden. Sie paßte nicht mehr dazu. Aber dann vergaß sie sich wieder und dachte schon wieder wie sonst, in einer Trägheit, die sie plötzlich körperlich spürte und gegen die sie nichts machen wollte.
40 Sie konnte doch tun, was man ihr sagte.

Sie war auch unsicher geworden. Sie wußte selbst nicht mehr, ob ihr Frank nicht eine Rolle vorspielte. Ihr Vater war INFORMIERT worden, das war klar, und es mußte etwas Wahres daran sein. Aber woran denn? – Sie fühlte sich schon in der Schuld des Vaters, sie wollte sich nicht sagen lassen: sie habe nicht
45 auf ihn gehört.

Sie dachte sich die Nacht lang aus, wie sie es anstellen könnte, daß es für Frank nicht schlimmer würde als für sie. Wenn sie sich vorläufig von ihm trennte, müßte sie sich ganz ins Unrecht setzen, damit es leichter wär für ihn, es auszuhalten. Sie müßte so dumm dastehn, daß es nicht lohnte, ihr nachzuwei-
50 nen. Er liebte sie zu sehr, da konnte nichts andres helfen. Er hatte so heftig um sie gekämpft, so lange, das hatte sie noch nicht erlebt. Sie war der einzige Mensch, an dem er hing. Am Morgen rief sie in M. an. Sie sagte folgendes: „Komm nicht her. Danny ist hier gewesen. Wir haben uns wieder verstanden.

Es ist alles in bestem Frieden. Ich bin selig und glücklich. Mit dir will ich nicht mehr gehen." Sie hörte Frank einige verwirrte Worte machen, aber legte auf.

Die Festtage war Karin elend zumut. Sie hing in dem Haus herum und wußte nichts anzufangen. Die Spiele der Geschwister gingen sie nichts an, in der Küche verdroß sie das betont unbekümmerte Gesicht der Mutter, daß sie erstickt hinauslief, sobald sie sich in ein Gespräch einließ. Es wurde, wie die Mutter fröhlich befahl, „auf Familie gemacht". Sonst arbeitete sie in ihrer Lokalredaktion, von früh und manchmal bis nachts, und mußte die Kinder meist sich selbst überlassen. [...]

Silvester schrieb Karin einen Brief an Frank. Sie versuchte, ihm etwas zu erklären. Aber sie sah gleich: es ging nicht. Sie konnte sich nichts denken, sie wußte nicht was war. Aber eins wußte sie: daß sie nicht glaubwürdig gewesen war am Telefon. Sie schrieb den Abend durch; es war zwecklos. Sie kam dann auf Drängen des Vaters, in die Wohnstube, die Haare ungemacht in langen Strähnen im Gesicht, in den verwaschenen Jeans. Ihr Aufzug wurde gerügt, sie sagte, zum Fernsehen reiche es. Die Mutter machte den Kasten aus, sie saßen zusammen am Tisch und knackten Nüsse. Der Vater zündete noch einmal die Kerzen am Weihnachtsbaum an. Kurz vor zwölf füllte er die Sektgläser, aus dem Radio kam eine Fuge von Bach. Mitternacht stießen sie an auf das GUTE NEUE JAHR.

Am 2. Januar fuhr sie nach M. Sie sollte ihr Volontariat, das sie in H. begonnen hatte, in der Bezirksredaktion fortsetzen. Sie hatte sich auf diesen Tag wie auf keinen gefreut, aber nun saß sie bedrückt im Bus. [...]

Vor M. schien Sonne, die Straße blendete, schnitt wie ein Schneidbrenner in die Brücken ein, der Fluß wie grauer Teig in den Mulden. Karin vergaß ihren Kummer, das Zentrum lag offen und breit, weggebaut über die Trümmer; sie wurde fröhlich. Sie kam an.

In der Redaktion lief alles glatt, wie immer alles glatt gegangen war in ihrem Leben. Sie könne anfangen, wenn sie ein Zimmer bekäme. Man führte sie herum, sie sah nur freundliche Gesichter. Sie war an ihrem Ziel. Sie kam auch ins Parteizimmer und wurde als Kandidatin vorgestellt, der Sekretär, ein weißhaariger Mann, ließ sich von ihr mit Du anreden, und sie genierte sich noch und war zugleich stolz. Sobald sie draußen war, rief sie Frank an.

Sie trafen sich am Fluß. Niemand, den sie kannten, sah sie. Er stand auf einer Wiese voll schwarzem Gestrüpp, den Körper vorgebeugt, ein dünner Bart um das blasse Gesicht, die Augen bohrend auf sie gerichtet. Karin erzählte, was vorgefallen war. Er sagte: Wenn du jetzt nicht gekommen wärst – Aber sie umarmte ihn. Während sie an dem vereisten Ufer langgingen, sprach er sehr schnell und wütend allerlei Zeug: Ich habs nicht mehr ausgehalten ... ich wußte, da ist irgendwas, konnte es mir aber nicht erklären! Ich wußte nur: du willst mich nicht mehr haben. Er sagte: „Wenn Du nicht gekommen wärst – ich glaube, ich hätte den Gashahn aufgedreht." [...]

Quelle: Braun, Volker: Unvollendete Geschichte. Suhrkamp Taschenbuch, Frankfurt a. M.: 1989, S. 7 ff.

Aufgabenvarianten zu den Materialien:

Variante 1: Inhaltsangabe (▸ vgl. Kapitel 2, Seite 44)

Fassen Sie Inhalt und Aufbau des Textausschnittes zusammen.

Variante 2: Charakterisierung (▸ vgl. Kapitel 3, Seite 49)

Charakterisieren Sie Karin.

4.3 Checkliste für meine Lösung

- ☐ Ist die Struktur (siehe Tabelle 5) eingehalten?
- ☐ Habe ich alle zu betrachtenden Figuren und Figurenkonstellationen berücksichtigt?
- ☐ Werden Antworten auf alle relevanten Fragen der Stoffsammlung gegeben?
- ☐ Sind alle Behauptungen am Text belegt?

Literarische Texte: Epik und Dramatik

> ☐ Erfolgt das Zitieren korrekt? Werden alle Zitierregeln eingehalten und die Zitate grammatikalisch korrekt in den Satz eingebaut?
>
> ☐ Ist das Verhältnis von direkten und indirekten Zitaten ausgewogen?
>
> ☐ Wird durchgängig die Zeitvorgabe des Präsens eingehalten?
>
> ☐ Wiederhole ich nur Eigenschaften/Charakterzüge der Figuren oder gehe ich wirklich auf deren Beziehung genau ein?
>
> ☐ Wird nicht nur nacherzählt, sondern immer auf einen Aspekt der Beziehung hingearbeitet?
>
> ☐ Wird die Sprache der Figur in die Beziehungsanalyse mit einbezogen (insbesondere, wenn d es in der Aufgabenstellung explizit gefordert ist)?
>
> ☐ Werden die Regeln der Rechtschreibung, Zeichensetzung und Grammatik eingehalten?

5. Untersuchung des Gesprächsverhaltens oder des Gesprächs

Eine insbesondere in der Dramatik häufig vorzufindende Aufgabenstellung ist die Untersuchung des Gesprächsverhaltens einer oder mehrerer Figuren. Häufig erfolgt dies auch in Kombination mit einer Charakterisierung. Wichtige Hintergründe für die Analyse des Gesprächsverhaltens sind die verbale und nonverbale Kommunikation der Figur, die durch die Beschreibung des Verhaltens, den Tonfall und/oder Regieanweisungen beim Drama deutlich werden können.

Deshalb sollten Ihnen zu der Bearbeitung der Aufgabenstellungen zum Gesprächsverhalten Grundlagen verschiedener Kommunikationsmodelle bekannt sein. Dazu zählen einfache Modelle wie das Sender-Empfänger-Modell, aber auch etwas komplexere, wie das Modell von Schulz von Thun und das von Watzlawick (vgl. 978-3-427-39000, Deutsch für die Berufliche Oberschule. Ausgabe Bayern. 3. Auflage. Köln: Bildungsverlag E NS GmbH 2019, S. 62 – 94.).

5.1 Vorbereitung

Klärung der Themenstellung

Die Aufgabenstellung kann an folgenden Formulierungen erkannt werden: „Charakterisieren Sie ... und sein Verhalten im Gespräch", „... gehen Sie dabei auch auf sein/ihr Gesprächsverhalten ein.", „Analysieren Sie das Gesprächsverhalten der Figur ...", etc.

Achten Sie darauf, ob die Analyse im Anschluss an eine Charakterisierung erfolgt oder ob sie eine ganz eigenständige Aufgabenstellung ist. Im ersten Fall (Beispielaufgabenstellungen 1 und 2) können Sie auf die Erkenntnisse aus der Charakterisierung zurückgreifen oder auch das Gesprächsverhalten bei der Charakterisierung mit einfließen lassen. Im Falle einer eigenständigen Aufgabenstellung (Beispielaufgabenstellung 3) sollten Sie evtl. noch charakterliche Hintergründe darstellen.

Stoffsammlung

Dem verschiedenen Umfang der Aufgabenvarianten entsprechend muss auch die Stoffsammlung erfolgen.

a) Stoffsammlung für Zusatzaufgabe

Zusätzlich zur Charakterisierung sind folgende Fragestellungen zu beantworten:

- Welche Ziele verfolgt die Figur während des Gesprächs? Erreicht sie diese oder nicht oder nur teilweise?
- Wie kommuniziert die Figur mit ihrem Gegenüber? Eher verbal oder nonverbal? Erfolgt die Kommunikation direkt oder über einen Dritten? Sind Medien (Telefon, Video etc.) für die Kommunikationsübertragung relevant?
- Welche Sprachebene verwendet die Figur dabei? Wechselt sie die Sprachebenen während des Gesprächs? Ist ein solcher Wechsel abhängig vom Gesprächspartner, von der Situation oder von der Stimmung der Figur?
- Wird die Figur von den anderen verstanden? Verwenden beide Gesprächsparteien denselben Code?
- Welche nonverbalen Kommunikationselemente lassen sich erkennen? Gibt es Besonderheiten in Mimik, Gestik, Tonfall etc. während des Gesprächs? Falls ja, lassen sich diese mit dem Gesprächsinhalt, dem Kommunikationspartner oder sonstigen Einflüssen in Verbindung bringen?

- Welche nonverbalen Kommunikationssignale lässt die Figur erkennen? Wie sind diese erkennbar? Aus dem Verhalten? Aus dem Tonfall? Aus Regieanweisungen?
- Wie reagiert die Figur im Gespräch auf sein Gegenüber? Geht die Figur auf die anderen ein? Hört die Figur gar nicht hin?
- Welche Kommunikationsstrategien der Figur lassen sich erkennen? Versucht sie zu schmeicheln, zu überreden, das Gegenüber zum Schweigen zu bringen, mit Argumenten zu überzeugen, mit Lautstärke, ...? Lässt sie die anderen Figuren ausreden, redet sie dazwischen?
- Gibt es Missverständnisse, die aufgrund von Kommunikationsstörungen entstehen? Welchen Anteil an diesen hat die Figur? Warum?
- Gibt es inkongruente Botschaften? Stimmen verbale und nonverbale Kommunikation immer überein?

Auf Basis dieser Sammlung kann die Charakterisierung um die Elemente der Gesprächsführung angereichert werden, wobei alle Beobachtungen am Text belegt werden müssen.

b) Stoffsammlung für eigenständige Gesprächsanalyse (ohne vorherige Charakterisierung)

Bei der Gesprächsanalyse eines gesamten Gesprächs sollten Sie zunächst die Gesprächsziele der Teilnehmer analysieren und darlegen: Mit welchen Zielen sind die am Gespräch Beteiligten in das Gespräch gegangen?

Daraufhin zerlegen Sie das Gespräch in verschiedene Phasen. Eine neue Phase beginnt dann, wenn sich Thema und/oder Absicht der Gesprächsteilnehmer ändern. Anhaltspunkte hierfür können insbesondere bei der Dramatik neben einem Ortswechsel auch der Wechsel der Personen sein.

Für jede Phase sind die folgenden Analyseaspekte zu berücksichtigen:

- Thema/Inhalt: Über welches Thema wird (vordergründig) gesprochen? Welchen Inhalt hat das Gespräch in dieser Phase?
- Absicht/Ziel/Strategie: Welche Absicht verfolgen die Figuren in dieser Phase? Lässt sich ein Teilziel in dieser Phase erkennen? Weicht dieses (noch) vom Gesamtziel der Figuren ab? Mit welcher Strategie versuchen die Beteiligten diese Ziele/Absichten zu erreichen?
- Stimmung: In welcher Stimmungslage befinden sich die Figuren (Hass, Liebe, Zorn, Wut, Leidenschaft, Enttäuschung, Verzweiflung, Stolz, Angst, Freude, Resignation, ...)? Wie wirkt sich diese Stimmung auf das Gespräch aus?
- Beziehung: Welche Beziehung zwischen den Figuren wird in dieser Phase des Gesprächs deutlich oder wird durch das Gespräch erst geschaffen (hierarchisch oder symmetrisch, Unterwürfigkeit, Neid, Enttäuschung, Respekt, Liebe, Hass, Verärgerung, Sympathie, Antipathie, ...)? Wie wirkt sich die Beziehung auf das Gespräch in dieser Phase aus?
- Dominanz: Wer hat mehr Redeanteile? Wer schafft es, die Themen/Inhalte im Gespräch zu setzen? Wie erfolgt eine solche Steuerung des Gesprächs durch die Figuren?
- Verbale und nonverbale Kommunikation aller Beteiligten (vgl. Fragestellungen zur Stoffsammlung im Punkt a)

Für alle Fragestellung ist insbesondere auch ein Wandel zu vorherigen Phasen wichtig und lohnenswert für die Darstellung in den Analyseergebnissen.

Für die Stoffsammlung empfiehlt es sich, dies in Form einer Tabelle nach folgendem Muster durchzuführen.

Tabelle 6: Tabellarische Stoffsammlung für die Gesprächsanalyse

	Phase 1	Phase 2	...
Thema/Inhalt			
Absicht/Ziel/Strategie			
Stimmung			
Beziehung			
Dominanz			
verbale und nonverbale Kommunikation			

Bei der Stoffsammlung kann es dabei durchaus zu Dopplungen oder Überschneidungen innerhalb der Analyseergebnisse der einzelnen Phasen kommen. Achten Sie bei der Ausformulierung darauf, dass diese Erkenntnisse an geeigneter Stelle einfließen und nicht wiederholt auftauchen. Ggf. kann auch in der Analyse auf andere Stellen der Untersuchung verwiesen werden (z. B. „wie schon erwähnt, ...", „hier zeigt sich nochmal, dass ...")

Aufbau

Der Aufbau folgt der klassischen Einteilung in Einleitung, Hauptteil und Schluss.

Tabelle 7: Schematische Darstellung des Aufbaus einer Gesprächsanalyse

Einleitung
Einführung der Gesprächspartner mit kurzer Charakterisierung und Darlegung der grundlegenden Gesprächsziele, die die Figuren mit dem Gespräch verfolgen. Kurzer Überblick zu den einzelnen Gesprächsphasen und ihrer Einteilung (ohne explizites Nennen von Zeilenangaben zu den Phasengrenzen).
Hauptteil
Ausformulieren der Aspekte aus der Stoffsammlung zu jeder Phase. Phase 1: Thema, Absicht, Stimmung, Beziehung, Dominanz, Kommunikation Phase 2: Thema, Absicht, Stimmung, Beziehung, Dominanz, Kommunikation Phase x: Thema, Absicht, Stimmung, Beziehung, Dominanz, Kommunikation
Schluss
Beurteilung des Gesprächserfolgs bzw. Darlegung von geänderten Gesprächszielen oder geänderten Einstellungen der Figuren zum Gespräch.

Formulierungshilfen

Für die Einleitung können folgende Formulierungen als Hilfestellung dienen:

- Das Gespräch zwischen A und B erfolgt in einer Phase des Dramas, in der …
- Die Ausgangssituation des Gesprächs zwischen A und B ist geprägt von …
- A und B begegnen sich im Gespräch über … als …

Zur Darstellung der Phaseneinteilung kann man beispielweise wie folgt formulieren:

- Das Gespräch lässt sich dabei in … Phasen einteilen, während derer …
- Die Einteilung des Gesprächs lässt sich in … Phasen vollziehen, bei denen …
- Die … Phasen des Gesprächs zeigen eine deutliche Tendenz des Gesprächs in Richtung …

Folgende Formulierungen könnten als Übergang dienen:

- Zu Beginn des Gesprächs …
- In der darauffolgenden Phase …
- Dies zeigt sich auch in der nächsten Phase, in der …
- Dies bildet auch den Übergang zur folgenden Phase, bei der …
- Am Ende des Gesprächs zeigt sich …

Die abschließende Bewertung des Gesprächs könnte wie folgt eingeleitet werden:

- Betrachtet man das Gespräch in dieser Szene insgesamt, so wird deutlich, dass …
- Insgesamt betrachtet zeigt sich in dieser Szene …
- Bewertet man den Gesprächserfolg aller Beteiligten, so ist festzustellen …
- Zusammenfassend wird in dem Gespräch klar, dass …
- Wägt man den Erfolg der Gesprächspartner insgesamt gegeneinander ab, so kommt man zu dem Schluss …

5.2 Übungsaufgabe 9 und zwei Varianten

Analysieren Sie das Gespräch zwischen Ill und dem Bürgermeister

Material 1:

> **Friedrich Dürrenmatt: Der Besuch der alten Dame (Uraufführung 1956)**
>
> *Vorbemerkung: Die Milliardärin Claire Zachanassian kehrt nach vielen Jahren in ihre Heimatstadt Güllen zurück. Die Einwohner der verarmten Kleinstadt erhoffen sich eine großzügige Spende von ihr und bitten den Ladenbesitzer Alfred Ill, Ihnen dazu zu verhelfen, da er die Jugendliebe der Dame war. Claire Zachanassian dagegen möchte Rache an Ill, nehmen, da der sie in ihrer Jugend schwängerte und die Vaterschaft vor Gericht mithilfe gekaufter Zeugen bestritt. Die Milliardärin macht den Güllenern das Angebot, für den Tod Alfred Ills eine Milliarde zu bezahlen.*
> *Der vorliegende Auszug ist dem dritten und letzten Akt des Dramas entnommen.*

DER BÜRGERMEISTER		Guten Abend, Ill. Lassen Sie sich nicht stören. Ich schaue nur schnell bei Ihnen herein.
ILL		Aber bitte.

Schweigen.

DER BÜRGERMEISTER	Ich bringe ein Gewehr.
ILL	Danke.
DER BÜRGERMEISTER	Es ist geladen.
ILL	Ich brauche es nicht.

Der Bürgermeister lehnt das Gewehr zurück an den Ladentisch.

DER BÜRGERMEISTER	Heute Abend ist Gemeindeversammlung. Im „Goldenen Apostel". Im Theatersaal.
ILL	Ich komme.
DER BÜRGERMEISTER	Alle kommen. Wir behandeln Ihren Fall. Wir sind in einer gewissen Zwangslage.
ILL	Finde ich auch.
DER BÜRGERMEISTER	Man wird den Vorschlag ablehnen.
ILL	Möglich.
DER BÜRGERMEISTER	Man kann sich freilich irren.
ILL	Freilich.

Schweigen.

DER BÜRGERMEISTER	*vorsichtig* In diesem Fall würden Sie den Urteilsspruch annehmen, Ill? Die Presse ist nämlich dabei.
ILL	Die Presse?
DER BÜRGERMEISTER	Auch der Rundfunk, das Fernsehen, die Filmwochenschau. Eine heikle Situation, nicht nur für Sie, auch für uns, glauben Sie mir. Als Heimatstädtchen der Dame und durch ihre Heirat im Münster sind wir so bekannt geworden, daß eine Reportage über unsere demokratischen Einrichtungen gemacht wird.
ILL	*beschäftigt sich mit der Kasse* Sie geben den Vorschlag der Dame nicht öffentlich bekannt?
DER BÜRGERMEISTER	Nicht direkt – nur die Eingeweihten werden den Sinn der Verhandlung verstehen.
ILL	Daß es um mein Leben geht.

Schweigen.

DER BÜRGERMEISTER	Ich orientiere die Presse dahin, daß – möglicherweise – Frau Zachanassian eine Stiftung errichten werde und daß Sie, Ill, diese Stiftung vermittelt hätten als ihr Jugendfreund. Daß Sie dies waren, ist ja nun bekannt geworden. Damit sind Sie rein äußerlich reingewaschen, was sich auch ereignet.
ILL	Das ist lieb von Ihnen.
DER BÜRGERMEISTER	Ich tat es nicht Ihnen, sondern Ihrer kreuzbraven, ehrlichen Familie zuliebe, offen gestanden.
ILL	Begreife.

Literarische Texte: Epik und Dramatik

	DER BÜRGERMEISTER	Wir spielen ein faires Spiel, das müssen Sie zugeben. Sie haben bis jetzt geschwiegen. Gut. Doch werden Sie auch weiterhin schweigen? Wenn Sie reden wollen, müssen wir das Ganze eben ohne Gemeindeversammlung machen.
70	ILL	Verstehe.
	DER BÜRGERMEISTER	Nun?
75	ILL	Ich bin froh, eine offene Drohung zu hören.
	DER BÜRGERMEISTER	Ich drohe Ihnen nicht, Ill, Sie drohen uns. Wenn Sie reden, müssen wir dann eben auch handeln. Vorher.
80	ILL	Ich schweige.
	DER BÜRGERMEISTER	Wie der Beschluß der Versammlung auch ausfällt?
	ILL	Ich nehme ihn an.
85	DER BÜRGERMEISTER	Schön.

Schweigen.

90	DER BÜRGERMEISTER	Daß Sie sich dem Gemeindegericht unterziehen, freut mich, Ill. Ein gewisses Ehrgefühl glimmt noch in Ihnen. Aber wäre es nicht besser, wenn wir dieses Gemeindegericht gar nicht erst versammeln müßten?
95	ILL	Was wollen Sie damit sagen?
	DER BÜRGERMEISTER	Sie sagten vorhin, Sie hätten das Gewehr nicht nötig. Vielleicht haben Sie es nun trotzdem nötig.

Schweigen.

100	DER BÜRGERMEISTER	Wir könnten dann der Dame sagen, wir hätten Sie abgeurteilt, und erhielten das Geld auch so. Es hat mich Nächte gekostet, diesen Vorschlag zu machen, das können Sie mir glauben. Es wäre doch nun eigentlich Ihre Pflicht, mit Ihrem Leben Schluß zu machen, als Ehrenmann die Konsequenzen zu ziehen, finden Sie nicht? Schon aus Gemeinschaftsgefühl, aus Liebe zur Vaterstadt. Sie sehen ja unsere bittere Not, das Elend, die hungrigen Kinder ...
	ILL	Es geht euch jetzt ganz gut.
110	DER BÜRGERMEISTER	Ill!
115	ILL	Bürgermeister! Ich bin durch die Hölle gegangen. Ich sah, wie ihr Schulden machtet, spürte bei jedem Anzeichen des Wohlstandes den Tod näher kriechen. Hättet ihr mir diese Angst erspart, dieses grauenhafte Fürchten, wäre alles anders gekommen, könnten wir anders reden, würde ich das Gewehr nehmen. Euch zuliebe. Aber nun schloß ich mich ein, besiegte meine Furcht. Allein. Es war schwer, nun ist es getan. Ein Zurück gibt es nicht. Ihr m u ß t nun meine Richter sein. Ich unterwerfe mich eurem Urteil, wie es nun auch ausfalle. Für mich ist es die Gerechtigkeit, was es für euch ist, weiß ich nicht. Gott gebe, daß ihr vor eurem Urteil besteht. Ihr könnt mich töten, ich klage nicht, protestiere nicht, wehre mich nicht, aber euer Handeln kann ich euch nicht abnehmen.
125	DER BÜRGERMEISTER	*nimmt das Gewehr wieder zu sich* Schade. Sie verpassen die Chance, sich reinzuwaschen, ein halbwegs anständiger Mensch zu werden. Doch das kann man von Ihnen ja nicht verlangen.
	ILL	Feuer, Herr Bürgermeister. *Er zündet ihm die Zigarette an.*

Quelle: Dürrenmatt, Friedrich: Der Besuch der alten Dame. Eine tragische Komödie. Neufassung 1980. Zürich: Diogenes Verlag 1986, S. 105 ff.

Aufgabenvarianten zu den Materialien:

Variante 1: Charakterisierung (▸ *vgl. Kapitel 3, Seite 49*)

Charakterisieren Sie die Figur des Ill.

Variante 2: Brief (▸ *vgl. Kapitel 6, Seite 65*)

Verfassen Sie einen Brief Ills an seinen besten Freund, in dem er ihm vom Besuch des Bürgermeisters berichtet.

5.3 Checkliste für meine Lösung

☐ Ist die Struktur (siehe Tabelle 6) eingehalten?

☐ Habe ich die Gesamtabsichten der am Gespräch beteiligten Figuren dargestellt?

☐ Ist das Gespräch in die relevanten Phasen eingeteilt worden?

☐ Habe ich für jede Phase untersucht, welches Thema, welche Absichten, welche Stimmung, welche Beziehungskonstellationen ersichtlich werden? Ist jeweils angegeben, wer die Phase dominiert?

☐ Beziehe ich die Kommunikation der Figuren mit in die Analyse ein? Berücksichtige ich dabei sowohl die Sprache der Figuren als auch deren nonverbale Kommunikation?

☐ Werden alle Aussagen von mir durch entsprechende Textstellen begründet?

☐ Erfolgt das Zitieren dabei korrekt? Werden alle Zitierregeln eingehalten und die Zitate grammatikalisch korrekt in den Satz eingebaut?

☐ Ist das Verhältnis von direkten und indirekten Zitaten ausgewogen?

☐ Wird durchgängig die Zeitvorgabe des Präsens eingehalten?

☐ Wiederhole ich nur den Inhalt des Gesprächs und erzähle ich lediglich nach oder analysiere ich wirklich das Gespräch?

☐ Werden die Regeln der Rechtschreibung, Zeichensetzung und Grammatik eingehalten?

---

6. Brief

Das Schreiben eines Briefs zählt zu den kreativen Aufgabenstellungen. Dabei soll auf den Inhalt des Textauszuges Bezug genommen werden und es sollen wesentliche Kerninhalte übernommen und kreativ verarbeitet werden. Damit ist etwas Kreativität gefordert, was den Rahmen des Briefs betrifft. Die Grenze der Kreativität bilden jedoch die Erzählwelt und die Geschehnisse in ihr.

Eine verwandte Aufgabenstellung ist das Verfassen einer E-Mail. Dies unterscheidet sich jedoch lediglich im formalen Aufbau und in der Sprache. Die Inhalte bleiben gleich. Deshalb wird in diesem Kapitel das Verfassen eines Briefes beschrieben und dort Anmerkungen zur E-Mail gegeben, wo sich Besonderheiten dieser Form ergeben.

6.1 Vorbereitung

Klärung der Themenstellung

Die Aufgabenstellung, einen Brief zu schreiben, ist ausschließlich eine Wahlaufgabe. Sie können oft wählen, ob Sie einen Motivvergleich durchführen oder stattdessen einen Brief verfassen. Dieser ist meist aus Sicht einer der Protagonisten des Auszuges an einen Freund aus der Erzählwelt oder auch außerhalb davon zu schreiben (Beispielaufgabenstellung: „Verfassen Sie einen Brief der Figur ... an einen Freund").

Literarische Texte: Epik und Dramatik

Auch kann gefordert werden, dass Sie einen Brief an eine Hauptfigur verfassen sollen (Beispielaufgabenstellung: „Verfassen Sie einen Brief an die Figur ..."). Ziel ist es dabei häufig, einen Ratschlag für ein weiteres Vorgehen oder eine Verhaltensänderung zu geben.

Unter Umständen wird der Zweck des Briefes auch bereits in der Aufgabenstellung genannt, z. B.: „Verfassen Sie einen Brief als Freund der Figur ..., in dem sie sie überzeugen wollen ... zu tun". Ihr Schreibstil sollte dem Adressaten und dem Absender des Briefs und auch dem Zweck des Briefs angepasst sein:

- Emotional und subjektiv, wenn es sich um einen Brief an einen Freund handelt, in dem Sie die Situation der Figur schildern sollen.
- Argumentativ und/oder appellierend, wenn Sie den Adressaten von einem bestimmten Vorgehen abbringen oder ihn zu einem bestimmten Verhalten überreden wollen.

Berücksichtigen Sie beim Verfassen des Briefs auch die Zeit, in der die Handlung spielt. Sie bestimmt nicht nur gesellschaftliche Rahmenbedingungen, die den Handlungsspielraum für einen Brief vorgeben, sondern auch die Sprache, in der der Brief zu verfassen ist. Eine Person Anfang des 20. Jahrhunderts verwendet eine andere Sprache in einem Brief als Anfang des 21. Jahrhunderts.

Stoffsammlung

Vor der Konzeption des Briefs empfiehlt es sich, sich über einige Rahmenbedingungen klar zu werden:

- Wer ist Adressat des Briefs, wer Absender?
- In welcher Zeit spielt die Handlung? Ergeben sich darauf bestimmte gesellschaftliche Konventionen, die im Brief berücksichtigt werden müssen? Begehrt die Figur gegen diese Konventionen auf oder ist sie eher angepasst?
- Gibt die Aufgabenstellung die Richtung des Briefes (Ratschlag, Überreden zu einem bestimmten Verhalten etc.) schon vor?

Die Inhalte des Briefs können sehr vielfältig sein. Die Spannbreite reicht hier von einem sehr persönlichen Brief an einen engen Freund bis hin zu einem eher geschäftsmäßigen Brief an den Vorgesetzten. Grundsätzlich können folgende Fragestellungen für den Inhalt des Briefes hilfreich sein.

- Wird aufgrund der Aufgabenstellung eine gewisse Emotionalität gefordert? Falls ja, in welcher Verfassung befindet sich die den Brief absendende Figur? Wie fühlt sich die Figur? Haben andere Figuren die Situation herbeigeführt? Hat die Figur eine eher optimistische oder pessimistische Sicht auf die weitere Entwicklung seiner Situation?
- Ist die Figur eher hilf- und/oder orientierungslos oder befindet sie sich auf einem richtigen oder falschen Weg?
- Will ich mit dem Brief eine Figur überzeugen? Falls ja, was rate ich der Figur? Warum rate ich es der Figur? Welche Argumente können die Figur überzeugen? Sind Argumente dafür aus dem Textauszug ersichtlich?
- Welche besonderen Charaktereigenschaften der Figur sind zu berücksichtigen? Wird sie dadurch in irgendeiner Weise limitiert? Ist sie uneinsichtig oder reflexiv?
- Welchen Rahmenbedingungen unterliegt die Figur? Welchen Handlungsspielraum hat sie? Setzt sie sich oder andere Figuren mit bestimmten Handlungen einer Gefahr aus? Könnten mögliche Handlungen positive Einflüsse auf andere haben?
- Hat die Figur in der Textgrundlage Vertraute, die Einfluss auf sie nehmen könnten oder bei der sie sich rückversichern könnte? Wie vertraut ist die Figur mit dem Adressaten des Briefs?
- Welcher Sprache bedient sich die Figur? Spricht sie in der Textvorlage eher umgangssprachlich? Welche Sprachebene ist für den Brief angemessen? Eher Hochsprache oder Jugendsprache? Muss die Figur beim Verfassen des Briefs Rücksicht auf die Sprachebene des Adressaten nehmen?

Aufbau

Der Aufbau eines Briefs muss einige formale Kriterien berücksichtigen. Sie sollten den Absender und Adressat des Briefes zu Beginn am oberen linken Rand nennen. Anschließend nennen Sie Ort und Datum des Briefes rechtsbündig.

Berücksichtigen Sie dabei die Schreibumstände. Das bedeutet, dass Ort und Datum zur Erzählwelt passen müssen. Handelt es sich um einen persönlichen Brief, so kann die Angabe eines Betreffs entfallen. Ist der Brief eher in Richtung eines Geschäftsbriefs zu verorten, müssen Sie einen Betreff anführen. In jedem Fall sollten Sie eine dem Brief angemessene Anrede verwenden.

Dem schließt sich nach einer Hinführung der Hauptteil des Briefes an. Je nach Schreibanlass des Briefes können Sie am Ende einen Ratschlag erteilen, weitere Hilfe anbieten oder auch eine Frage an den Adressaten stellen.

Am Schluss muss eine Grußformel stehen, die zum Charakter des Briefes passt sowie die Unterschrift des Absenders. Nennen Sie bei einer E-Mail statt Absender- und Empfängeradresse jeweils eine (fiktive) E-Mail-Adresse. Ort und Datum können hier entfallen, dafür muss in jedem Fall ein Betreff genannt werden, der im Falle eines persönlichen Briefs ggf. auch umgangssprachlich gehalten sein kann.

Während im Hauptteil eines Briefes auf die richtige Interpunktion und Beachtung der Groß-/Klein-Schreibung Wert gelegt wird, kann dieser Anspruch im Falle einer E-Mail etwas geringer angesetzt werden.

Es können auch Emoticons etc. eingesetzt werden. Diese sollten aber nicht überhandnehmen und den schriftlichen Teil der E-Mail in den Hintergrund rücken lassen.

Zusammenfassend lässt sich der Aufbau des Briefes schematisch wie folgt darstellen:

Tabelle 8: Schematischer Aufbau eines Briefes als kreative Schreibaufgabe

Formalien zu Beginn: • Name und Adresse des Absenders   • Name und Adresse des Adressaten   • Ort und Datum des (fiktiven) Verfassens   • ggf. Betreff   • Anrede (dem Schreibanlass entsprechend persönlich mit „Liebe/r …" oder förmlich mit „Sehr geehrte/r Herr/Frau …")
Hinführung: Nennen des Schreibanlasses, ggf. Schilderung der derzeitigen Situation (der eigenen oder der des Adressaten), ggf. Kernanliegen schon hier formulieren
Hauptteil: Aufführen der Hauptaspekte des Briefes. Diese können je nach Schreibanlass sehr unterschiedlich gelagert sein. Möglich wäre z.B.: Bekunden von Verständnis für die Situation/Handlungsweise der Figur oder Bedauern der Situation der Figur, Aufzeigen von Handlungsoptionen/positiven Entwicklungsmöglichkeiten, Darlegen von Argumenten etc.
Schluss: Je nach Schreibanlass kann der Schluss des Briefes aus dem Erteilen eines konkreten Ratschlags oder eines Angebots für die weitere Hilfe oder auch ein Appell an das Gewissen der Figur sein. In jedem Fall sollte der Schluss die Darlegungen im Hauptteil abrunden und einen Ausblick auf das weitere Vorgehen andeuten.
Formalien am Ende: Dem Schreibanlass angemessene Grußformel   Unterschrift des Absenders

Die Sprache des Briefes sollte dem Schreibanlass angemessen sein. Dabei können Sie den Brief durchaus subjektiv und emotional formulieren. Die Sprache des Briefs sollte allerdings seine Grundlage in der Sprache der Figur im Textauszug haben, z.B. sollte der Brief einer Figur, die sich in der Textbasis immer hochsprachlich ausdrückt, dann nicht umgangssprachlich sein.

Da es sich beim Brief um eine kreative Aufgabenstellung handelt, sind die Vorgaben den Inhalt betreffend nicht so strikt wie bei anderen Aufgabenformen. Allerdings sollten Sie auch beim Brief die wesentlichen Aspekte, die dem konkreten Schreibanlass aus dem Text entnehmbar sind, berücksichtigen.

Formulierungshilfen

Für die Hinführung zum Thema am Beginn des Briefes sollten Sie den Schreibanlass kreativ formulieren. Als Hilfsmittel hierzu könnten Sie von einem Dritten vom Schreibanlass erfahren haben oder im letzten Brief wurde bereits etwas angedeutet. Dementsprechend könnten Sie wie folgt formulieren:

- Stimmt es wirklich, dass, …?
- Mit Bestürzung habe ich erfahren, dass …
- Du hast im letzten Brief schon angedeutet, dass … Haben sich Deine Befürchtungen bewahrheitet?
- Wie ist es Dir seit unserem letzten Treffen ergangen? Hast Du wirklich …?

Im Anschluss daran sollten Sie im Hauptteil zunächst Verständnis für die derzeitige Lage oder derzeitige Handlungsweise äußern, um dann zu einer anderen Sichtweise oder Vorgehensweise hinzuführen. Dabei können Sie folgende Formulierungshilfen verwenden:

- Ich verstehe ja, dass Du …, aber bedenke doch …
- Klar, im Moment siehst Du nur … Doch sieh mal genauer hin: Du wirst … erkennen.
- Wenn Du so weiter machst, dann wird noch … passieren. Ist es Dir das Wert? Wäre es nicht besser, …
- Ich hoffe, Dir ist klar, dass … Dir nicht weiterhelfen wird. Versuche doch stattdessen mal …
- Logisch, dass Du jetzt im Moment keinen Ausweg aus … siehst. Aber denk an …, was würde der tun? Würde der genauso handeln? Ich denke nicht, er würde …

Am Schluss des Briefes sollte ein Ratschlag oder Appell stehen:

- Vergiss also erst mal ... und mache ...
- Stell dich dem Problem und ... statt ...
- Wenn ich an Deiner Stelle wäre, würde ich ...
- Hör also auf, ... zu tun, sondern ...
- Lass mich wissen, wenn ich Dir helfen kann, denn ich würde ...
- Versuche doch mal ... zu fragen. Vielleicht weiß ... Rat.

Je nach Schreibanlass und Enge der Beziehung zwischen Absender und Adressat bieten sich verschiedene Grußformeln am Schluss an. Hier eine kleine Auswahl:

- Mit freundlichen Grüßen
- Viele liebe Grüße
- Alles Gute wünscht Dir Dein Freund
- Die besten Wünsche sendet Dir Dein Freund

6.2 Übungsaufgabe 10 und 2 Varianten

Schreiben Sie Hartmann zu seiner derzeitigen Lebenssituation und -einstellung einen Brief als Freund/ Freundin, in dem Sie ihm auch einen Ratschlag geben.

Material 1:

> **Carl Zuckmayer: Des Teufels General (1946)**
>
> *Des Teufels General wurde 1946 in Zürich uraufgeführt. Im Mittelpunkt der Handlung, die in Berlin im Spätherbst 1941 angesiedelt ist, steht der leidenschaftliche Flieger General Harras, der im Dienste der Nationalsozialisten steht, obwohl er deren Standpunkte und Taten verachtet und dies auch öffentlich kundtut. Der nachfolgende Auszug ist eine gekürzte Szene aus dem 1. Akt. General Harras gibt in „Ottos Restaurant" eine große Abendgesellschaft anlässlich des fünfzigsten Luftsieges von Friedrich Eilers, dem Oberst und Führer einer Kampfstaffel. Harras' Gesprächspartner in folgender Szene ist der junge Fliegeroffizier Hartmann, der verzweifelt ist, weil „Pützchen", die Tochter des Industriellen Sigbert von Mohrungen, dem Präsidenten des Beschaffungsamtes für Rohmetalle, die Beziehung mit ihm gelöst hat.*
>
> HARRAS *füllt sein und* HARTMANNS *Glas, nimmt eine Zigarette aus dem Etui, bietet es* HARTMANN *an, der ablehnt. Auch* HARRAS *zündet die Zigarette nicht an, spielt nur damit.*
>
> HARRAS *(mehr zu sich selbst)* Nein – zu diesem Wein nicht rauchen. Todsünde, hätte mein Vater gesagt.
> 5 Und der hat was davon verstanden. Prost, Hartmann.
>
> HARTMANN Danke, Herr General. *(Er trinkt nicht, schaut unter sich.)* [...]
>
> HARRAS [...] Was ist mit der kleinen Mohrungen? Seid ihr ernstlich verkracht – oder ist es nur eine
> 10 Kiste?
>
> HARTMANN *(unbewegt, mit einer fast maskenhaften Starrheit)* Es ist aus, Herr General. Fräulein von Mohrungen hat die Verlobung gelöst. Das heißt – wir waren noch nicht offiziell verlobt. Aber – der Herr Präsident war einverstanden.
> 15
> HARRAS So. Hm. Warum denn?
>
> HARTMANN *(stockend, aber immer im Ton eines militärischen Rapports)* Wegen einer Unklarheit in meinem Stammbaum, Herr General. Meine Familie kommt nämlich vom Rhein. Mein Vater und Großvater
> 20 waren Linienoffiziere – es besteht kein Verdacht einer jüdischen Blutmischung. Aber – eine meiner Urgroßmütter scheint vom Ausland gekommen zu sein. Man hat das öfters in rheinischen Familien. Sie ist unbestimmbar. Die Papiere sind einfach nicht aufzufinden.
>
> HARRAS *(hat sich auf die Lippen gebissen, brummt vor sich hin)* So so. Daran liegt's. Da läuft so ein armer
> 25 Junge mit einer unbestimmbaren Urgroßmutter herum. *(In aufsteigender Wut)* Na, und was wissen Sie denn über die Seitensprünge der Frau Ururgroßmutter? Die hat doch sicher keinen Ariernachweis verlangt. Oder – sind Sie womöglich gar ein Abkömmling von jenem Kreuzritter Hartmann, der in Jerusalem in eine Weinfirma eingeheiratet hat?
>
> 30 HARTMANN *(sachlich)* Soweit greift die Rassenforschung nicht zurück, Herr General.

HARRAS Muss sie aber! Muss sie! Wenn schon – denn schon! Denken Sie doch – was kann da nicht alles vorgekommen sein in einer alten Familie. Vom Rhein – noch dazu. Vom Rhein. Von der großen Völkermühle. Von der Kelter Europas! (*Ruhiger*) Und jetzt stellen Sie sich doch mal Ihre Ahnenreihe vor – seit Christi Geburt. Da war ein römischer Feldhauptmann, ein schwarzer Kerl, braun wie ne reife Olive, der hat einem blonden Mädchen Latein beigebracht. Und dann kam ein jüdischer Gewürzhändler in die Familie, das war ein ernster Mensch, der ist noch vor der Heirat Christ geworden und hat die katholische Haustradition begründet. [...] Vom Rhein – das heißt: vom Abendland. Das ist natürlicher Adel. Das ist Rasse. Seien Sie stolz darauf, Hartmann – und hängen Sie die Papiere Ihrer Großmutter in den Abtritt. Prost.

HARTMANN (*unverändert, nur etwas trauriger*) Fräulein von Mohrungen ihrerseits hat Nachweis über vier Generationen. Das genügt zur Eheschließungslizenz mit Waffen-SS und für jede Parteikarriere. Darunter wird sie nicht heiraten. Sie hat Ehrgeiz. Sie möchte nicht – in der zweiten Linie stehn.

HARRAS (*ausbrechend, mit rotem Gesicht*) Dann seien Sie doch froh, dass Sie die Schneppe los sind! Und lassen Sie den Kopf nicht hängen – wegen so einer Gans! Verdammt noch mal. (*Er haut auf den Tisch, unbeherrscht*) Die ist doch nichts als ne hohle Randverzierung, und so billig wie 'n angebissener Appel. Die is doch keine Briefmarke wert. Die ist 'n Spaß für acht Tage Urlaub, bestenfalls. Der haut man den nackten Hintern mit der Reitpeitsche, damit sie'n Andenken hat, und vergisst, wie sie heißt, eh man die Treppe runtergeht.

HARTMANN *hat den Kopf auf die Brust sinken lassen.*

HARRAS (*verstummt – schaut ihn ganz erschrocken an – steht auf – tritt nah zu ihm – sehr zart*) Mein Gott – Junge – hab ich dich verletzt? Das hab ich nicht gewollt. Das ist mir nur so rausgerutscht – aus Wut, verstehst du. Ich weiß – dir war es ernst mit dem Mädel. Ich respektiere das. Ich – hab das nicht so gemeint.

HARTMANN (*schaut auf, sieht ihn an*) Sie haben es so gemeint, Herr General. (*Leise*) Sie hatten recht.

HARRAS Nein. Ich war ungerecht. Ich bin zu weit gegangen – und es tut mir leid.

HARTMANN Sie hat mir gesagt, ich sei lebensuntüchtig – weil ich die Sache nicht leichtnehmen kann – und lieber ganz verzichte, als mein Gefühl zu erniedrigen. Vielleicht ist es wahr. Vielleicht bin ich fürs Leben nicht tauglich, oder nicht bestimmt. Aber fürs Sterben reicht es, Herr General.

HARRAS Sei kein Frosch, mein Junge. Mit Leben und Sterben hat das überhaupt nichts zu tun. Das war eine verkorkste Sache, von Anfang an. Ihr passt gar nicht zusammen. Schlage sie dir aus dem Kopf, so rasch du kannst. Schluck's runter, und beiss die Zähne zusammen. [...] Es gibt Besseres auf der Welt. Größeres.

HARTMANN Jawohl, Herr General. Der Tod auf dem Schlachtfeld ist groß. Und rein. Und ewig.

HARRAS (*sehr ruhig*) Ach Scheiße. Das sind olle Tiraden. Ich weiß – du empfindest was dabei – aber was Falsches, verstehst du? Der Tod auf dem Schlachtfeld – der stinkt, sag ich dir. Er ist ziemlich gemein, und roh, und dreckig. Hast du nicht selbst gesehen, wie sie rumliegen? Was ist da groß dran? Und ewig? Er gehört zum Krieg, wie die Verdauung zum Fraß. Sonst nichts. Du sollst den Tod nicht fürchten, wenn du ihm Mann bist. Du sollst nicht vor ihm ausreißen. Aber du sollst ihm trotzen, wenn du ein Mann bist – und ihm widerstehn, und ihn überlisten, und ihn hassen wie die Pest. Wer ihn anbetet – wer ihn vergöttert und verklärt – oder gar – ihn sucht – der ist kein Held. Der ist kein guter Kämpfer. Der ist ein Narr.

HARTMANN Ich weiß. Wir dürfen unser Leben nicht leichtsinnig aufs Spiel setzen. Es gehört nicht uns.

HARRAS Wem sonst, zum Donnerwetter? – Sagen Sie jetzt auf keinen Fall: dem Führer. Sonst sehe ich Rot.

HARTMANN (*starr*) Wir müssen der Truppe unsere Kampfkraft erhalten, bis zum letzten Blutstropfen.

HARRAS (*etwas hilflos*) Ach du lieber Gott. Wenn ich nur einmal diesen letzten Blutstropfen nicht mehr schlucken müsste. Mir ist schon ganz übel davon. Du sollst deine dämlichen Blutstropfen beisammenhalten, verstehst du – oder wenigstens genug davon, dass du nicht abflatterst. Du sollst überleben, hörst du? Durchkommen, rauskommen, wiederkommen – und deine eigne Haut heimbringen, heil und gesund, und so zäh und weich und haltbar wie gut gegerbtes Wildleder. Schau – ich bin doch selbst ein alter Soldat. Ich versteh doch was von dem Geschäft. Und ich sage dir: jeder, der im Feld was wert sein soll, muss die Hoffnung haben und den Willen, durchzukommen. Am Ende gewinnt ja doch, wer überlebt. Wer ohne Hoffnung kämpft – der ist schon halb verloren. Und Hoffnung – das ist, dass man sich

> auf etwas freut. Ein junger Mensch muss sich doch freun – aufs Leben! Mit oder ohne Pützchen. – Schwamm drüber. Aber freust du dich denn nicht darauf, nach Hause zu kommen – wenn der Krieg mal
> 100 aus ist? [...] Herrgott, Hartmann! Glaubst du mir nicht, dass es sich lohnt zu leben? Sehr lang zu leben? Ganz alt zu werden? (*Er leert sein Glas.*)
> [...]
>
> HARTMANN *hebt sein Glas bis zu den Lippen, ohne zu trinken. Er sitzt unbewegt, und es laufen Tränen über sein*
> 105 *Gesicht.*

Quelle: Zuckmeyer, Karl: *Des Teufels General*. Fischer, Frankfurt am Main: 2012, S. 62 ff.

Aufgabenvarianten zu den Materialien:

Variante 1: Inhaltsangabe (▸ *vgl. Kapitel 2, Seite* 44)

Fassen Sie Inhalt und Aufbau des Textausschnittes zusammen.

Variante 2: Gesprächsanalyse (▸ *vgl. Kapitel 5, Seite 60*)

Analysieren Sie den Verlauf des Gesprächs zwischen General Harras und dem Fliegeroffizier Hartmann.

6.3 Checkliste für meine Lösung

- [ ] Ist die Struktur (siehe Tabelle 8) eingehalten?
- [ ] Werden die formellen Aspekte (Absender, Adressat, Ort und Datum, Betreff, Anrede und Grußformel) eingehalten?
- [ ] Bleibe ich nah genug am Text? Bringe ich neue Details ins Spiel, die keine Textgrundlage haben und damit nicht in den Brief gehören?
- [ ] Ist der Brief inhaltlich schlüssig zur Textvorlage? Passt die Argumentation und auch der Ratschlag zur Erzähl- oder Dramensituation?
- [ ] Entspricht die Sprache dem Schreibanlass?
- [ ] Ist die sprachlich-stilistische Gestaltung der Aufgabenstellung entsprechend (emotional, reflexiv, argumentierend, appellierend, …)? Wird dies ggf. durch sprachliche Mittel unterstützt?
- [ ] Lässt sich ein roter Faden erkennen oder wird zu sehr von Thema zu Thema gesprungen?
- [ ] Wird die Zeitform Präsens eingehalten?
- [ ] Werden die Regeln der Rechtschreibung, Zeichensetzung und Grammatik eingehalten?

7. Innerer Monolog

Wie das Schreiben eines Briefs zählt auch das Verfassen eines inneren Monologs zu den kreativen Aufgabenstellungen. Deshalb sollen auch hier der Inhalt, die Stimmungslage und die Ziele der Figuren als Basis für einen kreativen Schreibauftrag genommen werden. Dabei können Sie in den Grenzen der Erzähl- oder Dramenwelt die Fantasie einsetzen.

Im inneren Monolog sollten Sie die Einstellungen, Ansichten, Gedanken und Absichten der Figur deutlich thematisieren und aus der subjektiven Sicht der Figur darstellen. Eng verwandt mit dem inneren Monolog ist das Verfassen eines Tagebucheintrags. Der Unterschied ist im Wesentlichen, dass bei einem Tagebuch Ort und Datum des Verfassens und evtl. eine Anrede („Liebes Tagebuch,") ergänzt werden. Ansonsten können die Ausführungen zum inneren Monolog grundsätzlich für den Tagebucheintrag übernommen werden.

7.1 Vorbereitung

Klärung der Themenstellung

Die Aufgabe, einen inneren Monolog zu verfassen, ist wie das Schreiben eines Briefs oft eine Wahlaufgabe als Alternative für einen Motivvergleich oder Ähnliches. Sie sollten den inneren Monolog immer aus der Sicht einer der Figuren des Textauszuges verfassen. Er ist dementsprechend eine sehr persönliche Schreibform. Deshalb sollte der Schreibstil des Monologs der Gefühlslage, Herkunft und den Gedanken der Figur angepasst sein.

Der Stil ist häufig eher durch Emotionalität und Subjektivität geprägt. Denkbar sind aber auch Aufgabenstellungen zu Figuren, die sich eher durch eine distanzierte und/oder reflexive Denkweise auszeichnen.

Zusätzlich prägt auch die Zeit, in der die Handlung spielt, sowohl den Schreibstil als auch die Inhalte des inneren Monologs. Aus diesem Grund sollten Sie im Vorfeld überlegen, welchen gedanklichen Restriktionen die Figur ausgesetzt ist bzw. ob die Figur gegen gesellschaftliche Grenzen aufbegehrt.

Die Aufgabenstellung selbst ist klar formuliert und lautet stets „Verfassen Sie einen inneren Monolog der Figur ...". Unter Umständen wird die Aufgabenstellung noch durch Angabe des Themas oder des Gedankengangs, dem der Monolog folgen soll, präzisiert, z. B. in der Art: „Verfassen Sie einen inneren Monolog der Figur ..., in dem sie sich über ihr weiteres Vorgehen/über die aktuellen Geschehnisse klar zu werden versucht".

Stoffsammlung

Wichtige Fragestellungen im Vorfeld des inneren Monologs sind:

- Ist die Richtung des inneren Monologs vorgegeben? Soll sie sich über ein bestimmtes Thema, über das weitere Vorgehen, über vergangene Geschehnisse Gedanken machen?
- In welcher Verfassung befindet sich die Figur? Ist sie niedergeschlagen, euphorisch, traurig, voller Tatendrang, ...?
- In welcher Situation befindet sich die Figur? Ist sie unverhofft ins Unglück/Glück geschlittert? Wird sie von außen unter Druck gesetzt? Unterdrückt die Figur andere?
- Welche Wahlmöglichkeiten hat die Figur? Ist sie frei in ihren Entscheidungen oder unterliegt sie Beschränkungen (durch andere Figuren, durch gesellschaftliche Restriktionen, etc.)?
- Welchen Charakter hat die Figur? Ist sie eher emotional und impulsiv oder selbstkritisch und nachdenklich?
- Welche Gedanken könnte die Figur gerade haben (Gewissensbisse, Schuld, Selbstkritik, Rechtfertigung für ein Verhalten, Bestätigung/Zweifel bzgl. einer Entscheidung)?
- Welche anderen Figuren spielen eine Rolle? Welche Gefühle hegt die Figur diesen anderen gegenüber (Schuld, Wut, Vorwürfe, Stolz)?
- Wenn man selbst in der Lage der Figur wäre, was würde man denken/tun? Gibt es im Text Anhaltspunkte, dass die Figur ähnlich denken könnte?
- Hat die Figur in der Situation eine eindeutige Position oder schwankt sie selbst noch?
- Lässt sich ein Wandel in der Einstellung der Figur erkennen? Soll diesem Wandel im inneren Monolog gefolgt oder entgegengewirkt werden?
- Welches Ziel verfolgt der innere Monolog? Will die Figur sich über ein zukünftiges Verhalten klar werden? Soll der innere Monolog eine Verhaltensänderung hervorrufen/darstellen?
- Welchen Bildungshintergrund, welches Alter hat die Figur? Welche Sprachebene verwendet sie daher hauptsächlich?

Diese Auflistung kann nicht vollständig sein, da die Inhalte des inneren Monologs sehr stark vom jeweiligen Textauszug und der darin verarbeiteten Thematik abhängen.

Aufbau

Der Aufbau eines inneren Monologs ist nicht strikt geregelt. Allerdings sollten Sie einen klaren und inhaltlich schlüssigen Bezug zur Textvorlage herstellen. Deshalb empfiehlt es sich, dass Sie den inneren Monolog mit einer kurzen Reflexion über die aktuelle Situation der Figur beginnen, damit der Ausgangspunkt der Überlegungen der Figur klar wird.

Im Hauptteil sollten Sie die Reflexionen der Figur zum vergebenen Thema darlegen. Achten Sie darauf, dass ein roter Faden erkennbar wird und dem Gedankengang der Figur gefolgt werden kann. Dies gilt für die inhaltliche Gestaltung, aber auch für die sprachliche.

Abschließend sollten Sie mit einem Resümee der Gedanken der Figur. Alternativ kann es je nach Aufgabenstellung auch möglich sein, dass ein geplanter Umgang mit der Situation in der Zukunft thematisiert wird.

Tabelle 9: Schematischer Aufbau eines inneren Monologs

Hinführung:
Schilderung der derzeitigen Situation der Figur, Darstellen des Kernanliegens der Figur (sofern in der Aufgabenstellung gefordert)
Hauptteil:
Inhaltliche Aspekte der Reflexion der Figur. Verknüpfen der Aspekte, damit dem Gedankengang der Figur gefolgt werden kann.
Schluss:
Zusammenfassung der Gedanken der Figur. Sofern sie zu einer Entscheidung kommt: Darlegung dieser Entscheidung ggf. auch des weiteren Vorgehens.

Da es sich um einen Monolog handelt, muss der innere Monolog immer in der 1. Person Singular Präsens verfasst werden. Hinsichtlich des Schreibstils können Sie aufgrund der Emotionalität durchaus auch mit Ellipsen, Einschüben und Satzabbrüchen arbeiten.

Formulierungshilfen

Für den inneren Monolog können keine allgemeingültigen Formulierungen als Hilfestellungen gegeben werden, da diese zu stark von der jeweiligen Situation der Figur, deren Gefühle etc. abhängen. Wichtig bei der Formulierung ist, dass Sie in der Gefühlswelt der Figur bleiben. Wenn diese sich emotional verhält, sollte die Formulierung des Monologs auch von großer Emotionalität geprägt sein. Dies lässt sich durch Ausrufe, rhetorische Fragen, auch durch Umgangssprache etc. realisieren.

Wichtig ist, auch eine selbstkritische Komponente in die Ausführungen mit einzubinden. Ein Hinterfragen des eigenen Verhaltens durch ein „Aber war das jetzt auch richtig?" oder ähnlichem sollte den inneren Monolog reflexiver gestalten.

7.2 Übungsaufgabe 11 und zwei Varianten

Aufgabenstellung: Verfassen Sie einen inneren Monolog Bienes, in dem sie über die Geschehnisse beim Essen reflektiert.

Material 1:

Robert Seethaler: Die Biene und der Kurt (2006)

Vorbemerkung: Der folgende Auszug stammt aus dem zweiten und dritten Kapitel des Romans. Dabei wird die Figur der Biene in den Roman eingeführt und ihr nicht ganz einfaches Leben in einem Mädchenheim deutlich.

[...] Eines ist klar: So eine Brille ist nicht zu übersehen! Gar nicht so wegen dem modischen Aspekt. [...] So eine Brille ist nicht zu übersehen, weil sie dick ist wie ein hochälplerischer Bierkrugboden. So dick ist diese Brille. »Siebzehn Dioptrien«, hat der Augenarzt damals gesagt, als er die schwere Brille in seiner rosigen Augenarzthand ein bisschen balanciert und sie dann der kleinen Biene auf die kleine
5 Nase gesetzt hat. Drei Jahre war sie damals alt. Auch kein Alter eigentlich.

Jetzt ist die Biene sechzehn und hat auch einen Nachnamen. Kravcek. Die Brille sitzt der Biene Kravcek noch immer schwer auf der Nase und glänzt vor sich hin. Deswegen fällt es auch gar nicht auf, dass es sich darunter, mitten auf dem Nasenrücken, ein Pickel gemütlich gemacht hat. [...]
10
Der Pickel, die Brille und die riesigen braunen Augen sind aber auch schon das Einzige, was sich da hervortut. Sonst ist nämlich nicht viel los im Bienegesicht. »Eher blässlich«, würde jemand sagen, der sich die Biene einmal etwas genauer anschauen würde. Das tut aber nie jemand. Heute hat sie sich mit einem Gummi einen Pferdeschwanz gemacht. Das ist aber auch nicht außergewöhnlich. Den macht sie
15 sich nämlich jeden Tag. Obwohl die blonden Haare fast zu kurz sind für einen Pferdeschwanz. Also ist das eigentlich eher ein Pferdestummel, der da schräg absteht vom Hinterkopf. Dafür ist die Stirn hoch, weiß und glatt. [...] Ansonsten? Die Ohren sind klein, der Mund sowieso, das Kinn darunter auch nicht besonders groß, überhaupt ist die ganze Biene kein Riese. Ein Meter und sechsundfünfzig sind eben kein Gardemaß. Ein bisschen pummelig ist die Biene auch. Aber das macht ihr nichts aus.
20
Ein Tablett hält sie in den Händen. [...] Mitten in einem Saal steht die Biene. Genau in der Mitte von einem gewaltigen Speisesaal mit hohen grünlichen Wänden und fast genauso hohen grauen Fenstern. [...] Speisesäle sind keine Orte der Einsamkeit! Und der Speisesaal von einem katholischen Mädchen-

heim zur Mittagszeit sowieso nicht. Deshalb ist die Biene auch nicht alleine. Weil sich nämlich überall um sie herum ein Haufen anderer Mädchen tummelt. Alle tragen sie genau die gleichen bräunlich gelben oder gelblich braunen Uniformen, genau die gleichen weißen Stutzen und schwarzen Schuhe. [...] Jetzt ist die Biene aber lange genug so herumgestanden. Hat auch genug geschaut, ob denn da irgendwo noch ein Platz frei ist. Ein Platz, wo sie ihre Ruhe haben kann und keine Nachbarn. Und jetzt hat sie einen solchen Platz gefunden. Ganz im Eck ist nämlich noch ein Tisch frei. Da geht die Biene hin. Dass beim Vorbeigehen ein paar Mädchen so komisch kichern, bemerkt sie gar nicht. Oder vielleicht will sie das auch gar nicht bemerken. jedenfalls schaut sie nur ziemlich gerade vor sich hinunter und am Tablett vorbei auf den Boden, geht zum freien Tisch, setzt sich, sticht sich eine einzelne Erbse auf die Gabel, hält sie hoch und schaut sie sich von allen Seiten an. Und dann schiebt sie sich die grüne Kugel in den Mund hinein. So tief es geht. [...]

So sitzt also die Biene alleine im Eck am Tisch und isst. Aber nicht lange. Bald schon hat sich das erledigt mit dem Alleinedasitzen. Weil sich nämlich jetzt ein großes Mädchen mit einem großen Granitschädel der Biene gegenüber hinsetzt und ihre wirklich großen Unterarme auf den orangefarbenen Tisch legt. Hinter Bienes Stuhl haben sich noch zwei Mädchen postiert. Auch nicht schmächtig, haben die ihre Arme vor der Brust verschränkt und schauen auf die Biene hinunter. Und die kann jetzt noch so angestrengt in ihren Teller hineinschauen und so tun, als würde sie da was Interessantes sehen im Püree – oft lässt sich die Wirklichkeit nicht einfach so wegphantasieren. Das ist schade. Weil die Wirklichkeit einem manchmal ganz schön den Tag versauen kann. Das Mädchen mit dem Granitschädel jedenfalls beugt sich jetzt ein wenig vor und zeigt auf Bienes Teller. »Meins ...?«, fragt sie. Gelb sind ihre Zähne und groß. Angeboren wahrscheinlich. Die beiden hinter der Biene gluckern mit bebenden Schultern ihre erwartungsvolle Erregung heraus. Es ist nämlich schön und angenehm, wenn man auf der richtigen Seite steht. »Na ...?«, fragt der Granitschädel und ballt langsam eine von den fleischigen Händen zur Faust, dass es nur so knackt. Ihre Freundinnen gluckern. Die Biene schaut in ihren Teller hinein. Aber weil da drinnen jetzt auch keine Lösungen herumschwimmen und weil der Biene partout nichts anderes einfallen will, gibt sie sich einfach ganz spontan einem inneren Rucker hin, reißt sich los vom Teller, nimmt ihre Gabel, spießt damit den Fleischlappen auf und hält ihn in die Höhe. Da grinst der Granitschädel gleich noch ein bisschen breiter. Aber zu früh. Weil nämlich die Biene plötzlich ihre kleine rosige Zunge ausfährt und einmal quer drüberschleckt über das graue, fettige Fleisch. Quer drüber, von rechts unten nach links oben. Und dann hält sie es der anderen unter die Nase. »Ja. Deins ...!«, sagt sie.

Vielleicht hätte sie das aber doch nicht machen und sagen sollen. Weil die Granitene sich nämlich nur kurz von der Überraschung aufhalten lässt, ihren Ärger schnell zwischen den Kiefern zermalmt, den beiden Genossinnen hinter der Biene einen Blick zuwirft und das eckige Kinn nach vorne reckt. Und die beiden haben verstanden. Die packen jetzt die Biene. [...] außerdem kann [der Granitschädel] hinüberlangen, kann mit den wurstigen Fingern fest in Bienes Haare hineingreifen und den Bienekopf mit Wucht in den Teller mit den Erbsen und dem Erdäpfelpüree tunken.

Die Biene prustet, schluckt und spuckt. Aber gar so schnell will das granitene Mädchen noch nicht aufhören. Da hat sie jetzt doch noch zu viel Spaß an der Sache. [...] Etwas interessiert sie noch. An den Haaren zieht sie den Bienekopf hoch und beugt sich nah zu ihm hin. »Hats geschmeckt?«, fragt sie. Eigentlich höflich. Wobei: Könnte natürlich auch sein, dass das gar nicht so höflich gemeint ist, in diesem Moment.

Die Schergenmädchen haben die Biene losgelassen. Das ist ihr wahrscheinlich auch ganz recht. Da kann sie sich die verschmierte Brille wieder zurück auf die richtige Nasenstelle schieben. Und dann kann sie sich die da gegenüber ein bisschen anschauen. [...] Das alles schaut sich die Biene an. Eine Weile. Und dann zerplatzt etwas in ihr. So etwas kennt man ja: Wenn plötzlich irgendetwas zerplatzt, oben drinnen im Hirn oder unten drinnen im Herz, und sich ausbreitet im ganzen Körper, ganz heiß, bis in die Fingerspitzen und sogar auch bis in die Zehenspitzen hinein. Das ist die Wut.

Und wenn so etwas erst einmal zerplatzt ist, dann geht das alles oft ganz schnell. Jetzt auch. Weil die Biene sich nämlich das Messer vom Tablett greift, mit einer unvermutet blitzartigen Geschwindigkeit über den Tisch und dem Granitschädelmädchen an die Gurgel springt und es mitsamt seinem gelbdunklen Grinser im Gesicht nach hinten umhaut. Und jetzt kniet sie schon auf ihm. Wie ein Käfer liegt die da unten auf dem Rücken und traut sich kaum, sich zu rühren. Der Grinser ist weg. Wenn einem nämlich einmal eine Messerspitze knapp vor dem Gesicht herumzappelt, hält sich der Zynismus gern vornehm zurück. [...]

Der Biene macht das nichts. Die hält dem Käfer das Messer vors Gesicht und schaut knapp an der Klinge vorbei. [...] Und jetzt fasst die Biene das Messer ein bisschen fester an. Und hebt es hoch. Da johlen und kreischen die Mädchen rundherum gleich noch ein bisschen lauter und schlagen die kleinen Hände vor die kleinen Münder. Das Käfermädchen zuckt ordentlich zusammen, drückt, so fest es
95 kann, die Augen zu und schließt innerlich schon ab mit allem Möglichen. Die kann ja auch nicht wissen, was die Biene vorhat, mit dem kalten Messer in der warmen Hand. Vielleicht würde die sonst ja anders reagieren.

Die Biene will nämlich gar nicht die Klinge hineinbohren ins Gesicht unter ihr. Die will etwas ganz
100 anderes. Die krempelt sich einen Ärmel von ihrer Bluse hoch, streckt den kurzen weißen Unterarm, der da zum Vorschein kommt, in die Luft, hält sich die Messerspitze an diesen kurzen Unterarm und drückt sie in die Haut hinein. Und dann zieht sie die Klinge ein paar Zentimeter hinunter, in Richtung Ellbogen. Da lässt das Blut nicht lange auf sich warten. Das kommt gleich herausgeschossen, dunkel glänzend unterm Speisesaaldeckenlicht. Die Biene hat aber jetzt genug geschlitzt. Die schmeißt das
105 Messer weg, drückt dem großen Mädchen da unten ihren weiß-roten Unterarm unter die Nase und schmiert ihr das Bieneblut über das ganze Gesicht. Und so ein Gejohle, das da jetzt herausbricht aus all den Mädchenköpfen, so ein wildes Gekreische hat es wahrscheinlich auch noch nie gegeben in der ganzen langen Geschichte der katholischen Mädchenheimspeisesäle! [...]

Quelle: Seethaler, Robert: Die Biene und der Kurt. Zürich, Kein & Aber Verlag: 2014, S. 9 ff.

Material 2:

Jakob Arjouni: Cherryman jagt Mister White (2011)

Vorbemerkung: Der folgende Auszug steht am Beginn des Romans und schildert die Beziehung zwischen dem Jungen Rick, der bei seiner Tante wohnt und ihr im Garten hilft, und dem Anführer einer Bande von Klassenkameraden, Robert.

Drei Monate zuvor hatte Robert meine Katze mit voller Wucht gegen die Wand des Bienenhauses geworfen. Einfach so.

„Du hast schon wieder nicht gezahlt."
5
„Ich hab kein Geld."

„Weil Du alles für die Heftchen ausgibst. Hat dir deine Tante nicht beigebracht, dass Comics dumm machen?"
10
Ich antwortete nicht, auch wenn ich gerne so was gesagt hätte wie: Na, dann musst du ja der super Comic-Kenner sein.

„Guck mal, was ich hier habe ..."
15
Und er zog Tiger aus seiner Adidas-Umhängetasche, und mir wurde augenblicklich kotzübel. Robert war von allen in der Gruppe mit Abstand der Kränkste. Er schwenkte Tiger am Nackenfell in der Luft hin und her und grinste. Tiger zappelte und fauchte.

20 „Lass ihn los", sagte ich und bemühte mich um einen ruhigen Ton, obwohl mir fast die Stimme wegblieb. „Bitte ...!"

Gleichzeitig überkam mich ein solcher Hass, aber ich konnte nichts tun. Robert war fast doppelt so breit und mehr als doppelt so schwer wie ich, ein fettes brutales Riesenbaby.
25
„Ist doch ganz einfach, Rick: Du musst deine Beiträge bezahlen, dann sind wir Freund, und du hast deine Ruhe."

„Bitte, Robert, lass ihn los. Ich zahl ja, ich war nur in den letzten Monaten ein bisschen knapp, aber ...
30 Ich weiß was! Ich verkauf meinen CD-Player, gleich nachher, ganz bestimmt – bitte ..."

Tiger schrie jetzt vor Wut und Schmerzen und versuchte immer wieder, den Kopf zu Robert umzudrehen, als könne er nicht glauben, dass jemand ihn so behandelte – ihn, den stolzen Herrscher über Tante Bambuschs Garten.
35
„Hast du das letzte Mal auch gesagt: sofort, gleich, ganz bestimmt. Und dann ... Du bist uns ausgewichen, Ricki, ich hab's gesehen. Immer hintenrum zum Lidl. Und zum Altstadtfest bist du auch nicht gekommen." [...]

40 Er grinste. Tiger zappelte inzwischen nur noch mit den Beinen, fauchte hin und wieder fassungslos und warf mir verstörte Blicke zu. Ich, sein bester Freund, ließ das zu.

Er schwenkte Tiger durch die Luft und ich schrie: „Hör auf!"

45 „... sonst geht's Deiner lieben Tante wie dem kleinen Krallenmann hier: nur noch Matsch."

Und damit holte er aus und schleuderte Tiger gegen die Wand. Er muss sofort tot gewesen sein, ich hörte nur den Aufprall und dann nichts mehr. Brüllend warf ich mich auf Robert und versuchte, seinen schwabbeligen Hals zu packen. Aber er nahm mich sofort in den Schwitzkasten, schlug mir mit der
50 flachen Hand ins Gesicht und sagte: „Komm, reg dich ab. Ist doch nur 'ne blöde Katze. Und wer nicht hören will, muss fühlen."

Seitdem hatte ich meine „Beiträge" immer gezahlt. Und wenn ich's irgendwie einrichten konnte, begleitete ich Tante Bambusch zu ihrem wöchentlichen Canastermin im Café Rosengarten. Jedenfalls
55 war ich ihnen nichts schuldig.

Quelle: Arjouni, Jakob: Cherryman jagt Mister White. Zürich, Diogenes Verlag: 2011, S. 10 ff.

Aufgabenvarianten zu den Materialien:

Variante 1: Charakterisierung *(▸ vgl. Kapitel 3, Seite 49)*

Charakterisieren Sie die Figur der Biene.

Variante 2: Motivvergleich *(▸ vgl. Kapitel 8, Seite 76)*

Vergleichen Sie die beiden Außenseiter Biene (Material 1) und Rick (Material 2)

7.3 Checkliste für meine Lösung

- ☐ Ist die Struktur (siehe Tabelle 9) eingehalten?
- ☐ Bleibe ich nah genug am Text? Passt der Tenor des inneren Monologs zur Situation in der Textvorlage oder bringe ich neue Details ins Spiel, die keine Textgrundlage haben und damit nicht in den inneren Monolog gehören?
- ☐ Werden alle möglichen Gedankengänge der Figur berücksichtigt?
- ☐ Werden ihre Handlungen auch von der Figur selbstkritisch betrachtet?
- ☐ Entspricht die Sprache der der Figur in der Textvorlage?
- ☐ Ist die sprachlich-stilistische Gestaltung der Aufgabenstellung entsprechend (emotional, reflexiv, selbstkritisch)? Wird dies ggf. durch sprachliche Mittel unterstützt?
- ☐ Werden die Regeln der Rechtschreibung, Zeichensetzung und Grammatik eingehalten?

8. Motivvergleich

Der Vergleich von Motiven in der Literatur gehört zu den im neuen Prüfungsformat stärker betonten Aufgabenvarianten. Dabei soll ausgehend von den vorliegenden Texten mit dem Hintergrundwissen über Literaturgeschichte und anderer literarischer Werke ein bestimmtes Motiv oder eine Thematik vergleichend analysiert werden. Motive können beispielsweise Ehre, Liebe, Adoleszenz, Vaterfiguren, etc. sein.

Denkbar ist auch die Analyse von bestimmten Rollen, z. B. Veränderung der Rolle des Vaters, Prototyp eines Kriminalinspektors, Rolle der Frau etc. Hilfreich sind für eine solche Analyse Kenntnisse der Literaturgeschichte und verschiedener zentraler Werke zu bestimmten Motiven. Zum Vergleich können neben epischen und dramatischen Texten auch lyrische Texte (Gedichte, Lieder, etc.) herangezogen werden.

Allerdings ist es unrealistisch, auf alle denkbaren Motive in einem breiten Umfang vorbereitet zu sein. Sinnvoller ist es deshalb, die Technik des Motivvergleichs zu beherrschen und diesen anhand der Materialien (die teilweise auch Hintergrundinformationen zum Motiv liefern können) durchzuführen.

8.1 Vorbereitung

Klärung der Themenstellung

Der Motivvergleich ist als Aufgabenstellung sowohl für epische als auch für dramatische Texte denkbar. Die Aufgabenstellung kann in folgenden Varianten erfolgen:

- Zeigen Sie ausgehend von den bisherigen Ergebnissen vergleichend auf, wie die Thematik ... in den vorliegenden Materialien verarbeitet wird.
- Zeigen Sie auf, wie in den vorliegenden Materialien die Thematik ... aufgegriffen wird.
- Vergleichen Sie, wie in den vorliegenden Materialien das Motiv ... umgesetzt wird.

Zu beachten ist, dass immer auf alle Materialien eingegangen wird, die in der Aufgabenstellung mit in den Vergleich einbezogen werden sollen. Dies können neben literarischen Texten auch Sachtexte wie Definitionen sein, die in den Ausführungen mitberücksichtigt werden sollen.

Stoffsammlung

Je nach Aufgabenstellung kann es vor dem eigentlichen Vergleich der literarischen Texte notwendig sein, das Motiv/die Thematik noch näher zu beschreiben bzw. zu definieren. Deshalb sollten Sie sich vorab folgende Fragen stellen:

- Ist das Motiv allgemein bekannt oder muss es näher definiert werden? Falls ja, unterstützen die Materialien bei einer solchen Definition?
- Welche literaturgeschichtlichen Hintergründe zu dem Motiv sind mir bekannt?
- Sind mir andere literarische Werke bekannt, die sich mit dem Motiv auseinandergesetzt haben und mir ein Hintergrundwissen geben können?

Sind diese grundlegenden Fragen geklärt, kommt der nächste Schritt der Definition von Vergleichskriterien. Diese sind sehr textspezifisch, als allgemeingültige Fragestellungen können aber die folgenden hilfreich sein:

- Ergeben sich aus dem unterschiedlichen Inhalt der Textgrundlagen Vergleichskriterien?
- Gibt es einen zeitgeschichtlichen/epochentypischen Wandel der Thematik/des Motivs?
- Kommen textsorten- oder gattungsspezifische Aspekte bei der Ausgestaltung des Motivs/der Thematik zum Tragen?
- Eignet sich die Sprache, in der das Motiv/die Thematik verarbeitet wurde, als Vergleichskriterium?
- Spielen gesellschaftliche Hintergründe für die Ausprägung des Motivs/der Thematik eine Rolle?

Auf dieser Basis lassen sich Vergleichskriterien definieren, anhand derer dann jeweils die Gemeinsamkeiten und die Unterschiede dargestellt werden sollen.

Aufbau

Der Motivvergleich sollte neben der Darlegung der zu vergleichenden Materialien mit einer Definition oder Beschreibung des Motivs/der Thematik als Einleitung beginnen. Dabei können Sie auf den grundsätzlichen Wandel der Thematik in verschiedenen Literaturepochen eingehen und auf die konkret vorliegenden Texte (inkl. deren Epochen) hinführen.

Im Anschluss daran legen Sie die Gemeinsamkeiten und Unterschiede im Hauptteil dar. Den Schluss bildet eine abschließende Gesamtbewertung, in der Sie die wesentlichen Erkenntnisse zusammenfassend bewerten, als Ergebnis des angestellten Vergleichs.

Tabelle 10: Schematischer Aufbau eines Motivvergleichs

Einleitung:
Definition/Beschreibung der Thematik/des Motivs, ggf. literaturgeschichtliche Einordnung und Wandlung, Darlegung der zu vergleichenden Materialien/Texte
Hauptteil:
<ul><li>Darlegung von Gemeinsamkeiten</li><li>Darlegung von Unterschieden</li></ul>(Reihenfolge ist abhängig von der Textvorlage und den Analyseergebnissen)
Schluss:
Abschließendes Fazit als zusammenfassende Bewertung der Vergleichsergebnisse

Bei der Begründung der Gemeinsamkeiten und Unterschiede sollten Sie darauf achten, dass Sie alle Behauptungen und Schlussfolgerungen am Text mit entsprechenden direkten oder indirekten Zitaten belegen.

Sollten die Ergebnisse nicht unmittelbar und direkt aus der Textgrundlage ersichtlich werden, erläutern Sie die entsprechenden Textstellen so ausführlich, dass die daraus gezogenen Schlüsse klar nachvollziehbar werden.

Formulierungshilfen

Zur Darlegung der zu vergleichenden Materialien in der Einleitung können beispielsweise folgende Formulierungen dienen:

- In den beiden vorliegenden Auszügen aus „…" von Autor1 aus dem Jahr … und aus „…" von Autor2 aus dem Jahr … wird das Motiv …
- Im Folgenden soll nun das Motiv … in den beiden vorliegenden Texten … verglichen werden

Für die vergleichende Gegenüberstellung können folgende Formulierungsansätze den Übergang zwischen den verschiedenen Aspekten erleichtern:

- So ähnlich sich … und … im Punkt … sind, so deutlich unterscheiden sie sich in …
- So ähnlich die Lage der Protagonisten in diesem Punkt auf den ersten Blick erscheint, so klarer werden die Unterschiede in … bei einem genaueren Hinsehen.
- Neben diesen Unterschieden zeigen sich jedoch bei … größere Gemeinsamkeiten. Besonders auffällig ist hier …
- Trotz der großen Gemeinsamkeiten im Punkt … werden im Aspekt … auch die Unterschiede deutlich.
- Die Gemeinsamkeiten erschöpfen sich nicht in diesem Punkt, sondern zeigen sich auch in …
- Den Gemeinsamkeiten gegenübergestellt finden sich aber insbesondere im Bereich … auch erhebliche Unterschiede.

Für den Schluss des Motivvergleichs können folgende Ansätze Hilfestellung bieten:

- Insgesamt zeigt sich also, dass …
- Zusammengefasst lässt sich feststellen, dass …
- Wägt man Unterschiede und Gemeinsamkeiten gegeneinander ab, so …
- Als Fazit lässt sich festhalten, dass das Motiv … hier …

8.2 Übungsaufgabe 13 und zwei Varianten

Aufgabe: Vergleichen Sie in den beiden Romanauszügen das dargestellte Motiv der Auswanderung.

Material 1:

> **Christian Kracht: Imperium (2012)**
>
> Wann tauchte unser Freund eigentlich das erste Mal an die Oberfläche der Weltenwahrnehmung? Allzu wenig ist über ihn bekannt, doch blinken im Erzählstrom, hell unter Wasser blitzenden, flinken Fischen gleich, Personen und Ereignisse auf, deren Existenz er sozusagen flankiert, als sei Engelhardt eines jener kleinen Wesen, die man Labrichthyini nennt, die anderen größeren Raubfischen die Haut
> 5 putzen, indem sie sie von Parasiten und Schmutz befreien.
>
> Wir sehen ihn, abermals in einem Zuge etwa, nun aber von – Augenblick – von Nürnberg nach München reisend, dort hinten ist er doch, stehend, dritter Klasse, die schmale, für sein junges Alter schon recht sehnige Hand auf einen Wanderstock gestützt.
> 10

Das alte Jahrhundert neigt sich unwirklich rasch seinem Ende zu (eventuell hat das neue Jahrhundert auch schon begonnen), es ist fast Herbst, Engelhardt trägt, wie allerorten in Deutschland, wenn er nicht nackt ist, ein langes, baumwollenes Gewand und römisch anmutendes, geflochtenes, nicht aus Tierleder gefertigtes Schuhwerk. Seine Haare, beiderseits des Antlitzes offen getragen, reichen hinunter bis zum Sternum, über den Arm trägt er einen Weidenkorb mit Äpfeln und Pamphleten darin. Kinder, die in der Eisenbahn mitfahren, ängstigen sich vor ihm, verstecken sich, ihn beobachtend, auf der Plattform zwischen den Waggons der zweiten und dritten Klasse, dann lachen sie ihn aus. Ein Mutiger bewirft ihn mit einem Stück Wurst, verfehlt ihn aber. Engelhardt liest geistesabwesend murmelnd in einem Fahrplan die ihm noch aus Kindertagen vertrauten Namen der Provinzstädte und blickt dann wieder geradeaus auf die vorbeisausende bayerische Landschaft, irgendein Feiertag ist heute, die durchschnellten Landbahnhöfe sind sämtlich mit schwarzweißroten Wimpeln fidel beflaggt, dazwischen hängt das weniger martialische, helle Blau seiner Heimat. Engelhardt ist kein politisch interessierter Mensch, die großen Umwälzungen, die das Deutsche Reich in diesen Monaten durchmißt, lassen ihn völlig kalt. Zu weit entfernt schon hat er sich von der Gesellschaft und ihren kapriziösen Launen und politischen Moden. Nicht er ist der Weltfremde, sondern die Welt ist ihm fremd geworden.

Im vormittäglichen München angekommen, besucht er in Schwabing seinen Genossen Gustaf Nagel, langhaarig wandeln sie, in Leinentücher gewickelt, unter dem lauten Spott der Bürger über den spätsommerlichen Odeonsplatz. Ein besäbelter Gendarm überlegt kurz, ob er sich festnehmen soll, entscheidet sich aber rasch dagegen, er will sein Glas Feierabendbier nicht durch zusätzliche Schreibarbeit schal werden lassen. [...]

Nichtsahnend sonnen sich Nagel und Engelhardt Beine und Schenkel, die Gewänder hochgerafft, eine Weile von müden Bienen umsummt, im Englischen Garten, hernach fahren sie gemeinsam nach Murnau hinaus, südlich der Tore Münchens gelegen, und suchen dort, es wird Abend, einen befreundeten Landwirt auf, der es sich in den vierschrötigen Kopf gesetzt hat, den ganzen lieben Sommer lang die bäuerlichen Arbeiten nackend zu verrichten. Mahagonibraun steht er vor ihnen am Gatter, hutlos, vor Muskelkraft strotzend, schon reicht er den beiden schmächtigen Studierten zum Gruß die kräftige Pranke. Obgleich bereits September, zieht man die Gewänder aus, nimmt Platz am einfachen Holztisch vor dem Hof, die brave Ehefrau des Bauern bringt ihrem Mann Brot, Fett und Schinken und den beiden Besuchern Äpfel und Trauben, beim Aufdecken pendeln ihre nackten Brüste wie schwere Kürbisse über dem Tisch. Eine Magd, ebenfalls nackt, tritt auf Einladung des Bauern hinzu. Unser Freund legt ein paar Pamphlete hin, man erfreut sich an der Gemeinsamkeit der Sonnenfreunde, ißt von den Früchten, im Baum über ihnen singt fröhlich ein Pirol.

Sogleich spricht Engelhardt von der Kokosnuß, die freilich weder der Landmann, seine Frau noch die Magd jemals gekostet oder gesehen haben. Er kündet von der Idee, den Erdenball mit Kokos-Kolonien zu umringen, spricht, sich von seinem Sitz erhebend (denn seine fast pathologische Schüchternheit verfliegt, wenn er als Rhetor vor offenen Ohren seine Sache vertritt), von der heiligen Pflicht, dereinst im Palmentempel nackend der Sonne zu huldigen. Nur hier – und er weist mit ausgestrecktem Armen um sich – ginge es leider nicht, zu lang der menschenfeindliche Winter, zu eng die Stirnen der Philister, zu laut die Maschinen der Fabriken. Engelhardt steigt von der Bank auf den Tisch und wieder herab, sein Credo hinausrufend, daß lediglich die Länder unter der ewigen Sonne überleben werden und dort nur diejenigen Menschen, die die heilsamen und segensreichen Strahlen des Zentralgestirns vom Bekleidungsstoff ungehindert über Haut und Haupt streicheln lassen. Einen guten Anfang hätten die Brüder und Schwestern gemacht, aber sie müßten doch bitte ihren Hof verkaufen und ihm nachfolgen, aus dem Bayernland wie weiland Moses aus Ägypten, und Schiffspassagen buchen zum Äquator hin.

Ob es denn Mexiko oder gar Afrika sein soll, will Nagel wissen, während das Bauernpaar sich andächtig lauschend weitere Brote schmiert. Engelhardt ist, bemerkt Nagel, besessen von seinen Ideen; sie sind wie ein kleiner, mit spitzer Zahnreihe reißender Dämon, der von ihm Besitz ergriffen hat. Er fragt sich kurz, ob Engelhardt wohl noch ganz bei Trost ist. Mexiko – nein, nein, die Südsee muß es sein, nur dort kann, nur dort wird ein Anfang gemacht werden. Hoch in den weiß-blauen Himmel stechend schnellt der Zeigefinger, hinab auf den Holztisch hämmert Engelhardts schmales Fäustchen. Obwohl das blendende Sfumato seiner Ideenwelt mit großem demagogischen Können aufgetragen wird, bleibt, so scheint es, wenig hängen beim braven Bauernpaar, zu wild winden sich die Serpentinen der Engelhardtschen Phantasie. [...]

August Engelhardt wird nun weit im Norden wiedergesehen, Berlinwärts reisend, er hat sich von Gustaf Nagel in inniger Verbundenheit am Münchner Hauptbahnhof getrennt, beide haben jeweils die Unterarme des Gegenübers ergriffen. Nagel rät ihm noch, die Reise nach Preußen doch aus ideologischen Gründen per pedes zu unternehmen, doch Engelhardt erwidert, er müsse Zeit sparen, da er in der Südsee noch so viel vorhabe, und sollte sein Freund es sich doch noch anders überlegen, er ihm immer und aufs Allerherzlichste willkommen sei.

Quelle: Kracht, Christian: Imperium. Frankfurt: S. Fischer Verlag 2013, S. 77 ff.

Material 2:

Ernst Jünger: Afrikanische Spiele (1936)

Während des Marsches hatte ich gut Zeit, mich mit meinen Ideen zu beschäftigen. Es waren vor allem zwei ganz verschiedenartige Einbildungen, in die ich mich versponnen hatte; sie erscheinen mir heute sonderbar genug, und es fällt schwer, ihnen aus einem veränderten geistigen Zustand heraus auch nur in ihren Umrissen Leben zu verleihen.

Die erste von Ihnen bestand in einem starken Hange zur Selbstherrlichkeit, das heißt, in dem Wunsche, mir das Leben von Grund auf so einzurichten, wie es meinen Neigungen entsprach. Um diesen äußersten Grad der Freiheit zu verwirklichen, erschien es mir nötig, jeder möglichen Beeinträchtigung aus dem Wege zu gehen, im besonderen jeder Einrichtung, die eine, wenn auch noch so entfernte, Verbindung zur zivilisatorischen Ordnung besaß.

Es gab da Dinge, die ich vor allem verabscheute. Zu ihnen gehörte die Eisenbahn, dann aber auch die Straßen, das bestellte Land und jeder gebahnte Weg überhaupt. Afrika war demgegenüber der Inbegriff der wilden, ungebahnten und unwegsamen Natur und damit ein Gebiet, in dem die Begegnung mit dem Außerordentlichen und Unerwarteten noch am ehesten wahrscheinlich war.

Dieser Abneigung gegen den gebahnten Weg gesellte sich eine zweite und nicht minder heftige gegen die wirtschaftliche Ordnung der bewohnten Welt. In diesem Sinne galt Afrika mir als das glückselige Land, in dem man vom Erwerb, und im besonderen vom Gelderwerb, unabhängig war. Man lebte da meiner Meinung nach auf eine andere Art, von der Hand in den Mund, indem man sammelte oder erbeutete. Diese unmittelbare Art, das Leben zu fristen, schien mir jeder anderen weit vorzuziehen. Schon früh war mir aufgefallen, daß alles in diesem Sinne Erbeutete, etwa ein in verbotenen Gewässern geangelter Fisch, eine Schüssel voll Beeren, die man im Walde gesammelt hatte, oder ein Pilzgericht in einer ganz anderen und bedeutenderen Weise mundete. Solche Dinge spendete die Erde in ihrer noch nicht durch Grenzen abgeteilten Kraft, und sie hatten einen wilderen, durch die natürliche Freiheit gewürzten Geschmack.

Auf diese Weise gedachte ich mir da drüben ein herrliches Leben zu bereiten, um so mehr, als ich auf den Beistand der Sonne rechnete. In einem Lande, das tagaus, tagein eine starke, wärmende Sonne erleuchtete, konnte man, wie ich glaubte, weder betrübt, noch unzufrieden sein.

Auch wußte ich bereits, was ich mit dieser neuen Freiheit beginnen wollte. Zunächst war da das gefährliche Abenteuer, das nach allem, was ich gehört und gelesen hatte, nicht lange auf sich warten ließ. Ich zog seinen Kreis sehr weit und rechnete selbst den Hunger den Abenteuern zu. Konnte mir denn da drüber etwas zustoßen, das nicht abenteuerlich war? Für die Zerstreuung war also gesorgt.

Dann aber gedachte ich mich durch die Betrachtung zu erfreuen. Ich strebte einem Lande zu, in dem alles bedeutender war. Sicher waren dort die Blumen größer, ihre Farben tiefer, ihre Gerüche brennender.

Quelle: Jünger, Ernst: Afrikanische Spiele. dtv Verlagsgesellschaft, München: 2003, S. 17 ff.

Aufgabenvarianten zu den Materialien:

Variante 1: Charakterisierung *(▸ vgl. Kapitel 3, Seite 49)*

Charakterisieren Sie Engelhardt.

Variante 2: Brief *(▸ vgl. Kapitel 6, Seite 65)*

Verfassen Sie einen Brief, den Engelhardt an einen Bekannten schreibt und in dem er sich voller Vorfreude auf seine kommenden Reisen äußert.

8.3 Checkliste für meine Lösung

- ☐ Ist die Struktur (siehe Tabelle 10) eingehalten?
- ☐ Wird in der Einleitung das Motiv hinreichend und den Materialien gemäß erläutert? Sind ggf. die Materialien für eine Definition berücksichtigt worden?
- ☐ Sind die Kriterien des Vergleichs erkennbar?
- ☐ Sind die Unterschiede und Gemeinsamkeiten ausführlich herausgearbeitet und werden sie klar genug gegenübergestellt? Werden die Ausführungen durch den Text belegt? Sind die Belege klar nachvollziehbar und ausführlich genug erläutert?
- ☐ Mündet die Zusammenfassung der Analyseergebnisse in ein klar nachvollziehbares Fazit?
- ☐ Werden alle Materialien ausreichend für den Vergleich berücksichtigt?
- ☐ Werden zeitgeschichtliche Hintergründe und/oder epochentypische Umsetzungen des Motivs im Vergleich berücksichtigt?
- ☐ Werden die Regeln der Rechtschreibung, Zeichensetzung und Grammatik eingehalten?

Lösungsvorschläge Sachtexte

1. Erörterung

1.1 Übungsaufgabe 1

Ergebnis der Materialauswertung

Im Folgenden sind die Aspekte dargestellt, die aus den Materialien gewonnen werden können. Anschließend müssen die Aspekte bewertet werden, um in die Erörterung Eingang zu finden.

Material 1:

positive Aspekte des bedingungslosen Grundeinkommens (BGE):

- Unabhängigkeit von bestehenden Sozialleistungen – alle erhalten die Leistungen (vgl. Z. 2 ff.)
- Abbau der Bürokratie (vgl. Z. 11 ff.)
- Abbau von Kontroll- und Sanktionsdrohungen (vgl. Z. 14)
- Bessere Arbeitsbedingungen und Löhne (vgl. Z. 72)

negative Aspekte des BGE:

- Bisheriges Sozialversicherungssystem würde zerstört werden (vgl. Z. 17 ff.)
- Problem der Finanzierung des BGE (vgl. Z. 36 ff.)
- mangelnde Berücksichtigung individueller Lebensumstände wie z. B. von Behinderungen (vgl. Z. 50 ff.)
- Widerspruch zum bestehenden Gerechtigkeitsempfinden: Bedarfs-, Leistungsgerechtigkeit (vgl. Z. 54 ff.)
- keine Änderung am Ungleichgewicht von Arm und Reich (vgl. Z. 62 ff.)
- Gefahr, dass Niedriglohnsektor größer wird (vgl. Z. 76 ff.)

Vorschläge für Alternativen:

- solidarische Bürgerversicherung: stärkere Beteiligung Vermögender und Besserverdienender (vgl. Z. 78 ff.)

Material 2:

positive Aspekte des bedingungslosen Grundeinkommens (BGE):

- Arbeit als Sinnstiftung, die wertgeschätzt wird (vgl. Z. 9 ff.)
- Senkung der Altersarmut (vgl. Z. 25 ff.)
- freier Wille als Antriebsmotor für Arbeit (vgl. Z. 30 ff. und Z. 43 ff.)

Vorschläge für Alternativen:

- Änderung der Besteuerung: Weniger Leistung, mehr Konsum besteuern (vgl. Z. 51 ff.)

Material 3:

positive Aspekte des bedingungslosen Grundeinkommens (BGE):

- hoher Anteil an Personen (25 %), die sich mehr Zeit für die Familie nehmen würden
- hoher Anteil an Personen (20 %), die dann den Mut hätten, sich eine Stelle mit besseren Arbeitsbedingungen zu suchen
- hoher Anteil an Personen (19 %), die sich weiterbilden würden
- hoher Anteil an Personen (17 %), die sich selbstständig machen würden

Material 4:

positive Aspekte des bedingungslosen Grundeinkommens (BGE):

- hoher Anteil an Personen (76 %), die trotz BGE weiterarbeiten würden wie bisher
- Mehrheit (58 %), die die Einführung des BGE für sinnvoll halten

Ergänzung um eigene Argumente für das BGE:

- größere Freiheit in der Lebensgestaltung

Lösungsvorschläge Sachtexte

Ergänzung um eigene Argumente gegen das BGE:

- fehlendes Status-Symbol „Beruf"

Lösungsvorschlag

In jüngster Zeit wird bei der Debatte um eine Reform der Sozialsysteme und eine gerechte Verteilung von Einkommen und Vermögen immer wieder mal die Idee eines „bedingungslosen Grundeinkommens" aufgebracht. Es handelt sich dabei um einen nicht näher festgelegten Betrag, den jeder Bürger statt sonstiger Sozialleistungen unabhängig von seinem Einkommen und seiner Vermögensverhältnisse vom Staat erhalten soll und der zur Sicherung seiner Existenz ausreicht. Dabei spielt es keine Rolle, ob der Empfänger dieser Leistung zusätzlich noch arbeitet oder ob er auf ein darüberhinausgehendes Einkommen verzichtet und keiner Erwerbstätigkeit nachgeht. Dieses Modell der Ausgestaltung des Sozialstaats soll nun hier diskutiert werden.	Einleitung mit Definition des Begriffs „bedingungsloses Grundeinkommen"
Auf den ersten Blick erscheint die Einführung des bedingungslosen Grundeinkommens durchaus positiv. Durch die pauschale Zuwendung an alle Bürger würde das Sozialsystem erheblich vereinfacht werden. Im derzeitigen System ist die Antragstellung auf staatliche Unterstützung ein teilweise langwieriger bürokratischer Akt mit vielen Formularen und Überprüfung von Ansprüchen im Einzelfall. Durch ein bedingungsloses Grundeinkommen würde ein solcher Aufwand entfallen. Es wäre dann beispielsweise nicht mehr nötig, Ansprüche auf Sozialleistungen wie Arbeitslosengeld II für jeden Einzelfall zu überprüfen und genau die Lebensumstände und Einkommenssituation der Antragssteller zu kontrollieren. Auch die ständige, laufende Kontrolle, ob der Empfänger von Hartz IV nun einen kleinen Zuverdienst hat, der ihm wieder abgezogen werden müsste, entfiele dann. Das wäre nicht nur für die Verwaltung eine Erleichterung, sondern auch der Bezieher solcher Leistungen müsste sich nicht ständig gegängelt fühlen. Somit würde das Sozialsystem nicht nur für den Staat, sondern auch für die Bürger einfacher gestaltet.	Erstes Argument Behauptung Begründung

Beispiel

Beispiel Folgerung

Rückbezug |
| Aber nicht nur die bisherigen Bezieher von Sozialleistungen würden von der Einführung des bedingungslosen Grundeinkommens profitieren. Mit einer solchen Umgestaltung des Sozialsystems würden sich auch die Arbeitsbedingungen verbessern und die Löhne steigen. Da die Erwerbstätigen für ihre materielle Existenz nicht ausschließlich von der Entlohnung für ihre berufliche Tätigkeit abhängig wären, wären sie gegenüber dem Arbeitgeber in einer besseren Verhandlungsposition. Sie könnten dadurch leichter für Verbesserungen im Arbeitsumfeld oder auch bei der Bezahlung eintreten oder auch mal „Nein zu einem miesen Job sagen", wie es Götz Werner im Interview mit der Frankfurter Rundschau ausdrückt. Würde eine fünfköpfige Familie 5 000,00 € im Monat erhalten, so wäre sie zunächst ausreichend finanziell versorgt und die Eltern müssten nicht zwangsläufig jeden Job annehmen, der ihnen angeboten wird. Es könnten auch flexiblere Formen der Beschäftigung wie Teilzeitarbeit oder das Teilen von Arbeitsplätzen einfacher mit dem Arbeitgeber vereinbart werden. Damit würde das Grundeinkommen vom Zwang einengender Arbeitsumstände befreien und dadurch die Möglichkeit bieten, dass der Einzelne sich nach seinen Lebensumständen beruflich einbringt, wodurch auch die Arbeitszufriedenheit gesteigert würde. Letztendlich würde dieser freie Wille zur Arbeit, neben den verbesserten Arbeitsbedingungen, damit auch zu einer höheren Produktivität der Beschäftigung durch das bedingungslose Grundeinkommen führen, was wiederum das Heben des Lohnniveaus unterstützte. | Zweites Argument Behauptung Begründung

Beispiel

Beispiel

Folgerung

Rückbezug |
| Die Möglichkeit dieser echten freien Entscheidung für oder gegen die Arbeit würde auch zu einer Unterstützung eines Wertewandels führen: weg von dem Zwang der Arbeit zur Existenzsicherung, hin zur Wertschätzung der Arbeit als etwas Sinnstiftendes. Bisher gehen viele Bürger ihrer beruflichen Tätigkeit nur nach, weil sie sie dringend zur Sicherung ihres Lebensunterhalts benötigen. Sie orientieren sich deshalb auch häufig sehr stark an den Beschäftigungs- und Verdienstmöglichkeiten. Wären sie dieser existentiellen Sorgen durch das bedingungslose Grundeinkommen entledigt, bliebe ihnen viel mehr Zeit und Energie, sich persönlich weiter zu entwickeln und sich ehrenamtlich und sozial zu engagieren, ohne sich Sorgen machen zu müssen, ob sie im Alter noch ausreichend versorgt sind. So könnten beispielsweise bisher in Vollzeit Beschäftigte ihre Arbeitszeit reduzieren, um sich ehrenamtlich in der Betreuung von Pflegebedürftigen zu engagieren. Oder sie nutzen die gewonnene Freiheit und Sicherheit des Grundeinkommens dazu, sich den lang gehegten Wunsch der Selbstständigkeit zu erfüllen. Erhält ein junger Mensch in jedem Fall die für seinen Lebensunterhalt notwendigen finanziellen Mittel, so hat er schneller den Mut, seine Ideen selbst zu vermarkten, als sich zunächst bei einem Arbeitgeber mit diesen Ideen einzubringen. Dies könnte dann auch zu einer neuen Gründermentalität führen, der die Entwicklung Deutschlands auch förderlich wäre. Dadurch würde in all den beschriebenen Fällen das bedingungslose Grundeinkommen die Arbeit unabhängig von einem Einkommen stärker mit etwas Sinnstiftendem für den Einzelnen anreichern. | Behauptung

Begründung

Beispiel

Beispiel

Folgerung

Rückbezug |
| Neben diesen positiven Aspekten des bedingungslosen Grundeinkommens sollte der erste schnelle Blick aber nicht über die negativen Seiten einer solchen Einführung hinwegtäuschen. | Überleitung |

82

Allem voran ist hierbei die Finanzierbarkeit des Grundeinkommens zu nennen. Wird die gesamte Bevölkerung unabhängig von einer Gegenleistung mit finanziellen Mitteln versorgt, ist dies ein enormer Betrag, den der Staat leisten muss und auch vorher erst einnehmen muss. Geht man, wie Christoph Butterwegge in seinem Kommentar, von 1 000 € Grundeinkommen für jede/n Bundesbürger/-in aus, so wäre knapp eine Billion Euro für die Zahlung erforderlich (vgl. Material 1, Z. 41 ff.). Selbst wenn diese Zahlen etwas hoch gegriffen erscheinen und eine Gegenfinanzierung teilweise durch den Wegfall anderer Transferleistungen wie Arbeitslosengeld, Kindergeld etc. möglich wäre, würde die Mehrbelastung allerdings bei Weitem nicht aufgefangen. Hinzu kommt noch die Finanzierung von Übergangsregelungen, da teilweise die Bevölkerung durch ihre Zahlungen schon Versicherungsansprüche erworben hat. Beispielsweise können bisher schon getätigte Einzahlungen in die Rentenversicherung nicht einfach gestrichen werden. Dies würde für eine Übergangszeit eine noch höhere Belastung als Konsequenz haben. Folglich würde der Staat entweder das Steuersystem umstrukturieren müssen oder er wäre in anderen Bereichen in seiner Handlungsfähigkeit sehr stark eingeschränkt. Damit ist die Finanzierbarkeit des bedingungslosen Grundeinkommens sehr fraglich.

Behauptung
Begründung

Beispiel

Begründung

Beispiel

Folgerung

Rückbezug

Darüber hinaus bedeutet die pauschale Gewährung eines bedingungslosen Grundeinkommens auch, dass die individuellen Lebensumstände der Bezieher völlig außer Acht gelassen werden. Bestimmte Bevölkerungsgruppen sind auf eine größere Unterstützung angewiesen als andere. Schwerstbehinderte beispielsweise benötigen unter Umständen eine größere finanzielle Hilfe als andere, da sie auf teurere Medikamente, medizinische Geräte oder auch eine Betreuungshilfe angewiesen sind. Auch kann aufgrund der individuellen Lebensumstände temporär ein höherer Betrag erforderlich sein. Aufgrund einer schweren Krankheit oder eines Unfalls eines Elternteils in einer Familie kann es notwendig werden, dass für eine Übergangszeit ein höherer Betrag zur Sicherung der Existenz notwendig wird, insbesondere dann, wenn der Lebensstandard auf ein Einkommen zusätzlich zum Grundeinkommen aufgebaut wurde um beispielsweise ein Eigenheim zu finanzieren. Für solche Fälle ist der pauschale durchschnittliche Satz, der für alle in der Bevölkerung errechnet wurde und für eine Existenzsicherung in diesen Fällen genügt, nicht ausreichend. Hier müssten zusätzliche Sicherungssysteme, sei es steuerfinanziert oder auch durch neue Sozialversicherungen, geschaffen werden, was zum einen aber wiederum die Finanzierung weiter erschwert und den Vorteil einer Entbürokratisierung der Sozialsysteme schmälern würde. Damit zeigt sich, dass ein pauschales Bezahlen eines einheitlichen Grundeinkommens letztlich nicht immer sozial gerecht ist.

Behauptung

Begründung
Beispiel

Beispiel

Folgerung

Rückbezug

Man kann sogar noch weiter gehen und behaupten, dass das bedingungslose Grundeinkommen grundsätzlich ungerecht ist. Und zwar in zweierlei Hinsicht. Zum einen erscheint es ungerecht, dass jeder in der Bevölkerung denselben Betrag empfängt unabhängig davon, ob er viel oder wenig leistet. Erfüllt ein Bürger die Vorstellung, dass er die durch das Grundeinkommen gewonnene Zeit für soziales Engagement nutzt, erhält er deshalb trotzdem dasselbe Grundeinkommen wie derjenige, der seine neue Freizeit lieber in der Hängematte verbringt. Zum zweiten erhält jeder in der Bevölkerung denselben Betrag – egal, ob er schon über ausreichend Einkommen und/oder Vermögen verfügt oder nicht. Damit bekommt eine vierköpfige Familie mit einfachem Bildungshintergrund und keinem Vermögen monatlich denselben Betrag wie eine vierköpfige vermögende Unternehmerfamilie, die über großes Bar- und Immobilienkapital verfügt. Deswegen widerspricht das Grundeinkommen der Bedarfsgerechtigkeit, dass derjenige, der wenig hat, mehr bekommen soll als derjenige, der schon viel zur Verfügung hat. Somit verhilft das bedingungslose Grundeinkommen nicht zu einer größeren Verteilungsgerechtigkeit, sondern es kann die Schere zwischen Arm und Reich noch weiter vergrößern, da hierdurch die Instrumente einer Umverteilung wegfallen.

Behauptung

Begründung

Begründung

Beispiel
Folgerung und Rückbezug

Unter der Berücksichtigung des eigentlichen Ziels einer Um- oder Neugestaltung der Sozialsysteme – der sozialverträglichen und gerechten Verteilung von Einkommen und Vermögen – zeigt sich, insbesondere aufgrund der zuletzt aufgeführten Gegenargumente, dass das bedingungslose Grundeinkommen nicht das alleinige Mittel zur Bewältigung dieser Herausforderung sein kann. Vielversprechender erscheint es da, die Vorteile der Entbürokratisierung und der arbeitnehmerfreundlichen Flexibilisierung der Arbeit, die das bedingungslose Grundeinkommen mit sich bringen würde, mit bestehenden Ansätzen wie der solidarischen Bürgerversicherung zu verbinden.

Synthese mit Lösungsvorschlag

Ein solches System könnte die Existenzsicherung durch einige soziale Grundleistungen im Fall von Arbeitslosigkeit, Berufsunfähigkeit oder anderen sozialen Härtefällen mit Pauschalbeträgen abdecken, die über dem gegenwärtigen Hartz-IV-Niveau liegen, ohne hier eine große Kontroll- und Sanktionsbürokratie einzurichten. Die Finanzierung sollte dann über eine Bürgerversicherung erfolgen. Das würde bedeuten, dass nicht nur alle in der Bevölkerung – also auch Selbstständige, Beamte und Freiberufler – in eine solche Bürgerversicherung mit einzahlen, sondern auch alle Einkunftsarten wie Kapital- und Immobilienerträge mit einbezogen werden. Dadurch könnte erreicht werden, dass Besserverdienende oder Vermögendere stärker an der Solidargemeinschaft beteiligt werden. Flankiert werden sollte dies durch ein für Arbeitnehmer flexibel gestaltetes Arbeitsrecht. Dabei sollte ein Wechsel zwischen Voll- und Teilzeit erleichtert werden, um auf die individuellen

Lebensumstände eingehen zu können, beispielsweise als junge Familie oder zur Pflege von Familienangehörigen. Auch die Möglichkeit, mal ein Jahr für ein Sabbatical oder zur Verfolgung einer Unternehmensgründungsidee von der Arbeit freigestellt werden zu können, wäre lohnenswert, Berücksichtigung zu finden. Dies könnte zum einen unter Umständen als Beschäftigungsanreiz dienen, zum anderen den Unternehmen zu Gute kommen, wenn frisch motivierte Mitarbeiter mit neuen Ideen wieder an ihren Arbeitsplatz zurückkehren. Letztendlich könnte ein System, das diesen Rahmenvorgaben folgt, zu einer gerechteren und zufriedeneren Gesellschaft führen.

1.2 Variante 1: Kommentar

Ergebnis der Materialauswertung

Für den Kommentar können die Ergebnisse der Materialauswertung zur Erörterung verwendet werden.

Lösungsvorschlag

Formulieren Sie eine aussagekräftige Überschrift, die nicht zu nahe an den Überschriften der Materialien liegt. Als Beispiele wären möglich: „Die Tücken des bedingungslosen Grundeinkommens", „Nicht alle über einen Kamm scheren – warum das bedingungslose Grundeinkommen nicht zwangsläufig sozial ist" oder „Bürgerversicherung statt bedingungsloses Grundeinkommen".

Einleitend sollte der Begriff des Bedingungslosen Grundeinkommens geklärt werden (ähnlich der Einleitung zur Erörterung) und durch eine entweder provokante These oder durch eine rhetorische Frage das Interesse des Lesers geweckt werden (z. B.: „Sofort schreien viele „Juchhu", buchen innerlich schon einen sechsmonatigen Urlaub und rühmen den sozialen Staat, der jedem ein sorgenfreies Leben ermöglicht").

Möglich ist es, sich im Anschluss auf die Seite der Befürworter oder der Gegner der Einführung des Grundeinkommens zu schlagen oder einen Mittelweg zu verfolgen. Greifen Sie die Ergebnisse aus den Materialien auf und entkräften bzw. bestärken Sie diese. Achten Sie auch beim Kommentar auf die Berücksichtigung des Argumentationsaufbaus (Behauptung, Begründung, Beispiel/Beleg, Folgerung, Rückbezug).

Wichtig bei der Formulierung ist eine Ausdrucksweise, die eher meinungsbildend wirkt. D. h., Sie sollten sprachliche Mittel zur Unterstützung der Argumentation verwenden, die den Leser des Kommentars überzeugen. Greifen Sie unbedingt auch auf eigene Erfahrungen und eigenes Wissen zurück. Eine Beschränkung auf die Argumente aus dem Text ist nicht erwünscht.

Am Ende des Kommentars sollte ein Vorschlag stehen, wie weiter mit dem bedingungslosen Grundeinkommen umgegangen werden sollte bzw. wer welche Voraussetzungen schaffen muss oder welche Alternativen dazu von Ihnen vorgeschlagen werden.

Hier könnten Sie entweder die Idee aus Material 1 weiterverfolgen und die Idee einer Bürgerversicherung weiter vertiefen oder auch den Fokus auf eine gerechtere Verteilung des Wohlstandes legen. Dies sollten Sie nicht nur auf das Erwerbseinkommen beziehen, sondern auch andere Einkommensarten (z. B. Kapitalerträge) miteinbeziehen sowie das Steuersystem hinsichtlich seiner gerechten Verteilungswirkung hinterfragen und damit eine Alternative zu einem Grundeinkommen aufzeigen.

1.3 Variante 2: Leserbrief

Ergebnis der Materialauswertung

Für den Leserbrief können die Ergebnisse der Materialauswertung zur Erörterung verwendet werden.

Lösungsvorschlag

Zunächst sollte der formale Rahmen mit Datum, Betreff und Anrede eingehalten werden.

Einleitend müssen Sie konkret auf den Kommentar Butterweges Bezug nehmen und das Thema und seine Argumentationsrichtung dazu (er argumentiert gegen die Einführung des Grundeinkommens) kurz zusammenfassen. Daraufhin wäre es möglich, dass Sie durch eine provokante These das Interesse des Lesers wecken und sich persönlich klar positionieren (z. B. „Wer wollte denn da noch arbeiten?").

Ähnlich dem Kommentar können Sie sich im Anschluss daran auf die Seite der Befürworter oder der Gegner der Einführung des Grundeinkommens schlagen oder einen Mittelweg verfolgen. Dementsprechend gewichtet werden die Ergebnisse aus den Materialien aufgegriffen und entkräftet oder bestärkt.

Auch beim Leserbrief sollten Sie den Argumentationsaufbau (Behauptung, Begründung, Beispiel/Beleg, Folgerung, Rückbezug) berücksichtigen. Wichtig bei der Formulierung ist eine Ausdrucksweise, die eher meinungsbildend wirkt.

D. h., es sollen sprachliche Mittel zur Unterstützung der Argumentation verwendet werden. Greifen Sie unbedingt auch auf eigene Erfahrungen und eigenes Wissen zurück. Eine Beschränkung auf die Argumente aus dem Text ist nicht erwünscht.

Den Schluss kann auch eine Aufforderung bilden, das Thema nicht so einseitig zu beleuchten oder die Diskussion noch zu vertiefen oder es wird von Ihnen ein Lösungsvorschlag zum Thema (ähnlich der Erörterung) dargestellt.

Vergessen Sie die Grußformel zum Leserbrief am Ende nicht.

2. Kommentar

2.1 Übungsaufgabe 2

Ergebnis der Materialauswertung

Im Folgenden sind die Aspekte dargestellt, die aus den Materialien gewonnen werden können. Anschließend müssen die Aspekte bewertet werden, um in den Kommentar Eingang zu finden.

Material 1:

Aspekte, die für einen Verfall sprechen:

- 2/3 der Deutschen sind der Meinung, dass es mit der deutschen Sprache rasant bergab gehe (vgl. Z. 5 f.).
- 84 % sind der Ansicht, dass dieser Entwicklung mehr entgegengewirkt werden muss (vgl. Z. 7 f.).
- Es zeigt sich in vielen Bereichen eine zu starke Tendenz zur Vereinfachung:
  ◦ die vier Fälle werden durcheinandergeworfen (vgl. Z. 30 ff.).
  ◦ der Genitiv stirbt aus (vgl. Z. 33).
  ◦ einfache Konstruktionen mit „machen" setzen sich immer mehr durch (vgl. Z. 45 ff.).
  ◦ Artikel verschwinden (vgl. Z. 50 ff.).
  ◦ Englisch und Migrantensprachen werden nachgeahmt (vgl. Z. 52 ff.).

Aspekte, die gegen einen Verfall sprechen:

- Änderungen sind notwendig, weil die deutsche Sprache zu kompliziert ist (vgl. Z. 2 ff.).
- Veränderungen der letzten zehn Jahre zeigen, dass die Sprache einfacher und effizienter wird (vgl. Z. 21 ff.), sie wirft Ballast ab und wird schlanker (vgl. Z. 59).
- Sprache passt sich an die geänderten Kommunikationsbedürfnisse an und ermöglicht dadurch eine effektivere Verständigung (vgl. Z. 92 ff.),
- Deutsche Sprache wird analytischer und damit leichter nachvollziehbar (vgl. Z. 106).
- Schriftdeutsch bleibt auf hohem Niveau erhalten, nur die gesprochene Sprache passt sich den neuen Erfordernissen an (vgl. Z. 97 ff.).

Material 2:

Aspekte, die für einen Verfall sprechen:

- gebrochenes Deutsch (vgl. Z. 18)
- aggressive Sprachvariante (vgl. Z. 18 f.)
- „Verhunzung des Deutschen" (vgl. Z. 19 f.)
- Ablehnung der Sprache der Mehrheitsgesellschaft (vgl. Z. 25 f.)

Aspekte, die gegen einen Verfall sprechen:

- Neue Dialekte sind kein gebrochenes Deutsch, sondern eine systematische sprachliche Besonderheit (vgl. Z. 10 ff.).
- Jugendsprache ist immer Abgrenzung von anderen (vgl. Z. 20 ff.).
- Neue Sprachvarianten sind lediglich eine Erweiterung des sprachlichen Repertoires von Jugendlichen, wie andere Dialekte auch (vgl. Z. 33 ff.).
- Auch andere Dialekte (wie Bayrisch oder Hessisch) haben die deutsche Sprache nicht in den Untergang getrieben (vgl. Z. 42 ff.), im Gegenteil: Sie sind eine Bereicherung des deutschen Varietätenspektrums (vgl. Z. 43 f.).

Material 3:

Aspekte, die für einen Verfall sprechen:

- Zunehmende Anglizismen, verschwindender Genitiv, Gendersternchen, geschundene Grammatik (vgl. Z. 1 ff.)
- Dialekte sterben aus (vgl. Z.29 ff.)

Lösungsvorschläge Sachtexte

- Formaler Bestand des Standarddeutschen wirkt durch „Kiezdeutsch" bedroht (vgl. Z. 53 ff.)
- Aspekte, die gegen einen Verfall sprechen
- Sprachforscher geben hinsichtlich des Verschwindens des Genitivs Entwarnung (vgl. Z. 18 f.)
- Überhandnahme der Anglizismen lässt sich nicht belegen (vgl. Z.19 ff.)

Material 4:

Aspekte, die für einen Verfall sprechen:

- Aufgeführte Wörter/Phrasen entspringen der Jugendsprache und wirken verschriftlicht lächerlich und unangemessen.

Material 5:

Aspekte, die für einen Verfall sprechen:

- Jugendsprache wirkt auf Zuhörer unangemessen und teilweise unverständlich.

Aspekte, die gegen einen Verfall sprechen:

- Manche Wendungen, wie das Umgehen des Genitivs, haben bereits jetzt Eingang in die Sprache gefunden.

Material 6:

Aspekte, die gegen einen Verfall sprechen:

- Der Tod der deutschen Sprache wird in regelmäßigen Abständen beschworen, aber noch ist keine extreme Veränderung erkennbar („Totgesagte leben länger").

Lösungsvorschlag

Totgesagte leben länger – stirbt oder erneuert sich die deutsche Sprache? — Überschrift

Jetzt ist es mal wieder soweit: Die deutsche Sprache stirbt. Wenigstens wenn man zwei Drittel der Deutschen Glauben schenkt, die angesichts der Entwicklung der deutschen Sprache nur den Kopf schütteln und deren Nackenhaare sich bei Wendungen wie „Ey Digger, lass mal shoppen gehen" sträuben. In vielen Wohn- und Lehrerzimmern sieht man das Deutsche dem Untergang entgegengehen, da immer mehr Anglizismen Einzug in den allgemeinen Sprachgebrauch halten. Hinzu kommt die Angst vor einem zu starken Einfluss von Migrantensprachen und deren im Vergleich zum Deutschen recht einfach gehaltenen Grammatik. Dies führt dazu, dass immerhin 84 % der Deutschen der Meinung sind, dass dieser Entwicklung dringend entgegengewirkt werden muss. — Einleitung

Dabei sind das Thema und auch die Angst davor nicht neu. Schon im Jahr 1984 warnte der Spiegel vor einer Nation, die ihre Sprache verlernt, nur um dann 22 Jahre später festzustellen, dass es jetzt wirklich so weit sei und jetzt aber eine Verlotterung der Sprache drohe. Es zeigt sich also, dass das Deutsche schon viele scheinbare Verwandlungsangriffe überlebt hat. Weder die Comicsprache mit ihren Lautmalereien wie „Ächz" und „Würg" noch der berühmte Dativ, der „dem Genitiv sein Tod ist", haben es geschafft, dem Sprachgebrauch nachhaltig zu schaden. — Hauptteil / Argument: Niedergang der Sprache ist schon häufiger beschworen worden

Daran wird auch die derzeitige Entwicklung der Vereinfachung der Sprache nichts verändern. Zugegeben, Phänomene wie das Verschwinden von Artikeln, das Vertauschen von Fällen und einfache Satzkonstruktionen mit dem Verb machen („rüber machen", „ein Tor machen" etc.) zeigen sich gehäuft und sind nicht gerade Merkmale einer abwechslungsreichen Hochsprache, wie man es jahrhundertelang vom Deutschen gewohnt ist. Genau betrachtet sind dies allerdings nur die Reaktionen auf eine zunehmende Globalisierung und einer damit verbundenen Annäherung der Grammatik von Sprachen. Durch einen größeren Anteil an Sprechern der deutschen Sprache, deren Mutter- oder Hauptsprache nicht das Deutsche ist, gelangt man auf der Suche nach einem kleinsten gemeinsamen Nenner, der ein Verstehen ermöglicht, genau zu diesen Ergebnissen. Diese Veränderungen zeigen nur, dass das Deutsche unnötigen Ballast abwerfen muss, um von den vielen neuen Sprechern angewendet werden zu können. Dadurch passt sich die Sprache an die durch diese Rahmenbedingungen geänderten Erfordernisse in der Kommunikation an und ermöglicht eine reibungslosere Verständigung. — Entkräftung des Gegenarguments der „Sprachverhunzung" / Argument: Sprache muss einfacher werden

Diese Entwicklung hat zu dem sogenannten „Kiezdeutsch" geführt, was von vielen als Verhunzung der Sprache und als Ausdruck der Ablehnung einer Mehrheitssprache empfunden wird. Andererseits stellt es aber eine Art Jugendsprache dar. Und gerade die Jugendsprache hatte schon immer das Ziel einer Abgrenzung, vielleicht sogar einer Provokation der Älteren oder Anderen, und sorgt für eine neue Art der Identitätsbildung. Vergleichbar ist diese Sprache deshalb mit der eines Dialekts, wie dem Bayrischen oder Hessischen. Auch hier gibt es Abweichungen vom „Standarddeutsch", die aber derzeit gerade hochgehalten werden und die – so die derzeitige Meinung – unbedingt vor dem Aussterben geschützt werden müssen. Warum dann die Aufregung, wenn sich ein neuer Dialekt ausbildet? Nur weil der nicht von den Älteren gesprochen wird?

Argument: Kiezdeutsch als Jugendsprache und/oder Dialekt wie andere

Bevor damit der Untergang des Abendlandes beschworen wird, sollte doch berücksichtigt werden, dass das Schriftdeutsche nach wie vor den hohen Ansprüchen der Sprachpuristen genügt. Zwar erscheinen nun auch schon Romane, in denen die Protagonisten ganz oder teilweise „Kiezdeutsch" sprechen, aber damit zeigt sich nur, dass Literatur auch ein Spiegelbild der Zeit und der Gesellschaft ist. Überwiegend erfolgt die schriftliche Kommunikation – nicht nur in der Literatur, sondern auch in der Korrespondenz und in Sachtexten – im gewohnten Hochdeutsch. Damit zeigt sich, dass sich die Schriftsprache durchaus gegen vermeintlich schädliche Einflüsse behaupten kann – was sich übrigens schon seit Jahrzehnten (wenn nicht Jahrhunderten) dadurch zeigt, dass Romane nur sehr selten im Dialekt verfasst sind und auch neuere literarische Gattungen wie Graphic Novels sich des Hochdeutschen bei Veröffentlichungen bedienen.

Argument: Schriftdeutsch hat sich nicht großartig verändert

Deshalb kann man durchaus berechtigt vermuten, dass die meisten Sprecher der neuen Sprachvarianten durchaus in der Lage sind, zwischen den Sprachebenen zu unterscheiden. So wie sich auch jetzt schon die Sprache, die in der Familie oder mit Freunden zu der, mit der mit dem Vorgesetzten oder Lehrern gesprochen wird, unterscheidet. Wichtig ist es deshalb, dass der Unterschied der Sprache, ihre Entwicklung und ihre Verwendungsmöglichkeiten bewusst gemacht werden. Dies sollte und muss der Auftrag der Schule sein. Das ist der Ort, an dem im Fach Deutsch über die eigene Sprache und die verschiedenen Sprachvarianten nachgedacht werden kann. Dies kann durch eine entsprechende Verankerung im Lehrplan erfolgen, wo nicht nur Dialekte, sondern auch neue Sprachenentwicklungen Berücksichtigung finden sollten. Bei einer solchen Behandlung im Unterricht werden die Schüler schnell feststellen, dass sich auch im neuen scheinbar so lässigen Dialekt Sprachmuster und -regeln ausbilden, denen man (meist unbewusst) folgt. Dabei darf die Schule aber nicht allein gelassen werden. Auch das Elternhaus muss sich um ein solches Bewusstsein bemühen und die Kinder und Jugendlichen dabei unterstützen. Kernpunkt dabei ist, dass das Elternhaus dazu anregt und es auch vorlebt, dass gelesen wird und dann auch darüber gesprochen wird. Zum einen, um das „Hochdeutsche" nicht zu verlernen, zum anderen um den schriftlichen Gebrauch und den mündlichen nicht zu sehr auseinander treiben zu lassen. Damit wird sichergestellt, dass die Sprache sich in einem vertretbaren Maße erneuert.

Schlussfolgerung/Lösungsvorschlag Entwicklung in Schule bewusst machen; Appell, mehr zu lesen

2.2 Variante 1: Erörterung

Ergebnis der Materialauswertung

Für die Erörterung können die Ergebnisse der Materialauswertung zum Kommentar verwendet werden.

Lösungsvorschlag

Vor einer Formulierung sollten Sie sich im Anschluss an die Materialauswertung darüber im Klaren sein, welcher Argumentationsrichtung Sie folgen wollen – ob Ihrer Meinung nach die Entwicklung der deutschen Sprache für Sie einen Verfall bedeutet oder ob Sie darin lediglich einen üblichen Entwicklungsprozess einer Sprache sehen.

Als Einleitung kann (sofern bekannt) ein kurzer Überblick über die Entwicklung der deutschen Sprache gegeben werden. Dabei können Sie auf das Material 6 zurückgreifen, da hier einige Entwicklungsschritte der letzten Zeit angedeutet werden (comicartige Sprache mit Lautmalereien, Verschwinden des Genitivs). Diese können mit aktuellen Tendenzen, wie z. B. die Verwendung von Apostrophen an Stellen, an den sie nicht gefordert sind, angereichert werden.

Daran anschließend beginnen Sie die eigentliche Argumentation. Dazu greifen Sie die Argumente aus der Materialauswertung auf und führen Sie vollständig (Behauptung, Begründung, Beispiel/Beleg, Folgerung, Rückbezug) aus. Im Gegensatz zum Kommentar sollten Sie bei der Erörterung darauf achten, die Argumentation möglichst sachlich darzulegen, d. h., keine unnötigen, zu stark wertenden oder zu ausschmückenden Formulierungen verwenden. Beim Leserbrief und Kommentar sollten Sie auf eine sachliche Darstellungsweise ohne große Rhetorik achten.

Je nach Ihrer Präferenz beginnen Sie mit der Argumentationsseite, der Sie nicht folgen und gliedern Ihre Ausführungen so, dass das stärkste Argument möglichst am Ende steht.

Beachten Sie, dass Sie auch eigene Argumente mit in die Erörterung einbauen. Es genügt nicht, nur die Argumente aus den Materialien aufzugreifen, sondern diese müssen durch eigenes Wissen und Erfahrungen angereichert werden.

Zum Schluss wägen Sie Ihre Ausführungen ab und zeigen einen Lösungsvorschlag auf. In diesem Fall könnte dieser so aussehen, dass Sie vorschlagen, dass in der Schule mehr für das Thema Sprache sensibilisiert werden soll. Dabei genügt es nicht einfach nur auf die Institution Schule zu verweisen, sondern es sollte möglichst konkret dargelegt werden, was dort zu tun ist. Sie könnten also vorschlagen, dass im Fach Deutsch dieses Thema der Sprachentwicklung stärker im Lehrplan Berücksichtigung finden oder dafür mehr Zeit eingeräumt werden sollte. Genauso könnten Sie auch vorschlagen, dass dem Vergleich zwischen Schrift- und Alltagssprache mehr Raum gegeben werden sollte.

Sie könnten auch mehr auf die Verantwortung des Elternhauses setzen und von den Eltern fordern, dass mehr Wert auf die Sprache gelegt und mehr in der Familie gelesen werden sollte und damit die Eltern mit gutem Beispiel vorangehen.

Alternativ könnten Sie auch der Meinung sein, dass der Verfall der Sprache nur abgewendet werden kann, wenn man über die Medien versucht, Einfluss zu nehmen, also z. B. Verkürzungen in der Werbesprache angeprangert werden o. Ä. In jedem Falle sollten Sie versuchen, Ihren Lösungsvorschlag so konkret wie möglich darzulegen und auf die positiven Folgen Ihrer Meinung und Ihres Vorgehens hinweisen.

2.3 Variante 2: Leserbrief

Ergebnis der Materialauswertung

Für den Leserbrief können die Ergebnisse der Materialauswertung zum Kommentar verwendet werden.

Lösungsvorschlag

Variante 2: Leserbrief

Verfassen Sie einen Leserbrief als Antwort auf den Kommentar von Uwe Hinrichs (Material 1). Beziehen Sie dabei neben den weiteren Materialien auch Ihr persönliches Wissen und Ihre persönlichen Erfahrungen mit ein.

Zunächst sollte der formale Rahmen mit Datum, Betreff und Anrede eingehalten werden.

Die Einleitung muss konkret den Kommentar Hinrichs als Ausgangspunkt erkennen lassen. Dabei muss das Thema zusammengefasst und seine Argumentationsrichtung (er sieht die Entwicklung der Sprache als Wandel im üblichen Rahmen) aufgegriffen werden. Im Anschluss daran kann durch eine rhetorische Frage bspw. die Zwangsläufigkeit der Entwicklung infrage gestellt werden, z. B. wie folgt: „Aber muss sich die Sprache wirklich in dieser Richtung entwickeln? Steht der einzelne Sprachbegeisterte dieser Entwicklung wirklich völlig machtlos gegenüber?"

Obwohl der Leserbrief auf das Material 1 antworten soll, können und müssen Sie die Aspekte aus den anderen Materialien mitberücksichtigen. Dabei haben Sie auch wieder die Wahl, sich dem Kommentator anzuschließen, ihm zu widersprechen oder einen Mittelweg zu verfolgen. In jedem Fall müssen auch beim Leserbrief Gegenargumente aufgegriffen und gewertet werden, was sprachlich eindeutig zum Ausdruck kommen sollte.

Trotz der sprachlichen Komponente soll die Überzeugungskraft durch den Argumentationsaufbau mit Behauptung, Begründung, Beispiel/Beleg, Folgerung, Rückbezug gesteigert werden. Greifen Sie bei der Formulierung des Hauptteils unbedingt auch auf eigene Erfahrungen und eigenes Wissen zurück und beschränken Sie sich nicht nur auf die Ausgangsmaterialien.

Zum Schluss sollte auch im Leserbrief entweder ein Appell an die Schule (inhaltlich wie bei Kommentar und Erörterung schon angeführt) oder evtl. auch eine persönliche Konsequenz aus der Debatte gezogen werden (z. B. in der Art „Ich persönlich jedenfalls werde in Zukunft der Sprache ein höheres Augenmerk schenken und ...").

Die Grußformel am Ende des Leserbriefs sollten Sie nicht vergessen.

3. Leserbrief

3.1 Übungsaufgabe 3

Ergebnis der Materialauswertung

Im Folgenden sind die Aspekte dargestellt, die aus den Materialien gewonnen werden können. Anschließend müssen die Aspekte bewertet werden, um in den Leserbrief Eingang zu finden.

Material 1:

Aspekte, die für eine Zuckersteuer sprechen:

- Erfahrungen aus anderen Ländern zeigen, dass der Konsum der süßen Getränke abnimmt (vgl. Z. 2 und Z. 64 ff.) und positive Effekte auf den Body-Mass-Index (BMI) einsetzen (vgl. Z. 101).
- Zuckergehalt der Getränke in GB wurde um 50 % gesenkt (vgl. Z. 7).
- Weltgesundheitsorganisation empfiehlt eine Zuckersteuer von 20 % (vgl. Z. 31 f.).
- Würde die Menge an Zucker durch die im Jahr durchschnittlichen konsumierten 60 Liter Limonade wegfallen, würde man vier Kilogramm Körpergewicht abnehmen (vgl. Z. 48 ff.).
- Wunsch nach Zucker wird aufgrund Zusammensetzung der Softdrinks verstärkt (vgl. Z. 57 ff.).
- Steuer zielt auf Konsumverhalten von Kindern und Jugendlichen ab, deren Geschmack sich noch ausbildet (vgl. Z. 104 ff.).

Aspekte, die gegen die Wirksamkeit einer Zuckersteuer sprechen:

- Abnahme des Konsums zuckerhaltiger Getränke reicht nicht aus (vgl. Z. 3).
- Gezuckerte Milchprodukte und Säfte sind von der Steuer in GB ausgenommen (vgl. Z. 22 f.).
- Übergewicht ist lt. der Wirtschaftsvereinigung der alkoholfreien Getränke keine Folge von zu hohem Softdrinkkonsum, sondern von geringer Bewegung und Vererbung (vgl. Z. 39 ff.).
- Weniger Konsum von zuckerhaltigen Lebensmitteln wird durch Konsum von Lebensmittel mit schlechten Nährwerten ausgeglichen und führt dazu, dass gleichviele Kalorien konsumiert werden (vgl. Z. 96 ff.).
- Zusammenhang zwischen Zuckersteuer und BMI sind nicht weit genug erforscht (vgl. Z. 102).

Vorschläge für Alternativen:

- gesundes günstiger und Ungesundes teurer verkaufen (vgl. Z. 30 f.)
- freiwillige Selbstverpflichtung der Hersteller (vgl. Z. 14 f.)
- Kennzeichnung nach Ampelprinzip (vgl. Z. 15 f.)

Material 2:

Aspekte, die für eine Zuckersteuer sprechen:

- Viele Ärzte fordern die Einführung und halten sie für wirksam (vgl. Z. 5).
- Freiwillige Selbstverpflichtungen zeigen keine Wirkung (vgl. Z. 32 ff.).
- Nicht nur Übergewicht, sondern auch Diabetes-Erkrankungen steigen stark an und könnten durch eine Abgabe verringert werden (vgl. Z. 28 ff.).

Vorschläge für Alternativen:

- Verständliche Lebensmittelkennzeichnung in Form einer Nährwert-Ampel (vgl. Z. 2)
- Beschränkungen der an Kinder gerichteten Lebensmittelwerbung (vgl. Z. 3)
- verbindliche Standards für die Schul- und Kita-Verpflegung (vgl. Z. 3 f.)

Material 3 in Verbindung mit Material 4:

- Hoher Zuckergehalt in Lebensmitteln – nur Werte von 12g Zucker für Kinder bis zu 25g Zucker für Erwachsene werden als gesund erachtet.
- Diese Werte können aber schon durch einen halben Liter Softdrink und einen Fruchtjoghurt überschritten werden.

Material 5:

- Zuckersteuer zeigt Wirkung: Der Zuckergehalt wurde in GB nach der Einführung der Zuckersteuer teilweise halbiert, aber nur knapp unter den Grenzwert gesenkt.

Ergänzung um eigene Argumente für die Zuckersteuer auf Getränke:

- Persönliche Erfahrungen zeigen, dass ein Blick auf den Preis abschreckend wirken kann.
- Nachfragedruck wird verstärkt, worauf die Hersteller reagieren müssen.
- Sensibilität der Verbraucher im Hinblick auf Inhaltsstoffe wird gesteigert.

Ergänzung um eigene Argumente gegen die Zuckersteuer auf Getränke:

- Zuckerersatzstoffe sind u. U. gesundheitsgefährlich (Krebsrisiko, Insulin-Steuerung, Suchtpotenzial)
- Bevormundung durch überregulierenden Staat

Lösungsvorschlag

Neusäß, 28.08.2018	Ort und Datum
Ihr Bericht zum Thema Zuckersteuer am 06.04.2018	Betreff
Sehr geehrte Damen und Herren,	Anrede

mit sehr großem Interesse habe ich den Bericht von Alina Leimbach, „Eine Zuckersteuer allein schafft Übergewicht nicht aus der Welt", in Ihrer Ausgabe vom 06.04.2018, der sich mit den Zielen und Grenzen der Einführung einer Zuckersteuer für alkoholfreie Getränke in Deutschland beschäftigt, gelesen. Wie aber schon der Titel Ihres Berichts andeutet, halte ich die Einführung einer solchen Zuckersteuer nicht nur für wirkungslos, sondern unter Umständen sogar für gefährlich.	Bezugnahme auf Artikel Aufgreifen des Themas Motivation für Lesen: Neugier auf Gefahr
Der Zucker wird den Getränken zugesetzt, um einen süßen Geschmack zu erzeugen, der in den meisten Fällen (und in der richtigen Dosierung) als wohlschmeckend wahrgenommen wird. Auf diesen Geschmack will der Konsument in der Regel nicht verzichten, weshalb Ersatzstoffe eingesetzt werden müssen: künstliche Süßstoffe! Diese gelten – zwar nicht unumstritten, aber doch potenziell – als sehr gefährlich. Sie stehen im Krebsverdacht, bringen die Regulierung des Blutzuckerspiegels durcheinander, sollen durch ihre Täuschungswirkung auf das Gehirn ein gewisses Suchtpotenzial besitzen und die Gier nach Zucker deshalb noch weiter anfeuern. Infolgedessen werden zwar unter Umständen weniger Zucker und damit auch weniger Kalorien aufgenommen, allerdings auf Kosten viel gravierender Gesundheitsrisiken oder noch unbekannter Spätfolgen. Noch größer wird die Widersinnigkeit dieses Austauschs im Falle von Fruchtsäften: Hier würde der natürliche Fruchtzucker durch künstliche Süßungsmittel ausgetauscht. Es würde also bewusst ein natürlicher Inhaltsstoff eines Lebensmittels durch einen künstlichen ausgetauscht – eine durch Jahrtausende gewachsene Form des Zuckers also durch einen nur seit wenigen Jahrzehnten bekannten Zusatzstoff ersetzt. Dies kann nicht im Sinne der Gesundheit sein.	Eigenes Argument: gefährliche Zusatzstoffe Trias Hyperbel Erweiterung des Arguments auf Fruchtzucker Antithesen
Gut, es ist unumstritten, dass die Zahl derer, die an Übergewicht oder auch an Diabetes leiden, immer weiter zunimmt und dass dringend etwas dagegen unternommen werden sollte. Allerdings ist es nicht sicher, dass eine Zuckersteuer hierzu das richtige Mittel ist. Zwar empfiehlt die WHO eine 20%ige Steuer auf zuckerhaltige Getränke und verschiedene Studien zu Ländern, in denen diese Softdrinksteuer schon eingeführt wurde, zeigen, dass der Konsum der zuckerhaltigen Getränke zurückgeht, aber andere Effekte gleichen diese Wirkung längst aus bzw. führen zu einer noch größeren Kalorienaufnahme. So ist aus Mexiko bekannt, dass die Zuckersteuer auf Getränke zwar zu einer Reduktion des Konsums in diesem Bereich geführt hat, andererseits die so auf der einen Seite mühsam gesparten Kalorien durch Kalorienaufnahme beim Verzehr ungesunder Lebensmittel wieder ausgeglichen wurden und sich kein nennenswerter Effekt eingestellt hat. Überhaupt stellt sich deshalb die Frage: Warum sollte eine Beschränkung auf Getränke hier einen Nutzen bringen? Und: Warum sollte dann nicht gleich eine Steuer auf Zucker generell eingeführt werden? Nicht besteuertes Fast-Food trägt mindestens ebenso zum Übergewicht insbesondere unter Kindern und Jugendlichen bei wie die gescholtenen Softdrinks. Auch andere Ursachen wie der Bewegungsmangel bleiben leider völlig unberücksichtigt.	Argument: Umstrittene Wirkung der Steuer Rhetorische Fragen Personifikation
Außerdem bin ich die Bevormundung durch den Staat langsam leid. Der Gesetzgeber versucht, seine Bürger durch die Steuer immer zu einer Lebensweise zu bewegen, die er für richtig erachtet. Der Staat möchte, dass weniger geraucht wird: Tabaksteuer. Der Staat möchte, dass weniger Alkohol getrunken wird: Alkoholsteuer. Und nun möchte der Staat, dass weniger Zucker konsumiert wird: Zuckersteuer. Anstatt die Bevölkerung aufzuklären und auf die Vernunft oder Einsicht der Bürger zu vertrauen, bevormundet er sie und kontrolliert durch Steuern oder sogar Verbote deren Leben. Zugegeben, die Gesundheit der Bevölkerung über eine Selbstverpflichtung der Industrie zu schützen, das hat in den seltensten Fällen funktioniert. Aber man sollte doch seinen Bürgern zutrauen bzw. sie fördern, sich selbst über die Risiken und Gefahren zu informieren und auf dieser Basis dann selbst zu entscheiden, welche Lebensmittel sie konsumieren bzw. nachfragen möchten. So kann jeder selbst bestimmen, welche Risiken er im Verhältnis zu dem zu erwartenden Genuss eingeht und auch selbst über Alternativen nachdenken.	Argument: Bevormundung durch den Staat Personifikation Parallelismus, Ellipsen
Dies wäre der richtige Weg für eine nachhaltige Gesundheitsförderung gerade der Kinder und Jugendlichen. Statt eine sinnlose Zuckersteuer einzuführen, sollte dazu eine Kennzeichnung für alle Lebensmittel, nicht nur für Getränke, zur Pflicht werden. In den Ampelfarben sollte für jeden auf Anhieb ersichtlich sein, welches Lebensmittel viel, mittel oder wenig Zucker enthält. Rot: Stopp! Ich esse nichts davon, gelb: Naja, manchmal kann ich mir das schon gönnen, grün: Das ist unbedenklich. Verstärkt und begleitet werden kann die Einführung dieser Kennzeichnung durch eine gesundheitliche Aufklärung – auch an den Schulen. Die Ernährung und seine Bedeutung für die Gesundheit sollten dort eine viel größere Rolle spielen, damit die Jugendlichen	Lösungsvorschlag: Kennzeichnung Metapher

schon früh auf eine gesunde Ernährung achten und nicht in ein falsches Fahrwasser geraten, was sie später unter unkontrolliertem Übergewicht leiden lässt.	Metapher
Lasst also die Finger vom vorschnellen Griff zu den Steuern, sondern informiert eure Bürger besser und vertraut auf ihre Vernunft, ist deshalb mein Rat an die Regierung.	abschließender Aufruf/Metapher
Mit freundlichen Grüßen Max Mustermann	Grußformel Name

3.2 Variante 1: Kommentar

Ergebnis der Materialauswertung

Für den Kommentar können die Ergebnisse der Materialauswertung zum Leserbrief verwendet werden.

Lösungsvorschlag

Formulieren Sie eine aussagekräftige Überschrift, beispielsweise: „Vernunft statt Steuer", „Abnehmen durch Steuern?" oder „Der Zuckersteuer entgegensteuern".

Einleitend sollte der Begriff der angedachten Zuckersteuer und insbesondere deren Beschränkung auf Getränke geklärt und ein Bezug zur Thematik hergestellt werden, beispielsweise über Statistiken zur Zunahme der Zahl der Übergewichtigen oder indem Sie die Einführung in Großbritannien aufgreifen.

Möglich ist es, dass Sie sich im Anschluss auf die Seite der Befürworter oder der Gegner der Einführung einer solchen Steuer schlagen. Es werden die Ergebnisse aus den Materialien aufgegriffen und entkräftet oder bestärkt. Achten Sie auch beim Kommentar auf die Berücksichtigung des Argumentationsaufbaus (Behauptung, Begründung, Beispiel/Beleg, Folgerung, Rückbezug).

Wichtig bei der Formulierung ist, wie beim Leserbrief, eine Ausdrucksweise, die eher meinungsbildend wirkt. D. h., es sollen sprachliche Mittel zur Unterstützung der Argumentation verwendet werden, die den Leser des Kommentars überzeugen.

Der Kommentar bietet dabei mehr Freiheiten und kann insgesamt auch umfangreicher (aber doch auf die angegebene Zahl der Wörter beschränkt) ausfallen. Greifen Sie unbedingt auch auf eigene Erfahrungen und eigenes Wissen zurück. Eine Beschränkung auf die Argumente aus dem Text ist nicht erwünscht.

Am Ende des Kommentars könnte ein ähnlicher Vorschlag, wie schon im Leserbrief aufgeführt, stehen, wie sinnvoll der Problematik der zunehmenden Zahl an Übergewichtigen begegnet werden könnte. Im Rahmen des Kommentars sollten Sie diesen allerdings noch etwas ausführlicher darlegen.

3.3 Variante 2: Erörterung

Ergebnis der Materialauswertung

Für die Erörterung können die Ergebnisse der Materialauswertung zum Leserbrief verwendet werden.

Lösungsvorschlag

Vor einer Formulierung sollten Sie sich im Klaren sein, welcher Argumentationsrichtung Sie folgen wollen – ob für Sie die positiven oder negativen Folgen überwiegen.

Einleitend sollte dann auch bei der Erörterung der Begriff der angedachten Zuckersteuer und insbesondere deren Beschränkung auf Getränke geklärt und ein Bezug zur Thematik hergestellt werden, beispielsweise über Statistiken zur Zunahme der Zahl der Übergewichtigen oder indem die Einführung in Großbritannien aufgegriffen wird.

Im Anschluss daran legen Sie zwei bis vier Argumente für die nicht von Ihnen präferierte Argumentationsrichtung aus der Materialauswertung dar. Achten Sie dabei auf den vollständigen Aufbau der Argumente (Behauptung, Begründung, Beispiel/Beleg, Folgerung, Rückbezug).

Im Gegensatz zu Leserbrief und Kommentar sollten Sie hier auf eine sachliche Darstellungsweise ohne große Rhetorik achten. Sie sollten allein durch die inhaltliche Kraft Ihrer Argumente überzeugen.

Es folgt die Argumentationsrichtung, die Sie präferieren. Legen Sie auch hier zwei bis vier Argumente aus der Materialauswertung ausführlich mit vollständigem Aufbau sachlich überzeugend dar.

Beachten Sie, dass Sie auch eigene Argumente mit in die Erörterung einbauen. Es genügt nicht, nur die Argumente aus den Materialien aufzugreifen, sondern diese müssen durch eigenes Wissen und Erfahrungen angereichert werden (siehe Materialauswertung).

Den Abschluss Ihrer Erörterung bildet die ausführliche Formulierung eines Lösungsvorschlages. Dabei genügt es nicht, nur grob eine Richtung anzugeben, sondern der Vorschlag muss auch in seinen Details schlüssig dargelegt werden.

In diesem Fall könnte ein Vorschlag lauten, die Kennzeichnung einzuführen. Dann müssen Sie auch darlegen, wie gekennzeichnet werden soll, welche Grenzwerte warum beachtet werden sollen und welche positiven Folgen dieser Vorschlag hätte. Dazu sollten Sie auch konkret benennen, wer diese Kennzeichnung erlassen und wie (auch in welchem Zeithorizont) sie umgesetzt und kontrolliert werden sollte.

Alternativ könnte auch ein Ernährungsaufklärungsprogramm an Schulen gefordert werden. Dabei sollten Sie auch ausarbeiten, welche Inhalte in welchen Altersgruppen behandelt werden sollten und welche positiven Effekte genau daraus erwartet werden. Ein zu vage formulierter Lösungsvorschlag wirkt lieblos, wenig durchdacht und damit auch wenig überzeugend.

Lösungsvorschläge Literarische Texte: Epik und Dramatik

1. Inhaltszusammenfassung

1.1 Übungsaufgabe 4 (Epik)

Ergebnis der Materialauswertung

Aus dem Text lassen sich zunächst die wesentlichen Informationen zur kurzen Vorstellung des Textes gewinnen:

- Autor: Heinrich Böll, Titel: Ansichten eines Clowns, Erscheinungsjahr: 1963
- auktoriale/personale Erzählperspektive aus der Sicht des Clowns Hans Schnier (Ich-Erzähler)
- Zeit und Ort der Handlung: Bonn; (rückblickend einige Städte/Hotelzimmer in Deutschland) in den 60er-Jahren des 20. Jahrhunderts
- Handlungskern: Rückblickende Erzählung des Clowns Hans Schnier auf seinen Beruf und sein Verhalten vor und nach der Trennung durch seine Lebensgefährtin Marie wegen eines Katholiken.
- Thematik: Selbstmitleid, Verzweiflung des Hans Schnier über die Trennung und die Automatisierung und Ordnungsprinzipien der Gesellschaft

Der Text kann grob in drei Abschnitte eingeteilt werden:

1. Z. 1-10: Erinnerung an die Ankunft in Bonn:
   a) Automatisierte Abläufe, die durch die Trennung von Marie noch mechanischer wurden.

2. Z. 10-40: Schilderung des Berufs und Erinnerung an frühere Aufenthalte Hans Schniers:
   a) Beschreibung des Clownsberufs und einer Nummer des Auftritts
   b) Verwechseln von Realität und Auftritt
   c) Ablauf früherer Aufenthalte in Hotels mit gewissem Luxus
   d) Herkunft Hans Schniers
   e) Leiden an „Melancholie und Kopfschmerz"

3. Z. 41-69: beruflicher und sozialer Abstieg nach Trennung von Marie
   a) Schnier beginnt sich zu betrinken
   b) Auftritte werden immer weniger erfolgreich
   c) Tiefpunkt, als Hans Schnier betrunken auf der Bühne ausrutscht
   d) Versinken im Alkohol

Lösungsvorschlag

Der vorliegende Auszug aus dem Roman „Ansichten eines Clowns" von Heinrich Böll, der 1963 erschienen ist, handelt von der rückblickenden Erzählung des Clowns Hans Schnier auf seinen Beruf und sein Verhalten vor und nach der Trennung durch seine Lebensgefährtin Marie wegen eines Katholiken. Der Auszug spielt in Bonn in den 60er-Jahren des 20. Jahrhunderts und wurde in personaler Erzählweise aus der Sicht des Clowns in der Ich-Form verfasst. Es wird dabei das Selbstmitleid und die Verzweiflung des Hans Schnier über die Trennung und die Automatisierung und die Ordnungsprinzipien der Gesellschaft thematisiert.

einleitende kurze Vorstellung des Textes

Zu Beginn des Auszugs erinnert sich Hans Schnier an seine Ankunft in Bonn. Er folgt dabei automatisierten Abläufen, die sich aufgrund seiner jahrelangen Tätigkeit als Clown in verschiedenen Städten bei Hotelaufenthalten eingespielt haben. Diese Automatismen waren ihm bisher nicht unangenehm, erscheinen ihm allerdings seit der Trennung von seiner ehemaligen Lebensgefährtin Marie zunehmend monoton.

Inhalt des ersten Abschnitts

Anschließend schildert der Ich-Erzähler Einzelheiten zu seinem Beruf als Clown und seiner Herkunft aus einem strenggläubig protestantischen Elternhaus. Dabei wird auch die Komplexität der Choreographien bei seinen erfolgreichen Auftritten deutlich. Es zeigt sich jedoch, dass er zunehmend Realität und Auftritt verwechselt und die gewohnte Automatik der Abläufe bei seinen Hotelaufenthalten aus den Fugen geraten ist. Auch die bisherigen Annehmlichkeiten als geachteter Clown in Form von luxuriös ausgestatteten Hotelzimmern verhelfen ihm nicht, seine durch die Trennung von Marie noch zunehmende Melancholie zu überwinden. Er greift, nachdem ihm sein bisheriges Hilfsmittel – das Singen von liturgischen Liedern – nicht mehr helfen kann, immer häufiger zum Alkohol.

Inhalt des zweiten Abschnitts

Dies führt dazu, dass der Erfolg als Clown immer mehr ausbleibt und er gezwungen ist, unattraktivere Angebote für Engagements anzunehmen. Aufgrund seines übermäßigen Alkoholkonsums spielt er bald nur noch vor anspruchslosem Publikum. Er erreicht seinen Tiefpunkt, als er während eines Auftritts vor Jugendlichen betrunken auf der Bühne ausrutscht und die Vorführung abbrechen muss. Beruflich und sozial am Ende kommt er in seinem mittlerweile schäbigen Hotelzimmer an, wo ihn die Nachricht von Absagen weiterer Engagements erreichen und er weiter in den Alkohol flüchtet.

Dritter und letzter Abschnitt

1.2 Übungsaufgabe 5 (Dramatik)

Ergebnis der Materialauswertung

Aus dem Text lassen sich zunächst die wesentlichen Informationen zur kurzen Vorstellung des Textes gewinnen:

- Autor: Botho Strauß, Titel: „Die Ähnlichen" - „Meriggio/Mittags", Erscheinungsjahr: 1998
- Textsorte: Dramenauszug
- Handlungszeit/-ort: vermutlich Gegenwart; irgendwo im deutschsprachigen Raum
- Handlungskern: Ein Mann will seinen Sohn Sebastian bei seiner geschiedenen Frau für eine Ferienreise nach Griechenland abholen, was diese jedoch letztlich verweigert
- Thematik: Umgang mit verletztem Stolz/Rache am ehemaligen Geliebten
- Hauptfiguren: Er und Sie

Der Dramenauszug kann grob in vier Abschnitte gegliedert werden:

1. Z. 1-21: Hass zwischen den beiden Geschiedenen, vermeintlich schlechter Einfluss durch ihn, frühere Entführung des Kindes durch sie
2. Z. 22-56: Versuch der Normalisierung der Beziehung durch ihn, Ausweichen der Frau, sie gönnt ihm nicht die Vorfreude des Sohnes auf die gemeinsame Reise
3. Z. 57-84: plötzliche Absage der Reise durch sie – begründet durch Ausreden, er durchschaut sie allerdings und wirft ihr Rachsucht auf Kosten des Sohnes vor
4. Z. 85-106: gegenseitige Beschuldigungen/Beleidigungen: sie wirft ihm schlechten Einfluss – er ihr Egoismus vor, sie verweigert die gemeinsame Reise

Lösungsvorschlag

Der vorliegende Auszug aus der Szene „Meriggio/Mittags" aus dem Drama „Die Ähnlichen" von Botho Strauß, das im Jahr 1998 erschienen ist, handelt von dem Besuch eines Mannes bei seiner geschiedenen Frau, um den gemeinsamen Sohn Sebastian für eine Ferienreise nach Griechenland abzuholen, was diese jedoch letztlich verweigert. Der Auszug spielt vermutlich in der Gegenwart im deutschsprachigen Raum. Dabei wird der Umgang mit verletztem Stolz bzw. die Rache am ehemaligen Geliebten auch auf Kosten gemeinsamer Kinder thematisiert.

einleitende kurze Vorstellung des Textes

Bereits am Beginn der Szene wird deutlich, dass die beiden Geschiedenen sich nicht sonderlich gut verstehen. Sie hasst ihren ehemaligen Ehemann und möchte ihren gemeinsamen Sohn vor seinem vermeintlich schlechten Einfluss schützen, während er auf die Einhaltung der getroffenen Sorgerechtsvereinbarungen pocht, nachdem er eine Entführung des Kindes durch sie vereitelt hat.

Inhalt des ersten Abschnitts

Als er sie anschließend auf vergangene Zeiten anspricht, besinnt sie sich auf den Zweck seines Besuchs, gibt aber auf die Frage nach der Vorfreude des Sohnes auf die gemeinsame Reise des Vaters mit ihm nur ausweichende Antworten. Er zeigt sich dennoch erfreut, dass ein normaler Umgang miteinander wieder möglich scheint. Sie weicht ihm aber auch hier nur aus und überrascht ihn daraufhin mit der plötzlichen Ankündigung, dass Sebastian nicht mit auf die Reise gehen könne.

Inhalt des zweiten Abschnitts

Auf die Nachfrage nach dem Grund hierfür antwortet sie mit Ausreden, dass er kurzfristig mit ihrer Schwester mitfahren würde und es dort zu heiß sei bzw. er etwas kränklich sei. Er durchschaut sie allerdings und macht ihr Vorwürfe, dass sie das gemeinsame Kind nur für ihre Rachsucht missbrauchen möchte.

Inhalt des dritten Abschnitts

Der Auszug schließt anschließend mit gegenseitigen Beschuldigungen, bei denen sie ihm vorwirft, einen schlechten Einfluss auf den Sohn zu haben, und er ihr Egoismus vorhält. Letztendlich verweigert sie ihm, den Sohn auf die Reise mitzunehmen.

Inhalt des vierten und letzten Abschnitts

2. Charakterisierung

2.1 Übungsaufgabe 6 (Epik)

Ergebnis der Materialauswertung

Äußere Merkmale (Name, Beruf, Alter, Familienstand, ...)

- Name: Hans Schnier
- seit ca. fünf Jahren (vgl. Z. 2) Clown („offizielle Berufsbezeichnung: Komiker, keiner Kirche steuerpflichtig", Z. 14 f.)
- 27 Jahre alt (vgl. Z. 15)
- ledig, kürzlich von seiner Lebensgefährtin verlassen worden (vgl. Vorbemerkung)
- Vater ist Braunkohlemillionär (vgl. Vorbemerkung)

Charakterzüge und Eigenschaften:

- bescheiden, wenig exzentrisch, was an der Art der Darstellung seines Berufs deutlich wird (vgl. Z. 14 f.)
- Verhalten folgte bisher in festen Abläufen (vgl. Z. 2 ff.) trotz häufiger berufsbedingter Ortswechsel, obwohl ihm diese Automatik verhasst ist (vgl. Z. 1 f.)
- Lässigkeit in den Abläufen (vgl. Z. 8 f.).
- Agent sorgt für ihn für Reibungslosigkeit und Annehmlichkeiten (vgl. Z. 23 f.), damit er diesen Ordnungsprinzipien der Gesellschaft folgt.
- im nüchternen Zustand gute Gedächtnis- und Konzentrationsleistungen (vgl. Z. 17 f.)
- protestantisch erzogen und auf katholischer Schule (vgl. Z. 31 ff.), aber nicht religiös (vgl. Z. 33), im Gegenteil sogar gegen Katholiken eingestellt (vgl. Z. 35 f.)
- durch Weggang seiner Lebensgefährtin Marie aus dem Rhythmus geraten, teilweise sogar auch „nervös" (Z. 9 f.)
- hat manchmal Schwierigkeiten, Realität und „eigene Phantasie" (Z. 19 f.) zu unterscheiden.
- fühlt sich schnell eingeengt (was auch an der Abneigung gegen Schuhe deutlich wird, vgl. Z. 27)
- Leidet häufig unter Kopfschmerzen (vgl. Z. 35), die er erfolgreich mit „liturgischen Texte[n] und Melodien" (Z. 33 f) bekämpfen kann (hierbei wird aber auch die Ambivalenz zur Kirche deutlich).
- Er versinkt in Selbstmitleid und erscheint schon alkoholabhängig, da er nur den Alkohol als ein „wirksames Mittel" (Z. 38 f.) gegen seine „Melancholie" (Z. 35) ansieht und „seit drei Wochen [...] meistens betrunken" (Z. 42) ist.
- Faszination seines Berufs verblasst unter dem Einfluss der Trennung (vgl. Z. 39 f.)
- Abstieg von einer guten wirtschaftlichen Versorgung in einer „Aura des Wohlbefindens'" (Z. 25) in den Hotels zu Problemen, eine Taxifahrt bezahlen zu können (vgl. Z. 55 ff.) und zu Auftritten in „dunklen Sälen" (Z. 47)
- Deshalb sind Auftritte auch mitleiderregend (vgl. Z. 51 f.).
- Er zeigt depressive Züge (vgl. Z. 64 ff.).

Fazit:

Der bisher recht erfolgreiche Clown Hans Schnier gerät, nachdem er von seiner Lebensgefährtin aufgrund seiner Verweigerung der katholischen Kindeserziehung für einen Katholiken verlassen worden ist, durch seine ohnehin schon vorhandene Neigung zur Melancholie in eine Depression. In Folge dessen wird er alkoholabhängig und steigt wirtschaftlich und sozial ab.

Lösungsvorschlag

Die Figur des Hans Schnier wird nach mehrjähriger Beziehung von seiner Lebensgefährtin Marie für einen Katholiken, den sie anschließend heiratet, verlassen. Der vorliegende Textauszug schildert das Innenleben der Figur in der Ich-Perspektive. Im Folgenden soll diese Figur charakterisiert werden.	einleitende Schilderung der Situation, in der sich die Figur befindet
Hans Schnier ist seit ca. fünf Jahren (vgl. Z. 2) Clown und gibt selbst als „offizielle Berufsbezeichnung […] Komiker" (Z. 14) an. Er ist 27 Jahre alt (vgl. Z. 15) und lebt, nachdem er kürzlich von seiner Lebensgefährtin Marie verlassen worden ist (vgl. Vorbemerkung), allein. Er entstammt als Sohn eines Braunkohlemillionärs (vgl. Vorbemerkung) aus wohlhabenden Verhältnissen und ist nicht Mitglied einer Kirchengemeinschaft („keiner Kirche steuerpflichtig", Z. 14 f.).	äußere Merkmale mit Angabe der Textstellen
Er hat jedoch eine ambivalente Einstellung zur Religion. Einerseits ist er protestantisch erzogen, da seine Eltern „strenggläubige Protestanten" (Z. 31) waren. Andererseits ist er aber auf eine katholische Schule gegangen und entsprechend geprägt worden (vgl. Z. 32). Er bezeichnet sich selbst als „nicht religiös" (Z. 33) und zeigt sich eher negativ gegen Mitglieder der katholischen Glaubensgemeinschaft eingestellt, da er den Weggang seiner Lebensgefährtin abfällig als zu „den Katholiken übergelaufen" (Z. 35 f.) und auch den neuen Lebensgefährten seiner ehemaligen Partnerin abschätzig als „diesen Katholiken" (Z. 9) bezeichnet.	Charakterzug Erläuterung der Textstellen sprachliches Mittel: abwertende Konnotation

Beruflich ist Hans Schnier bis zur Trennung von seiner Lebensgefährtin sehr erfolgreich. Er genießt bis zu diesem Zeitpunkt ein hohes Ansehen und ist bekannt „in den meisten Hotels" (Z. 22). Die Hotels entsprechen seinen „Eigenheiten" (Z. 24), die er durch die Anführungszeichen recht ironisch als „Sensibilität der Künstlerseele'" (Z. 24 f.) auf der Suche nach Entspannung in einer „Aura des Wohlbefindens'" (Z. 25) bezeichnet.

Eigenschaft Textstellen
sprachliches Mittel: Ironie

Grundlage dieses beruflichen Erfolgs sind seine sehr guten Gedächtnis- und Konzentrationsfähigkeiten, die es ihm ermöglichen, seine teilweise „aus mehr als sechshundert Abläufen" (Z. 17 f.) bestehenden Choreographien einzustudieren. Nichtsdestotrotz wirkt er bescheiden und wenig exzentrisch, da er seine künstlerische Tätigkeit sehr nüchtern und auf Fakten reduziert darstellt (vgl. Z. 14 ff.). An dieser Schilderung zeigt sich auch, dass sein Leben trotz des besonderen Berufs des Clowns und der damit verbundenen häufigen Ortswechsel (vgl. 1 ff.) bisher in recht festen Abläufen erfolgt, bei deren Bewältigung ihn sein Agent (vgl. Z. 23 f.) unterstützt und ihm dadurch hilft, die Ordnungsprinzipien der Gesellschaft zu befolgen. Obwohl er einerseits die „exakt einstudierte Lässigkeit der Automatik" (Z. 8 f.) schätzt, lehnt er diese Automatismen andererseits ab. Sprachlich unterstützt wird diese ihm widerstrebende Monotonie durch die Reihung seiner wiederkehrenden Tätigkeiten: „Bahnsteigtreppe runter, Bahnsteigtreppe rauf, Reisetasche abstellen, Fahrkarte aus der Tasche nehmen, Reisetasche aufnehmen, [...], nach draußen gehen und ein Taxi heranwinken" (Z. 6 ff.). Seine Unzufriedenheit damit lässt sich auch an den darin enthaltenen Antithesen („rauf [...] runter", „abstellen [...] aufnehmen") erkennen, da sie eine gewisse Sinnlosigkeit bzw. ein Stagnieren andeuten.

Eigenschaft Textstelle
Eigenschaft Textstellen

Eigenschaft Textstellen
sprachliches Mittel: Reihung

sprachliches Mittel: Antithese

Dies ist auch einer der Gründe, warum er sich durch die Gesellschaft eingeengt fühlt. Diese Abneigung zeigt sich auch an der Ablehnung gesellschaftlicher Konventionen wie beispielsweise des Tragens von Schuhen deutlich, die durch den Einschub „(ich hasse Schuhe)" (Z. 27) besonders hervorgehoben wird. Diese Abneigung der Schuhe könnte auch metaphorisch als Einengung der Füße durch die Schuhe gedeutet werden.

Charakterzug Textstelle

sprachliches Mittel: Metapher

Durch den Weggang seiner Lebensgefährtin gerät Hans Schnier in eine Lebenskrise. Er ist „aus dem Rhythmus geraten" (Z. 11), wirkt „nervös" (Z. 11 f.) und hat häufiger Schwierigkeiten, Realität und eigene Phantasie zu unterscheiden, da er seine Shownummern manchmal mit der Wirklichkeit verwechselt (vgl. Z. 18 f.), was durch die parataktische Reihung von Handlungen, die er irrtümlich deshalb unternimmt unterstrichen wird („in ein Hotel stürze, nach der Abfahrtstafel ausschaue, diese auch entdecke, [...] während ich doch nur auf mein Zimmer zu gehen [...] brauche", Z. 21).

Charakterzug Textstellen

sprachliches Mittel: Parataxen

Parallel dazu verstärken sich auch seine beiden Leiden, „mit denen [er] von Natur aus belastet [ist]: Melancholie und Kopfschmerz" (Z. 35 f.). Zur Bewältigung dieser Beschwerden bedient sich Hans Schnier des Singens liturgischer Lieder. Die Bandbreite dieser Gesänge wird durch die Aufzählung „Choräle, Hymnen, Sequenzen" (Z. 30) verdeutlicht. Diese Form der Schmerzlinderung zeigt allerdings keine Wirkung mehr, wodurch sich bei ihm fast depressive Züge zeigen.

Charakterzug Textstellen
sprachliches Mittel: Aufzählung

Er gerät durch die Trennung von Marie in Selbstmitleid und sieht keine Möglichkeit mehr, dieser Depression zu entfliehen, da er denkt, nur durch Marie von seinen Beschwerden befreit werden zu können. Ihre herausragende Bedeutung für ihn wird auch durch die Nennung ihres Namens als Heilmittel nach einem Doppelpunkt verdeutlicht (vgl. Z. 39), woraufhin jedoch seine Hoffnungslosigkeit zum Ausdruck kommt, da er gleich darauf parataktisch konstatiert: „Marie hat mich verlassen" (Z. ebd.).

Charakterzug Textstellen

sprachliche Mittel: Interpunktion, Parataxe

Daher sieht er keinen anderen Ausweg mehr, als sich in Alkohol zu flüchten, den er als „ein vorübergehend wirksames Mittel" (Z. 38 f.) zur Verdrängung seiner Lebenskrise sieht. Die Bezeichnung als „vorübergehend wirksam" zeigt schon, dass er noch reflektiert mit der Situation umgeht und dass er weiß, dass dies keine Lösung für ihn bedeuten kann. Er ist sich bewusst, dass „ein Clown, der ans Saufen kommt, [rascher absteigt], als ein betrunkener Dachdecker stürzt" (Z. 39 f.), was seine realistische Einschätzung der Situation metaphorisch unterstützt. Auch seine Einstellung zu den Möglichkeiten des Auftritts unter Alkoholeinfluss bezeichnet er metaphorisch als trügerische Zuversicht gleich „einem säumigen Schüler, der sich bis zum Zeugnisempfang noch Illusionen" (Z. 43 f.) macht. Trotzdem entwickelt er sich zum Alkoholiker, worunter seine Karriere als Clown sehr leidet.

Charakterzug Textstellen

Charakterzug Textstellen
sprachliches Mittel: Metapher

Charakterzug

Unter dem Einfluss des Alkohols kann er seine Aufführungen nicht mehr gewohnt professionell durchführen. Er erscheint dabei sehr mitleiderregend, wenn er nach einem Sturz „nicht mehr auf die Beine" (Z. 53) kommt und das Publikum dies dann durch „ein mitleidiges Geraune" (Z. 53 f.) quittiert. Der daraufhin sich einstellende Abstieg wird u. a. durch eine Antiklimax verdeutlicht. So hat er „schon nach drei Wochen keine Blumen mehr auf dem Zimmer, in der Mitte des zweiten Monats schon keine Zimmer mit Bad mehr, [...] während die Gage auf ein Drittel geschmolzen war" (Z. 44 ff.). Damit gehen auch die Annehmlichkeiten, die er vorher genossen hat, dahin. Er bekommt „kein[en] Kognak mehr, sondern Korn" (Z. 46). Seine Auftritte sind nicht mehr in Varietés, sondern er gastiert bei „merkwürdige[n] Vereine[n], die in dunklen Sälen" (Z. 47) tagen. Auch das Niveau des Publikums verdeutlicht seinen beruflichen Abstieg, was durch die abwertend konnotierte Aufzählung der Gäste als „Dienstjubilare von Bahn, Post, Zoll, [...] Hausfrauen [...], biertrinkende Bundeswehroffiziere" (Z. 49 f.) erkennbar wird.

Charakterzug Textstellen

sprachliches Mittel: Antiklimax

sprachliches Mittel: abwertend konnotierte Reihung

Die berufliche Talfahrt mündet letztendlich dann auch in einen wirtschaftlichen und sozialen Niedergang. Er kann seine Taxirechnung nicht mehr bezahlen und muss dem Fahrer seinen „elektrischen Rasierapparat nicht als Pfand, sondern als Bezahlung" (Z. 57 f.) übergeben und er legt sich angezogen auf sein ungemachtes Bett (vgl. Z. 59).

Charakterzug
Textstellen

Ganz unten bei diesem sozialen Fall angekommen, fühlt er sich jedoch „zum ersten Mal seit Monaten vollkommen frei von Melancholie und Kopfschmerz" (Z. 60 f.) und vergleicht den Bühnenvorhang in seinen Träumen mit einem „Leichentuch" (Z. 65), das über ihn fällt wie eine „dunkle Wohltat" (Z. ebd.). Dies lässt wiederum den schweren Grad seiner Depression und schon eine gewisse Todessehnsucht erkennen.

Charakterzug
Textstellen
sprachliches Mittel:
Metapher

Betrachtet man die Figur des Hans Schnier insgesamt, so lässt sich zusammenfassen, dass der bisher recht erfolgreiche Clown, nachdem er von seiner Lebensgefährtin aufgrund seiner Verweigerung der katholischen Kindeserziehung für einen Katholiken verlassen worden ist und dadurch in eine Lebenskrise stürzt, durch seine ohnehin schon vorhandene Neigung zur Melancholie in eine Depression gerät. In Folge dessen wird er alkoholabhängig und steigt wirtschaftlich und sozial ab.

Schluss:
Zusammenfassung
der wesentlichen
Erkenntnisse

2.2 Variante 1: Untersuchung gesellschaftlich/politischer Situation

Als eine mögliche Zusatzaufgabe zur Charakterisierung ist auch eine Analyse der gesellschaftlichen bzw. politischen Situation möglich. Dabei geht es darum, die Geschehnisse, Handlungsweisen, Charakterzüge oder Werteeinstellungen von Figuren in die Zeit des Entstehens oder der Handlungszeit des literarischen Werkes einzuordnen und unter diesem Gesichtspunkt zu analysieren. Dieser Aufgabentyp sollte dann mithilfe des folgenden Schemas bearbeitet werden.

Darlegung der für die Epoche oder die Handlungszeit typischen Wertvorstellungen und erwarteten Verhaltensweisen im Hinblick auf den zu analysierenden Aspekt
Darlegung der Werte und Handlungen der zu betrachtenden Figur im Hinblick auf den zu analysierenden Gesichtspunkt
ggf. aufzeigen von Gemeinsamkeiten und Unterschieden zur heutigen Zeit

Lösungsvorschlag (stichpunktartig)

Darlegung der typischen Wertvorstellungen (aus eigenem Wissen und Material 2):

- große Macht der katholischen Kirche und seiner Verbände
- damit einhergehende Beeinflussung der Kirchenmitglieder
- unverheiratete Paare waren bisher geächtet
- Die 60er-Jahre liegen an der Grenze zu einer neuen Moralauffassung: das unverheiratete Zusammenleben wird gebilligt.
- Distanz zwischen katholischen Verbänden und seinen Kirchenmitgliedern wird immer größer

Darlegung der Werte und Handlungen der Figur des Hans Schnier (Material 1):

- protestantisch erzogen
- singt liturgische Lieder – ist also noch in dem traditionellen Verständnis erzogen worden
- sein Beruf zeigt, dass er sich von den Traditionen löst und freiheitlich denkt
- will sich nicht unnötigen Zwängen unterwerfen

2.3 Variante 2: Motivvergleich

Lösungsvorschlag (stichpunktartig)

Beide Materialien müssen auf Gemeinsamkeiten und Unterschiede hin untersucht werden. Hierfür müssen Vergleichskriterien aufgestellt werden, anhand derer diese festgestellt werden können.

In diesem Fall bieten sich u. a. folgende Kriterien an:

- Erwartung der Trennung
- Einflussmöglichkeiten auf Trennungsursache
- Hoffnung auf Wiedervereinigung
- Verhalten nach Trennung

Fasst man die Analyseergebnisse in einer Tabelle zusammen, ergibt sich folgende Gegenüberstellung (markiert durch G für Gemeinsamkeit und U für Unterschied):

	Material 1: Romanauszug	Material 3: Gedicht
Erwarten der Trennung (U)	Hans Schnier hat allem Anschein nach die Trennung nicht erwartet.	Das lyrische Ich hat sich für den „Fall des Falles" vorbereitet.
Einfluss-möglichkeiten (U)	Er hätte die Trennung verhindern können, wenn er der katholischen Erziehung/der Ehe zugestimmt hätte.	Es ist unklar, ob das lyrische Ich Einfluss gehabt hat.
Verhalten (U)	Schnier wird depressiv, verfällt dem Alkohol, kann die Trennung nicht überwinden und akzeptieren.	Das lyrische Ich trauert („wimmert") um den Verlust des Partners, versucht diesen zu verdrängen, erkennt jedoch, dass dies unmöglich ist. Es akzeptiert jedoch den Verlust.
Hoffnung (G)	Er hat allerdings keine Hoffnung auf eine Wiedervereinigung.	Auch das lyrische Ich scheint keine Hoffnung darauf zu haben.
Fazit	Flucht in den Alkohol als Ablenkungs-/Schutzstrategie	Trauer, aber Akzeptanz der Trennung

2.4 Übungsaufgabe 7 (Dramatik)

Ergebnis der Materialauswertung

äußere Merkmale (Name, Beruf, Alter, Familienstand, ...)

- Name wird nicht genannt.
- geschieden (vgl. Z. 1)
- ein Sohn aus der Ehe mit dem nicht namentlich genannten ER (vgl. Z. 1)

Charakterzüge und Eigenschaften:

- Hass auf ihn (vgl. Z. 3 f.)
- übertriebene/fanatische Eifersucht ihm gegenüber (vgl. Z. 16 f.)
- distanziertes/abweisendes Verhalten gegenüber ihm: sie weicht seinen Fragen aus, sobald die persönliche Ebene berührt wird (vgl. Z. 23, Z. 58)
- Sie ist nach Ansicht des Mannes „besessen" von ihm (vgl. Z. 83 f.), womit er meint, dass ihr Hass auf ihn fast psychotische Züge trägt.
- nachtragend, da sie ihm nur den nötigsten Umgang mit dem Sohn erlaubt (vgl. Z. 24 ff.) und sie selbst zwei Jahre nach der Trennung noch keinen normalen Umgang mit dem Ex-Mann pflegen kann (vgl. Z. 103)
- rachsüchtig (Vorwurf durch ihn vgl. Z. 81), weshalb sie ihren Sohn instrumentalisiert, um ihren Ex-Mann zu verletzen (vgl. Z. 31 und Z. 73 ff.)
- kaltherzig: Sie versagt dem Sohn die Ferienreise mit seinem Vater, weil ihre Gefühle verletzt wurden (vgl. den Vorwurf durch ihn Z. 83 f.)
- Andererseits will sie auch nur das Beste für ihren Sohn, indem sie ihn vor dem vermeintlich schlechten Einfluss des Vaters bewahren will (vgl. Z. 87 f.).
- schreckt vor illegalen Mitteln nicht zurück, was an der misslungenen Entführung des Sohnes deutlich wird (vgl. Z. 9 ff.)
- unaufrichtig, da sie lügt bzw. Ausreden erfindet, um die gemeinsame Ferienreise zu verhindern (vgl. Z. 62 ff.)
- impulsiv/wankelmütig: sie reagiert vorschnell mit der Absage der Ferienreise, als das Gespräch mit ihm nicht in ihrem Sinne verläuft (vgl. Z. 58)
- evtl. psychische Probleme, erkennbar an seiner Aussage, dass sie „wieder zu delieren" beginnt (Z. 103)

Fazit:

Sie scheint durch ihren Ex-Mann so verletzt worden zu sein, dass es ihr nicht möglich ist, einen normalen Umgang mit ihm zu pflegen. Sie zeigt dabei ein ambivalentes Verhalten, da es den Anschein hat, dass sie ihn auf der einen Seite nicht vergessen kann, sich aber sehr abweisend und kalt verhält. Zudem möchte sie einerseits nur das Beste für ihren Sohn, verhindert aber die gemeinsame Ferienreise mit dem Vater, auf die er sich allem Anschein nach schon gefreut hatte, nur weil sie Rache an ihm üben möchte.

2.4 Übungsaufgabe 7 (Dramatik)

Lösungsvorschlag

Der Charakter und die Eigenschaften der Figur SIE werden im vorliegenden Textauszug deutlich, als ER den gemeinsamen Sohn zu einer Ferienreise abholen will und dabei auf Widerstände von ihrer Seite stößt. Im Folgenden soll diese Figur charakterisiert werden.

Bei der Figur handelt es sich um eine geschiedene Frau, die mit ihrem einstigen Ehemann einen gemeinsamen Sohn namens Sebastian hat. Der Name der Frau und des Mannes gehen aus dem Textauszug nicht hervor.

Auffällig an ihr ist gleich zu Beginn des Auszuges ihr großer Hass auf ihren Ex-Mann, den sie auch nicht zu verbergen versucht, indem sie ihrem ehemaligen Mann auf die Feststellung, dass sie ihn „über den Tod hinaus hassen wird" (Z. 3 f.), mit der rhetorischen Frage „Wie könnte es anders sein?" (Z. 4) antwortet. Dieser Hass trägt nach Ansicht des Mannes schon fast psychotische Züge, da er denkt, dass sie „besessen" (Z. 83) von ihm ist. Ursache des Hasses scheinen Geschehnisse in der Vergangenheit zu sein, in der er sie eventuell betrogen hat, denn es wird deutlich, dass sie auch übertrieben, fast schon „fanatisch" (Z. 16) eifersüchtig ist. Diese Hyperbel, die der Mann verwendet, zeigt das über die Normalität hinausgehende Maß der Eifersucht, die die Frau an den Tag gelegt hat bzw. noch legt. Verstärkt wird dies noch durch ihre aus Sicht des Mannes vorliegende Bereitschaft, ihn deshalb zu töten (vgl. Z. 17). Vielleicht auch deswegen zeigt sie ein fast durchweg ablehnendes Verhalten gegenüber ihm. Sie wirkt sehr distanziert, wenn sie stets auf persönliche Fragen ausweichend reagiert. So antwortet sie auf die Frage des Mannes, warum sie ihn nicht mehr beschimpfe, mit einer Gegenfrage (vgl. Z. 41) oder will mit ihm nicht mehr „über vergangene Zeiten" (Z. 23) sprechen. Ihre abweisende Art wird besonders deutlich, als sie sich selbst fragt: „Wie lange muss ich noch mit diesem Menschen reden?" (Z. 54) und dabei ihren Ex-Mann meint.

Sie verhält sich wahrscheinlich aufgrund dieses Hasses auch sehr nachtragend gegenüber ihrem ehemaligen Partner. Selbst über zwei Jahre nach der Trennung (vgl. Z. 103) erlaubt sie ihm nur den nötigsten Umgang mit dem Sohn (vgl. Z. 19 f.). Dabei ist sie sehr rachsüchtig und instrumentalisiert ihren Sohn, um ihren Ex-Partner zu verletzen. Obwohl sich der Sohn auf die gemeinsame Ferienreise mit dem Vater freut (vgl. Z. 31 f.), gönnt sie ihm diese Vorfreude nicht und versucht die Freude des Sohnes auf die Reise und nicht auf das Zusammensein mit dem Vater zu reduzieren („Auf dich? Auf die Reise freut er sich", Z. 30). Noch deutlicher wird diese kalte, rachsüchtige Seite von ihr, als sie ihm plötzlich mitteilt, dass der Sohn nicht auf die Reise gehen kann. Dies teilt sie ihm mit knappen, parataktischen Sätzen mit (vgl. Z. 58), was besonders abweisend, bestimmt und endgültig wirkt. Ihr ist es also wichtiger, dass der Mann verletzt wird und keine Zeit mit dem Sohn verbringen kann, als dass sie ihrem Sohn eine Freude macht. Dies quittiert der Mann mit der hyperbolischen Metapher, dass sie „die Teufelskälte in Person" (Z. 85) ist.

Bei dieser Rachsucht wird auch ihre unaufrichtige Ader deutlich. Mit Lügen und Ausreden, dass der Sohn mit der Schwester verreise (vgl. Z. 62) oder dass er „nicht ganz gesund" (Z. 70 f.) sei, möchte sie den wahren Grund für die Verweigerung der Reise verschleiern. Auch an diesen Textstellen zeigen die Parataxen die kalte Seite der Frau.

Andererseits möchte sie aber vielleicht auch nur das Beste für ihren Sohn und reagiert fürsorglich, wenn sie ihren Sohn vor dem vermeintlich schlechten Einfluss des Vaters schützen möchte. Sie betont mehrmals, dass sie ihr Kind „[s]einem schmutzigen Einfluss" (Z. 13 f.) entziehen möchte und dass er aus ihrem Sohn keinen „Lump" (Z. 87) machen dürfe. Mit Verwendung von Umgangssprache zeigt sie erkennbar die für sie möglichen negativen Seiten des Umgangs mit dem Vater auf.

Trotzdem reagiert sie zu impulsiv und jäh, als sie ohne erkennbaren Grund plötzlich die Mitreise des Sohnes verweigert (vgl. Z. 58). Möglicherweise hat dieselbe Unbesonnenheit dazu geführt, dass sie ihren Sohn bereits schon mal zu entführen versucht hat (vgl. Z. 9 ff.). Dies zeigt, dass sie in ihrem unüberlegten Handeln auch vor illegalen Mitteln nicht zurückschreckt und übertrieben reagiert.

Eventuell liegen die Ursachen hierfür auch in psychischen Problemen, wie bereits beim Hass auf ihren Mann angedeutet. Der Mann ist der Ansicht, dass sie „wieder zu delieren" (Z. 103) beginnt. Das bedeutet, dass es nicht das erste Mal ist, dass sie sich so wankelmütig und nicht rational nachvollziehbar verhält. Erkennbar wird dies auch an der ständigen Nachfrage nach den Satteltaschen und auf ihrem Beharren, dass er dem Sohn diese kaufen soll. Dabei wirken die von ihr verwendeten Imperative (vgl. Z. 97 ff.) und die Wiederholung von „nicht verstehe" (Z. 98) zunehmend hysterisch und bestätigen diesen Verdacht.

Insgesamt betrachtet erscheint die Figur durch ihren Ex-Mann so verletzt worden zu sein, dass es ihr nicht möglich ist, einen normalen Umgang mit ihm zu pflegen, sondern ihm mit Kälte und Abweisung begegnet. Sie zeigt dabei ein ambivalentes Verhalten, da sie einerseits nur das Beste für ihren Sohn möchte, andererseits aber die gemeinsame Ferienreise mit dem Vater verhindert, auf die er sich allem Anschein nach schon gefreut hatte, nur weil sie Rache an ihm üben möchte. Im Verlauf des Textauszuges zeigt sie zunehmend hysterische Züge, die auf tiefere psychische Probleme schließen lassen.

Randnotizen:

- einleitende Schilderung der Situation, in der sich die Figur befindet
- äußere Merkmale mit Angabe der Textstellen
- Charakterzug / Textstellen / sprachliches Mittel: rhetorische Frage
- Charakterzug / Textstellen / sprachliches Mittel: Hyperbel
- Eigenschaft / Textstellen / sprachliches Mittel: Fragen
- Eigenschaft / Textstelle / Eigenschaft / Textstellen
- sprachliches Mittel: Parataxen
- sprachliches Mittel: Metapher
- Charakterzug / Textstelle / sprachliches Mittel: Parataxen
- Charakterzug / Textstellen
- sprachliches Mittel: Umgangssprache
- Charakterzug / Textstellen
- Charakterzug / Textstellen
- sprachliche Mittel: Imperativ, Wortwiederholung
- Schluss: Zusammenfassung der wesentlichen Erkenntnisse

2.5 Variante 1: Gesprächsanalyse

Lösungsvorschlag (stichpunktartig)

Das Gespräch zwischen dem Mann und seiner ehemaligen Frau ist durchdrungen von negativen Gefühlen gegenüber dem einstigen Partner. Insgesamt sind vier Phasen festzustellen.

	Phase 1	Phase 2	Phase 3	Phase 4
Thema/Inhalt	Abholen des Sohnes, wobei deutlich wird, dass sie ihren Mann hasst (vgl. Z. 3 f.) und er Zweifel an ihrer psychischen Verfassung hat (vgl. Z. 73 ff.).	Reden über die Vergangenheit und Versuch seinerseits, an die einstige „Liebe" (Z. 21) zu erinnern. Dadurch Rückbesinnen auf das eigentliche Thema ihres Treffens, das Abholen des Sohnes (vgl. Z. 24 ff.).	Thema ist nun nur noch die Beziehung der beiden und nicht mehr der Umgang mit dem gemeinsamen Kind.	Streitgespräch über die Beziehung mit gegenseitigen Beschuldigungen
Absicht/Ziel/Strategie	Beide versuchen sich selbst über den anderen zu stellen und deshalb den anderen schlecht machen. Die Strategie ist dabei, den Sohn zu instrumentalisieren und jeweils dem anderen einen schlechten Einfluss zu unterstellen (Mutter über Vater: „schmutzige[r] Einfluß", Z. 13 f.; Vater über Mutter: „fanatisch", Z. 16 und er suggeriert, dass er ihr sogar einen Mord zutraut, vgl. Z. 17).	Er versucht den Umgang miteinander etwas zu normalisieren und auf sie zuzugehen (vgl. Z. 32 ff.). Sie möchte keinerlei freundschaftliche Beziehung zu ihrem Ex-Mann aufbauen und gönnt ihm nicht einmal das schöne Gefühl, zu wissen, dass das gemeinsame Kind ihn liebt und sich auf ihn freut.	Er versucht weiter ihr entgegenzukommen, indem er zunächst erklärt, dass er es als schön empfindet, dass sie friedlich miteinander reden können (vgl. Z. 38 f.). Er deutet an, dass sie sich durch ihr ganzes Verhalten zeigt, dass sie noch Gefühle für ihn hat (vgl. Z. 50 ff.), Sie verweigert sich dieser Annäherung und will ihn auf Distanz halten.	Sie will ihn verletzen, indem sie den Sohn nicht mit ihm auf die gemeinsame Reise fahren lässt. Ihr Ex-Mann durchschaut dies (vgl. Z. 75 ff.) und versucht ihr klarzumachen, dass sie Sebastian nur als Werkzeug einsetzt, um sich zu rächen (vgl. Z. 82 ff.). Als letzter Versuch, versucht die Frau wieder die Satteltaschen ins Spiel zu bringen (vgl. Z. 98 ff.)
Stimmung	Die Stimmung zwischen den beiden ist äußerst schlecht und gereizt. Sie werfen sich gegenseitig Hass und schlechten Einfluss vor. Dies wird auch durch die Sprache unterstützt.	Die Situation entspannt sich etwas. Die Stimmung ist etwas emotionaler und ihm werden seine einstigen Gefühle für seine Frau wieder bewusst sowie die Liebe noch bewusst ist für seinen Sohn („Aus Liebe?", Z. 21, „Freut er sich?", Z. 28, „Warum gönnst du mir nicht, daß er sich wie ein Schneekönig freut auf die Reise mit mir?", Z. 32f.). Er versucht, seine Gefühle zu zeigen, während sie plötzlich ganz sachlich wird, was sich auch an ihrer Sprache zeigt.	Sie beharrt zunächst auf ihrer sachlichen Umgangsweise, indem sie klargestellt hat, dass sie sich nur mit ihm abgibt, weil das „die Regeln verlangen" (Z. 46 f.) Nach seinem Entgegenkommen schlägt ihre Stimmung um und sie wird emotional („Für dich? Ha! Du täuschst dich. [...] Ich habe mich gefragt: Wie lange muß ich noch mit diesem Menschen reden?", Z. 54).	Ein sachlicher Umgang miteinander erscheint nicht mehr möglich. Er gibt jegliche Bemühung um Annäherung auf (vgl. Z. 104 ff.). Die Stimmung ist durch die gegenseitigen Beleidigungen noch mehr ins Negative gerutscht.

2.5 Variante 1: Gesprächsanalyse

	Phase 1	Phase 2	Phase 3	Phase 4
Beziehung	Das Verhältnis der beiden ist sehr belastet. Die Andeutung, dass sie in der Vergangenheit bereit gewesen ist „ihn zu töten" (Z. 17 f.), deutet an, dass die Beziehung sehr zerrüttet ist. Ursache hierfür könnte eine Affäre seinerseits oder übersteigerte „Eifersucht" (Z. 16) ihrerseits sein.	Es zeigt sich, dass die Beziehung in der Vergangenheit (mindestens von seiner Seite) auf Liebe beruht hat. Sie möchte jedoch keine positive Beziehung mehr aufbauen und unterbindet die Versuche, die in diese Richtung gehen.	Man erkennt an ihrem Verhalten, dass sie sehr verletzt sein muss und über diese Gefühle nicht hinwegkommt. Es scheint so, als hätte er bei ihr einen wunden Punkt getroffen, weshalb sie sich scheinbar versucht zu schützen, indem sie das Gespräch auf eine verletzende Ebene bringt.	Die Fronten der Beziehung sind noch tiefer verhärtet und eine Annäherung scheint auch aufgrund der vielen gegenseitigen Beleidigungen und Anschuldigungen nicht möglich.
Dominanz	Beide haben in etwa die gleichen Redeanteile. Keiner kann sich in dieser Phase durchsetzen.	Auch hier haben beide in etwa gleiche Redeanteile, doch erreicht er sein Ziel hier nicht, sie setzt sich letztlich in dieser Phase durch.	Indem sie emotional wird und die sachliche Ebene verlässt, gibt sie die Dominanz an ihn ab.	Dadurch, dass nun beide die Fassung verlieren, ist im Grunde kein normales Gespräch mehr möglich. Beide sind nun Verlierer im Gespräch.
verbale/nonverbale Kommunikation	negativ besetztes Vokabular, das die negative Stimmung und schlechte Beziehung unterstreicht: „über den Tod hinaus hassen" (Z. 3 f.), „Haß" (Z. 5), „entführen" (Z. 10), „schmutzige[r] Einfluß" (Z. 13 f.) und „fanatisch" (Z. 16).	emotionale Sprachwahl des Mannes (s. Stimmung) im Gegensatz zur Sachlichkeit der Frau: „Du bist hier, um den Jungen abzuholen. Den Jungen abzuholen bedeutet nichts weiter als den Jungen abholen. Eine Regel einhalten, nichts weiter" (Z. 25 f.).	zunehmende Emotionalität in den Äußerungen (s. Stimmung)	Ihr Ringen um Fassung: „Ich starre dich an, weil ich mein halbes Leben, das du bist, nicht verstehe, einfach nicht verstehe" (Z. 98 f.). Beleidigungen von ihr: „Du machst mir nicht so einen Lump aus ihm, wie du es bist." (Z. 87), „Du bist ja verrückt" (Z. 97). Beleidigungen von ihm: „du liebst [unseren Sohn] keineswegs [...] weil du besessen bist von mir", (Z. 83 ff.), „Du bist die Teufelskälte in Person" (Z. 85), „du suchst ja nach Gewalt" (Z. 95 f.).

Am Ende gehen beide Beteiligten als Verlierer aus diesem Gespräch hervor. Der Mann ist mit seinen Bemühungen um eine Verbesserung der Beziehung zu seiner ehemaligen Frau ebenso gescheitert wie sie, da er ihre wahren Gefühle durchschaut hat. Die Fronten sind somit wahrscheinlich noch verhärteter als vor dem Treffen.

2.6 Variante 2: Motivvergleich

Lösungsvorschlag (stichpunktartig)

Beide Materialien müssen auf Gemeinsamkeiten und Unterschiede hin untersucht werden. Hierfür sollten Sie Vergleichskriterien aufstellen, anhand derer diese festgestellt werden können.

In diesem Fall bieten sich folgende Kriterien an:

- Beziehung der Eltern
- Umgang mit dem Kind
- Reaktionen des Kindes

Fasst man die Analyseergebnisse in einer Tabelle zusammen, ergibt sich folgende Gegenüberstellung (markiert durch G und U):

	Material 1: Die Ähnlichen	**Material 2: Müller hoch Drei**
Beziehung der Eltern	Beziehung zwischen den beiden Elternteilen ist extrem gestört. Die beiden hassen sich. (U)	Die beiden Eltern haben eine sehr enge Beziehung und lieben sich. (U)
Umgang mit dem Kind	Der Vater hat das Wohl des Kindes im Auge und möchte gerne Zeit mit ihm verbringen. Sie instrumentalisiert das Kind (U).	Die Eltern empfinden das Kind als Störung und stellen ihre Beziehung über die zu ihrem Kind (U).
	Das Wohl des Kindes steht nicht für beide im Vordergrund (G).	Die Eltern stellen das Wohl des Kindes hinter ihren Bedürfnissen an (G).
Reaktionen des Kindes	Reaktionen sind nicht bekannt (U).	Das Kind reagiert sprachlos und verstört (U).
Fazit	Es ist hier ein Dreiecksverhältnis zwischen Vater, Mutter und Kind erkennbar, bei dem das Kind wie ein Spielball der Interessen der Eltern wirkt.	Es stehen sich Eltern und Kind als zwei Pole gegenüber. Das Kind wird von den Eltern im Stich gelassen.

3. Interpretation eines Beziehungsgeflechts

3.1 Übungsaufgabe 8

Ergebnis der Materialauswertung

Beziehung Katrin – Vater:

- Vater-Tochter-Beziehung
- Bisher vertrauensvolles Miteinander, nun erstmalig gestört durch Entscheidung zwischen Vater und Freund
- Vater will Tochter beschützen und warnen
- Tochter fügt sich zunächst der Dominanz des Vaters – asymmetrische Beziehung
- Beginn der Auflehnung gegen den Vater aufgrund der Entscheidungserzwingung
- Belastung der Beziehung Vater-Katrin durch die Beziehung Katrin-Freund mit Zerstörung der Vertrauensbasis

Beziehung Katrin – Freund:

- Liebesbeziehung (bedingungslos von Seiten des Freunds), gestört durch Einfluss des Vaters
- Einfluss der undurchsichtigen Vergangenheit des Freunds auf die Beziehung
- Beeinträchtigung der Beziehung durch Beziehung Katrins zu ihrem Vater
- Katrin hält letztendlich treu zu ihrem Freund
- Katrin stellt die Beziehung zu ihrem Freund über die zu ihrem Vater

Lösungsvorschlag

Die Beziehung zwischen Karin und ihrem Vater ist überwiegend eine typische Vater-Tochter-Beziehung, die zu Beginn vertrauensvoll ist (vgl. Z. 42 ff.). Der Vater tritt dominant gegenüber der Tochter auf und drängt sie sogar, ihren Freund um der Ehre der Familie Willen zu verlassen (vgl. Z. 33 ff.). Er hat dabei aber fürsorglich das Wohl seiner Tochter im Sinn, da er sie vor Schwierigkeiten warnen bzw. bewahren will (vgl. Z. 12 ff.). Die Tochter fügt sich bis zu diesem Konfliktpunkt auch der Dominanz ihres Vaters. Während des Konflikts mit ihrem Vater lehnt sie sich jedoch zusehends gegen ihn auf, was auch in ihrem äußeren Auftreten am Silvesterabend deutlich wird (vgl. Z. 64 ff.). Dieser Konflikt belastet die Beziehung sehr, da Karin ihrem Freund trotz anfänglichem, vordergründigem Einlenken gegenüber ihrem Vater treu bleibt und sie dadurch gezwungen wird, das Vertrauen ihres Vaters zu missbrauchen, indem sie ihren Freund heimlich trifft (vgl. Z. 85 ff.). Insgesamt ist die Beziehung zwischen Karin und ihrem Vater durch den Zwang zur Entscheidung zwischen Vater und ihrem Freund Frank belastet und die Vertrauensbasis gestört.

Typisierung der Beziehung
Hierarchie

Konflikte
Verhalten währenddessen
Auswirkungen des Konflikts

Zusammenfassung

Auch die Beziehung Karins zu ihrem Freund Frank wird von diesem Konflikt beeinträchtigt. Die beiden kennen sich schon länger und sind schon zum zweiten Mal ein Paar (vgl. Z. 20 ff.). Frank hat sich sehr um die Beziehung bemüht (vgl. Z. 50 f.) und liebt Karin bedingungslos bis zur Selbstaufgabe, wäre sogar zu einem Selbstmord fähig, wenn sie sich von ihm trennen würde (vgl. Z. 90 f.). Karin ist der einzige Mensch, an dem er hängt (vgl. Z. 51 f.). Karin liebt Frank auch, wenngleich auch nicht so innig. Sie versucht ihn bei Konflikten zu schonen, indem sie bei der zwischenzeitlichen Trennung eine Notlüge verwendet (vgl. Z. 49 ff.). Letztlich hält sie nach kurzem Zweifeln doch treu zu ihm, obwohl dies, wie schon erwähnt, die Beziehung zu ihrem Vater auf die Probe stellt.

Typisierung der Beziehung
Dauer
Verhalten
Hierarchie
Verhalten bei Konflikten
Ausblick auf Entwicklung der Beziehung

3.2 Variante 1: Inhaltsangabe

Lösungsvorschlag (stichpunktartig)

Aus dem Text lassen sich die wesentlichen Informationen zur kurzen Vorstellung des Textes gewinnen:

- Autor: Volker Braun, Titel: Unvollendete Geschichte, Erscheinungsjahr: 1989
- auktoriale/personale Erzählperspektive aus der Sicht Karins
- Zeit und Ort der Handlung: Städte/Kreise K. und M. zwischen 23.12. und 02.01. eines Jahreswechsels in den 70er-Jahren
- Handlungskern: Umgang Karins mit der Eröffnung ihres Vaters, dass sie sich von ihrem Freund Frank trennen soll, da dieser wahrscheinlich in Vorgänge verwickelt sei, die unangenehme Folgen für die Tochter haben könnten. Zunächst und nach außen kündigt sie die Beziehung auf, trifft sich aber in M. dann doch mit Frank und zieht ihn ins Vertrauen.
- Thematik: innere Konflikte Karins:
  ○ zum einen vertraut sie ihrem Vater und möchte sein Vertrauen auch nicht missbrauchen, andererseits liebt sie Frank
  ○ zum einen hat sie Erfolg im bisherigen Leben, da sie immer das tut, was von ihr verlangt wird, andererseits merkt sie, dass ihr diese Welt immer fremder wird, kann/will sich aber nicht dagegen auflehnen

Der Text kann grob in drei Abschnitte eingeteilt werden:

1. Z. 1-45: Gespräch des Vaters mit Karin
   a) geheime Informationen, aufgrund derer sie sich von ihrem Freund Frank trennen solle
   b) Andeutung einer kriminellen Vergangenheit Franks
   c) Verbot des Umgangs und Beginn der Entfremdung Karins von ihrer Familie
2. Z. 46-70: Einlenken Karins
   a) Beenden der Beziehung zu Frank
   b) Aufnahme der Schuld durch Karin
   c) Zweifel Karins an ihrem Tun und weitere Entfremdung von der Familie
3. Z. 71-91: Aufbruch nach B zum Volontariat
   a) Einfinden an der neuen Arbeitsstelle
   b) heimliches Treffen und Versöhnung mit Frank

3.3 Variante 2: Charakterisierung

Lösungsvorschlag (stichpunktartig)

<u>äußere Merkmale (Name, Beruf, Alter, Familienstand, ...)</u>

- Name: Karin
- 18 Jahre, weiblich (vgl. Z. 1)
- angehende Volontärin in einer Bezirksredaktion (vgl. Z. 71)
- Tochter eines Ratsvorsitzenden und einer Redakteurin (vgl. Z. 1 und Z. 59)
- lässt sich nach dem Gespräch und im Konflikt etwas äußerlich gehen (strähnige Haare, verwaschene Jeans, vgl. Z. 65 ff.)

<u>Charakterzüge und Eigenschaften:</u>

- emotional (hitzige Unterredung, aggressiv, heulen, vgl. Z. 33 ff.)
- lethargisch, träge (vgl. Z. 56)
- gehorsam, unselbstständig, fast blindes Vertrauen/Gehorsam zum/gegenüber dem Vater (vgl. Z. 42)
- unsicher (vgl. Z. 42); sie ist sich auch nicht sicher, ob ihr Vater im Recht ist und ob sie sich richtig gegenüber Frank verhält (vgl. Z. 72)
- schuldig/verpflichtet gegenüber dem Vater (vgl. Z. 44 f.)
- einfühlsam, da sie versucht Frank das Ende der Beziehung leicht zu machen (vgl. Z. 47 ff.)
- begehrt gegen die Dominanz und traditionellen Vorstellungen der Eltern auf, was an der Silvesterszene besonders deutlich wird (vgl. Z. 64 ff.)
- erfolgreich, bisher keine großen Schwierigkeiten im Leben (vgl. Z. 79)
- hält aber treu zu Frank, da sie ihn heimlich trifft und ihm die Geschehnisse erklärt (vgl. 85 ff.)
- hat Kummer aufgrund der Trennung von Frank (vgl. Z. 76)
- versucht die Geschehnisse zu vergessen (vgl. Z. 76 f.)

<u>Fazit:</u>

Nachdem Karin in ihrem bisherigen Leben keine größeren Schwierigkeiten zu überwinden hatte, gerät sie zum ersten Mal in einen größeren Konflikt mit ihrer Familie und dadurch auch mit sich selbst. Die Treue zu ihrem Freund Frank führt dazu, dass sie sich zusehends von ihrer Familie und deren Wertvorstellungen löst und ihren eigenen Weg im Leben geht.

4. Untersuchung des Gesprächsverhaltens

4.1 Übungsaufgabe 9

Ergebnis der Materialauswertung

<u>Ausgangssituation:</u>

Ill ist mittlerweile vom Gemeinwesen ausgeschlossen, isoliert; in der Position des Bürgermeisters wird die Verlogenheit der Güllener gezeigt, die bereit sind, Ill „zu opfern", nicht jedoch die Verantwortung dafür zu übernehmen, indem sie ihn nötigen wollen, sich selbst zu töten.

<u>Gesprächsziele des Bürgermeisters:</u>

1. Ill zur Selbsttötung überreden
2. Ill soll sich bereit erklären, der Presse nicht die Wahrheit zu sagen, sondern gute Miene zum bösen Spiel zu machen

<u>Gesprächsstrategien:</u>

Bürgermeister: Verdrängung, Verschleierung und Verdrehung

Ill: „Klartext" und ironische Distanzierung

<u>Phaseneinteilung:</u>

Phase 1 (Z. 1-34): indirekte Aufforderung zur Selbsttötung

Phase 2 (Z. 36-88): Versicherung Ills, vor der Presse „mitzuspielen"

Phase 3 (Z. 90-127): moralisierender Appell zur Selbsttötung aus Ehrgefühl

	Phase 1	Phase 2	Phase 3
Thema/Inhalt	Der Bürgermeister besucht Ill, um ihn zu überreden, sich selbst umzubringen, damit die Gemeindeversammlung nicht stattfinden muss.	Nachdem der Bürgermeister über die anstehende Gemeindeversammlung berichtet hat, will er sich rückversichern, dass Ill nichts von der Todesdrohung an die Presse weitergeben wird, was Ill auch zugesteht.	Der Bürgermeister gibt sein Vorhaben, Ill zu einem Freitod zu überreden weiterhin nicht auf, verhält sich jetzt allerdings nicht mehr so subtil, sondern spricht dieses Ansinnen offen aus. Er appelliert dabei vermeintlich moralisch an Ills Ehrgefühl. Doch auch dies durchschaut Ill und weigert sich weiter.
Absicht/Ziel/Strategie	Der Bürgermeister versucht Ill subtil zum Selbstmord zu bewegen. Ill geht nicht auf die versteckten Hinweise ein und möchte Klartext vom Bürgermeister hören.	Der Bürgermeister möchte, dass Ill die Wahrheit nicht ans Licht der Presse bringt. Ill möchte ein offenes Gespräch.	Der Bürgermeister fordert Ill nun offen zum Freitod auf. Ill möchte dem Bürgermeister die moralische Verwerflichkeit seines Tuns verdeutlichen und weigert sich, seinem Leben selbst ein Ende zu setzen.
Stimmung	Es herrscht eine angespannte Stimmung. Der Bürgermeister versucht Ill psychologisch unter Druck zu setzen, da er ein Gewehr mitbringt und es Ill demonstrativ zur Verfügung stellt. Ill reagiert recht einsilbig und dadurch etwas abweisend.	Die Stimmung spitzt sich etwas zu. Die Drohungen werden offener. Zunächst versucht der Bürgermeister allerdings noch, seine wahren Absichten zu verschleiern und nur vage anzudeuten („Eine heikle Situation", Z. 41 f.). Ill spricht allerdings „Klartext" und macht den Konflikt somit offensichtlich. Ill gibt sich weiter souverän, indem er mit der Kasse arbeitet. Durch die ironischen Antworten Ills, die der Bürgermeister nicht versteht, zeigt Ill, dass es um die Gewissensberuhigung der Güllener Bürger geht. Die Stimmung wird nun angespannter, als der Bürgermeister offen droht, worüber Ill eigentlich ganz froh ist, da das Gespräch nun mit offenem Visier geführt wird.	Die Stimmung wird durch Vorwürfe und (gespielte) Empörung geprägt. Der Bürgermeister appelliert scheinheilig an Ills Ehrgefühl, um ihn zu überreden, der Bürgerversammlung die Entscheidung über seine Tötung abzunehmen (vgl. Z. 101 ff). Ill öffnet sich hier allerdings und zeigt seine grundsätzliche Bereitschaft, sich der Gemeinschaft unterzuordnen, er ist aber nicht bereit, den Güllenern die Verantwortung abzunehmen („Ihr müßt nun meine Richter sein", Z. 127). Am Ende der Szene resigniert der Bürgermeister und zeigt sich beleidigt, während Ill von ihm und der Dorfgemeinschaft enttäuscht ist.

Lösungsvorschläge Literarische Texte: Epik und Dramatik

	Phase 1	Phase 2	Phase 3
Beziehung	Der Konflikt zwischen den beiden ist leicht erkennbar. Der Bürgermeister ist als Amtsperson Ill gesellschaftlich übergeordnet. Er ist vordergründig um eine vertraute Atmosphäre bemüht, was Ill allerdings durchschaut und womit er sich dem Machtverhältnis mit Erfolg entzieht.	Das Spannungsverhältnis der beiden verschärft sich, da nun der Bürgermeister offen droht und die Tatsachen verdreht („Wir spielen ein faires Spiel", Z. 67). Er maßt sich auch an, eine moralische Instanz zu sein. Ill durchschaut allerdings dieses falsche Spiel.	Die offene Feindschaft der beiden (die scheinbar auch schon länger geschwelt hat) tritt deutlich zu Tage. Beide sagen sich nun ungeschminkt die Wahrheit. Trotz dieser Feindseligkeiten verhalten sie sich noch sachlich und nüchtern (ohne Gewalt o. Ä.).
Dominanz	Keine klare Dominanz erkennbar. Der Bürgermeister hat zwar mehr Redeanteile, schafft es aber mit seinen Andeutungen nicht, Ill zu überzeugen.	Die Dominanz liegt eher bei Ill. Zwar hat der Bürgermeister mehr Redeanteile und es gelingt ihm, Ills Zusage zu erhalten, doch moralisch ist Ill auf der Siegerseite.	Die Dominanz liegt bei Ill: Der Bürgermeister kann sich nicht mit seinen scheinheiligen Moralisierungen gegen Ill durchsetzen. Ill hat nun auch mehr Gesprächsanteile und setzt sich letztendlich durch.
verbale/nonverbale Kommunikation	Nonverbaler Appell durch das Mitbringen und Anlehnen des Gewehrs. Versuch der Verschleierung („Ich schau nur schnell bei Ihnen herein"). Der Bürgermeister droht mit einer Gemeindeversammlung und versucht seine Macht auszuspielen. Dazu bedient er sich häufiger Verallgemeinerungen durch wiederholtes „wir" (Z. 26, Z. 30). Ill lässt den Bürgermeister durch seine knappen Antworten und wiederholtes „Schweigen" (Z. 6, Z. 34) scheitern. Ill distanziert sich ironisch, indem er wiederholt, was der Bürgermeister gesagt hat („Freilich", Z. 32).	Ill spricht häufiger ironisch („Das ist lieb von Ihnen", Z. 61), teilweise fast sarkastisch („Ich bin froh, eine offene Drohung zu hören", Z. 75). Der Bürgermeister erfasst diese Ironie teilweise aber nicht. Auch in dieser Phase wird die Spannung der Situation durch „Schweigen" (Z. 54, Z. 88) deutlich.	Der Bürgermeister versucht die Moral mit Pathos vorzutragen („Ehrenmann", Z. 104; „bittere Not, das Elend, die hungrigen Kinder", Z. 106 f.). Ill bekräftigt mit einer Klimax („Ich klage nicht, wehre mich nicht, aber euer Handeln kann ich euch nicht abnehmen", Z. 121 f.) seinen Standpunkt.

Abschließende Zusammenfassung:

- Redeanteil des Bürgermeisters deutlich höher als der Ills
- Ill begegnet dem Bürgermeister aber auf Augenhöhe
- Ill ist sich in dieser Szene seiner Schuld bewusst
- Ill verhält sich verantwortungsbewusst und sieht seinen eigenen Tod als Sühne für sein vergangenes Handeln.
- Er ist aber nicht bereit, den Güllenern die Verantwortung für ihr eigenes Handeln abzunehmen.

Lösungsvorschlag

Das Gespräch zwischen Ill und dem Bürgermeister erfolgt in einer Phase des Dramas, in der Ill mittlerweile vom Gemeinwesen ausgeschlossen und isoliert ist. Der Besuch des Bürgermeisters zeigt die Verlogenheit der Güllener Bürger, die bereit sind, Ill zu töten, um das Geld der Milliardärin zu erhalten, gleichzeitig sind sie aber nicht bereit, die Verantwortung dafür zu übernehmen. Deshalb wollen sie ihn nötigen, sich selbst zu töten. Ill dazu zu überreden, ist neben der Verheimlichung der Wahrheit vor der Presse auch das Ziel des Bürgermeisters in diesem Gespräch. Ill dagegen möchte dem Bürgermeister stellvertretend für die Güllener deren Verlogenheit vor Augen führen. Das Gespräch lässt sich dabei in drei Phasen einteilen, während derer es immer offener wird.

Einleitung: Schilderung der Gesprächssituation

Einteilung in Phasen
1. Phase:
Thema
Absicht

Zu Beginn des Gesprächs besucht der Bürgermeister Ill und bringt zu diesem Besuch ein Gewehr mit. Er versucht, durch versteckte Andeutungen („Ich bringe ein Gewehr [...] es ist geladen", Z. 8 ff.) und den nonverbalen Appell, das Gewehr an den Ladentisch zu lehnen (vgl. Z. 16), Ill dazu zu bewegen, dieses für einen Selbstmord zu nutzen. Ill geht allerdings nicht auf diese versteckten Hinweise ein (vgl. Z. 14). Obwohl daraufhin der Bürgermeister auf die Gemeindeversammlung, zu der Ill wie auch alle anderen eingeladen ist, zu sprechen kommt, bleibt durch die Gegenwart des Gewehrs während des gesamten Gesprächs die Forderung der Selbsttötung präsent. Der Bürgermeister versucht durch Ausreden, dass er nur schnell bei ihm vorbeischauen möchte (vgl. Z. 1 f.) und Verzerrungen, dass sich Güllen in „einer gewissen Zwangslage" (Z. 22 f.) befände, zu verschleiern, dass sich die Bürger Güllens keineswegs in Sorge um Ill befinden, sondern nur am eigenen Wohlstand interessiert sind. Dass er dabei für alle in der Gemeinschaft spricht, macht er durch die Verwendung von Verallgemeinerungen wie „man" und „wir" in den Zeilen 22 ff. deutlich. Durch Ills knappe Antworten, das „Schweigen" (Z. 6 und Z. 34) und seine ironische Distanzierung durch das Wiederholen des „freilich" (Z. 32) des Bürgermeisters wird klar, dass Ill sich recht abweisend verhält und zwischen den beiden Protagonisten eine sehr angespannte Stimmung herrscht. Der Bürgermeister versucht allerdings wiederholt vordergründig eine vertraute Atmosphäre zu schaffen, um Ill für sich zu gewinnen. Ill durchschaut jedoch die Verlogenheit des Bürgermeisters und lässt ihn dadurch scheitern. Eine klare Dominanz ist in dieser Phase nicht erkennbar. Der Bürgermeister hat zwar größere Redeanteile, doch kann er sich schließlich nicht gegen Ill durchsetzen und scheitert damit, Ill subtil durch Ausnutzen seiner Machtposition als Bürgermeister unter Druck zu setzen.

verbale/ nonverbale Kommunikation

Beziehung

Stimmung

Dominanz

Deshalb ändert er in der zweiten Phase auch seine Strategie und versucht Ill zunächst dazu zu bewegen, in der anstehenden Gemeindeversammlung nicht die wahren Hintergründe des Treffens, die Beratschlagung über den Tod Ills, ans Tageslicht zu bringen (vgl. Z. 67 ff.). Zunächst verhält sich der Bürgermeister deshalb auch hier sehr scheinheilig, indem er immer noch vorgibt, Ill als „reingewaschen" (Z. 59) dastehen zu lassen und weiter versucht, seine wahren Absichten als „eine heikle Situation" (Z. 41 f.) zu verschleiern und die Tatsachen zu verdrehen („Wir spielen ein faires Spiel", Z. 67). Das Gespräch wird dann aber etwas offener. Sowohl Ill bringt nun deutlich zur Sprache, „daß es um [s]ein Leben geht" (Z. 52), als auch der Bürgermeister droht offen damit, dass die Gemeinde im Falle einer Weigerung zu schweigen schon vor der Versammlung reagieren werde (vgl. Z. 77 f.). Die Stimmung spitzt sich dadurch etwas zu. Ill allerdings ist an einem offenen Gespräch gelegen, deshalb ist er auch froh, „eine offene Drohung zu hören" (Z. 75). Dies gibt ihm Gelegenheit, deutlich zu machen, dass er das verlogene Spiel des Bürgermeisters durchschaut und es den Güllenern nur um eine Gewissensberuhigung geht, was er ironisch („Das ist aber lieb von Ihnen", S. 61) zur Sprache bringt, der Bürgermeister aber zunächst nicht versteht. Die Stimmung ist weiterhin durch den Konflikt der beiden geprägt, was sich wieder durch mehrmaliges „Schweigen" (Z. 54, Z. 88) bemerkbar macht, sich aber etwas entspannt, als Ill versichert, den Beschluss der Gemeindeversammlung anzunehmen und vor der Presse zu schweigen (vgl. Z. 82 ff.). Die Dominanz liegt in dieser Phase allerdings eher bei Ill. Zwar hat der Bürgermeister auch hier mehr Redeanteile und er kann sich mit seinem Wunsch durchsetzen, moralisch ist Ill jedoch auf der Siegerseite.

2. Phase:
Thema
Absicht
verbale/ nonverbale Kommunikation

Stimmung

Beziehung

Dominanz

3. Phase:
Thema
Absicht

In der dritten Phase zeigt sich, dass der Bürgermeister noch nicht von seinem ursprünglichen Vorhaben, Ill zu einer Selbsttötung zu überreden, abgerückt ist. Er hat allerdings erkannt, dass er mit Drohungen nicht weiterkommt und versucht nun moralisierend an das Ehrgefühl Ills zu appellieren. Er bezeichnet ihn „als Ehrenmann" (Z. 104) und versucht ihm pathetisch die „bittere Not, das Elend und die Kinder" (Z. 106 f.) vor Augen zu führen, um ihm deutlich zu machen, dass es seine moralische Pflicht sei, sich selbst zu töten. Dabei hat er nun das Spiel mit den Andeutungen beendet und fordert ihn direkt auf, mit seinem „Leben Schluß zu machen" (Z. 103 f.). Dadurch und durch die gespielte Empörung des Bürgermeisters (vgl. Z. 110) tritt nun offen die Feindschaft der beiden, die scheinbar auch schon länger geschwelt hat, zu Tage. Beide sagen sich nun ungeschminkt die Wahrheit und Ill zeigt durch seine Selbstoffenbarung in den Zeilen 112 ff., dass er zwar grundsätzlich bereit ist, sich für die Gemeinschaft zu opfern und zu sterben, dass er aber den Güllenern nicht die Verantwortung für seinen Tod abnehmen wird („Ihr m ü ß t nun meine Richter sein", Z. 117 f.). Mit der Klimax „ich klage nicht, protestiere nicht, wehre mich nicht, aber euer Handeln kann ich euch nicht abnehmen" (Z. 120 f.) bekräftigt er diesen Standpunkt nochmal. Die nun offen feindselige Stimmung führt am Ende der Szene dazu, dass der Bürgermeister selbstgerecht und beleidigt mit dem Gewehr geht (vgl. Z. 123 ff.). Dadurch wird deutlich, dass er sich nicht der Verantwortung stellen will. Aus diesem Grund liegt auch die Dominanz in dieser Phase bei Ill: Er hat nun auch deutlich mehr Redeanteile, kann sich moralisch gegenüber dem Bürgermeister durchsetzen und verdeutlicht durch das Symbol des zerstörerischen „Feuer[s]" (Z. 127) am Schluss nochmals die Mitschuld der Güllener, sich anzumaßen im Namen der Gerechtigkeit zu handeln.

verbale/ nonverbale Kommunikation

Beziehung

Stimmung

Dominanz

Betrachtet man das Gespräch in dieser Szene insgesamt, so wird deutlich, dass der Redeanteil des Bürgermeisters deutlich höher als der Ills ist. Allerdings begegnet Ill dem Bürgermeister durchweg auf Augenhöhe. Ill ist sich in dieser Szene seiner Schuld bewusst und zeigt großes Verantwortungsbewusstsein. Er ist bereit, seinen eigenen Tod als Sühne für sein Handeln in der Vergangenheit zu sehen, aber er ist nicht bereit, den Güllenern die Verantwortung für ihr eigenes Handeln abzunehmen. Obwohl der Bürgermeister gerne moralisch über Ill stehen würde, ist er in dieser Szene allerdings der klare Verlierer, da er Ill nicht zu einem Freitod überreden kann.

abschließende Bewertung

4.2 Variante 1: Charakterisierung

Lösungsvorschlag (stichpunktartig)

Äußere Merkmale (Name, Beruf, Alter, Familienstand, …)

- Name: Ill
- Ladenbesitzer oder Angestellter in einem Laden (Krämer) (vgl. Z. 16)
- Familienvater (vgl. Z. 63)

Charakterzüge und Eigenschaften:

- höflich, trotz der Umstände (vgl. Z. 4, Z. 127)
- besonnen, gefasst, lässt sich nicht provozieren (vgl. Z. 14, Z. 80, …)
- Ehrgefühl (vgl. Z. 90 f.): Er gesteht seine Schuld ein und ist bereit die Konsequenzen zu tragen (vgl. Z. 118 f.).
- reagiert zynisch und ironisch auf die versteckten Andeutungen des Bürgermeisters (vgl. Z. 24, Z. 28, …)
- offen im Gespräch (vgl. Z. 75)
- Überwindung der Verzweiflung und Angst um sein Leben, woraus er (vor allem moralisch) gestärkt hervorgeht (vgl. Z. 112 ff.). Dadurch wirkt er auch selbstbewusst.
- integer, da er bereit ist, sich der Entscheidung der Bürger zu unterwerfen (vgl. Z. 118 f.)
- resigniert, da er wenig Hoffnung für sein Leben hat (vgl. Z. 120 f.).

Fazit:

Trotz seiner unrühmlichen Vergangenheit zeigt sich Ill in dieser Szene als besonnener Mensch, der bereit ist, die Konsequenzen seiner Schuld auf sich zu nehmen. Er zeigt dadurch moralische Größe, auch weil er die Güllener Bürger nicht aus der Verantwortung für sein eigenes Schicksal nimmt.

4.3 Variante 2: Brief

Lösungsvorschlag (stichpunktartig)

Ill hat den Besuch des Bürgermeisters erwartet, da ihm schon bekannt war, dass eine Gemeindeversammlung stattfinden soll. Es sind verschiedene Reaktionen auf den Besuch denkbar, die dann im Brief dargestellt werden können.

- Empörung und Wut auf den Bürgermeister, dass er sich erdreistet, ihn zum Selbstmord aufzufordern
- Wut auf die Güllener Bürger, dass sie sich nicht schützend vor ihn stellen
- Trauer, da er sich von der Gesellschaft alleingelassen fühlt
- Triumpf, weil er dem Bürgermeister die Meinung gesagt hat und er den Bürgermeister als moralisch verwerflich demaskiert hat
- Erleichterung, dass das Versteckspiel ein Ende hat und jeder offen die Meinung gesagt hat
- Resignation, weil sein Schicksal schon besiegelt erscheint

Der Brief sollte aufgrund der Brisanz des Themas durchaus emotional ausgestaltet sein und die subjektiven Empfindungen Ills deutlich (auch sprachlich) erkennen lassen.

Formal ist darauf zu achten, dass der Brief einen Empfänger und ein Datum hat, der dem Ort und der Zeit der Handlung entspricht.

5. Brief

5.1 Übungsaufgabe 10

Ergebnis der Materialauswertung

Hartmann ist sehr verzweifelt, weil seine Verlobte die Hochzeit aufgrund oberflächlicher Gründe abgesagt hat. Der Brief des Freundes sollte:

- Verständnis für die derzeitigen Gefühle zeigen
- Trost spenden
- ihm den Gedanken an einen Heldentod ausreden
- ihm einen Ratschlag erteilen, wie er sich weiter verhalten könnte

Da es sich um einen Freund handelt, sollte der Umgangston im Brief vertraulich und persönlich sein.

Lösungsvorschlag

Leutnant Max Mustermann Lindenstraße 10 80150 München	fiktiver Absender mit Adresse
Hans Hartmann Sieglindenstraße 3 10350 Berlin München, 19.10.1941	Adressat ist Hartmann (Vorname fiktiv) Ort und Datum (Spätherbst 1941) kein Betreff beim persönlichen Brief Anrede
Mein lieber Freund Hans,	Hinführung mit Nennen der Situation
lange haben wir uns nicht mehr gesehen und deshalb hat es mich um so mehr getroffen, als ich gehört habe, dass es mit der Hochzeit zwischen Dir und dem Fräulein Mohrungen nun doch nicht klappt.	
Vor allem die Umstände deretwegen Du auf sie verzichten sollst, kommen für mich völlig überraschend. Stimmt es wirklich, dass es nur daran liegen soll, dass es Unklarheiten in Deinem Stammbaum geben soll? Nur weil eine Deiner Urgroßmütter aus dem Ausland kam und deswegen die Papiere nicht sofort und umfänglich verfügbar sind, sollst Du ihrer nicht würdig sein? Das kann ich wirklich nicht nachvollziehen. Noch als viel schlimmer finde ich allerdings, dass Dich das Fräulein Mohrungen dann so schnell aufgibt. Du und „Pützchen" wart doch immer so vertraut miteinander und habt Euch doch geliebt. Da verstehe ich schon, dass Du jetzt zu Tode betrübt bist, aber Du darfst deswegen nicht Dein ganzes Leben wegwerfen. Klar sieht es jetzt zunächst so aus, als würde Dein ganzer Lebensplan über den Haufen geworfen und im Moment würdest Du vielleicht lieber tot als lebendig sein, so sehr schmerzt dieser Verlust. Doch deshalb den Heldentod auf dem Schlachtfeld zu suchen, kann doch nicht wirklich das sein, was Du willst. Das ist bei Weitem nicht so ehrenhaft und heldenhaft wie es klingt. Denk doch an unseren Kameraden Ludwig, den es über Frankreich erwischt hat: Da hat keiner gedacht, „der ist ein Held", als er tollkühn in die gegnerische Schwadron geflogen ist. Man hat gemeint, seine schmerzverzerrten Schreie zu hören, als das Flugzeug brennend zu Boden ging. Das kannst Du doch bei aller Liebe nicht für Dich selbst wollen. Es ist doch viel heldenhafter, wenn ein Soldat den Tod besiegt, statt sich zu opfern. Das nur für den Führer zu tun, ist ohnehin ein Unsinn. Keine Führung und keine Frau der Welt ist es Wert, sein Leben sinnlos dafür hinzugeben. Es sieht zwar jetzt für Dich nicht so aus, aber es gibt auch noch andere Frauen, mit denen du glücklich werden kannst. Wer weiß, ob es nicht besser für Dich ist, dass Du es schon so früh erfahren hast, dass Du Dich auf „Pützchen" nicht verlassen kannst. Wenn sie schon	Zeigen von Überraschung und Empörung als Zeichen der Verbundenheit Äußern von Verständnis für die derzeitige Gemütslage Argumentieren gegen den Heldentod (mit kreativen Elementen, anschaulich und emotional) Äußern von Verständnis

Lösungsvorschläge Literarische Texte: Epik und Dramatik

bei einem solchen Zwist nicht auf Deiner Seite steht, wie hätte sie dann später nach der Heirat auf Entscheidungen zwischen Dir und der Führung reagiert. Da bist Du so schon besser dran.

Sei also ein echter Held und nimm Dein Schicksal wieder selbst in die Hand. Am besten schon beim Tanzabend im Dezember. Vielleicht lernst Du da schon jemanden kennen, der wirklich mit Dir durch dick und dünn im Leben geht.

Lass mich auf alle Fälle wissen, wie es Dir geht und bevor Du irgendwelche Dummheiten machst: Denk an diesen Brief von mir.

Mit den allerbesten Wünschen und Grüßen von Deinem Freund

Max

Aufzeigen von positiven Seiten des Beziehungsendes Ratschlag an den Freund (mit kreativen Elementen, aber noch auf Basis des Textes) Grußformel Unterschrift

5.2 Variante 1: Inhaltsangabe

Lösungsvorschlag (stichpunktartig)

Aus dem Text lassen sich die wesentlichen Informationen zur kurzen Vorstellung gewinnen:

- Autor: Carl Zuckmayer, Titel: Des Teufels General, Jahr der Uraufführung: 1946 in Zürich
- Zeit und Ort der Handlung: Berlin im Spätherbst 1941
- Handlungskern: Im Rahmen einer Feier anlässlich des 50. Luftsiegs von Oberst Friedrich Eilers kommt es zu einem Gespräch zwischen General Harras, einem erfahrenen und leidenschaftlichen Flieger, und dem jungen Fliegeroffizier Hartmann, der, nachdem er von seiner Verlobten Frl. von Mohrungen verlassen wurde, sehr verzweifelt ist.
- Thematik:
  ◦ Verzweiflung Hartmanns über das Ende der Beziehung bis hin zur Lebensmüdigkeit
  ◦ Wut Harras' über die Todessehnsucht Hartmanns und dessen Verblendung durch das NS-Regime

Der Text kann grob in zwei Abschnitte eingeteilt werden:

1. Z. 1-53: Gespräch zwischen Harras und Hartmann über dessen Trennung von Frl. von Mohrungen und deren Gründe
   a) Trennung aufgrund einer „Unklarheit" in Hartmanns Stammbaum
   b) Unverständnis Harras' ob des Trennungsgrundes
   c) Rat Harras', die Beziehung abzuhaken

2. Z. 55-105: Harras' Versuch, Hartmann von dessen Todessehnsucht als Ausweg auf seine Krise abzubringen
   a) Appell Harras', das Leben nicht leichtfertig wegzugeben
   b) Überzeugungsversuch, dass Hartmann sein Leben nicht dem Führer opfern soll und dass es sich weiter zu leben lohnt

5.3 Variante 2: Gesprächsverhalten

Lösungsvorschlag (stichpunktartig)

Einleitende Schilderung der Gesprächssituation: Harras spricht den verzweifelten Hartmann auf einer Feier auf das Ende seiner Beziehung zu Frl. Mohrungen an.

Analyse des Gesprächsverlaufs: Einteilung in zwei Phasen:

1. Phase: Zeile 1 bis 53 (Hartmann hat den Kopf auf die Brust sinken lassen.):

- Thema: Gespräch zwischen Harras und Hartmann über dessen Trennung von Frl. von Mohrungen und deren Gründe
- Absicht: Harras möchte die Gründe für das Ende der Beziehung erfahren, Hartmann sieht die Gelegenheit, sich seinem väterlichen Freund anzuvertrauen.
- Stimmungslage der Protagonisten: Harras ist in Feierlaune, er gerät jedoch zunehmend in Wut aufgrund seiner ablehnenden Haltung gegenüber der nationalsozialistischen Rassenideologie. Hartmann ist verzweifelt und wirkt beinahe depressiv wegen der Trennung, aber insbesondere wegen der Gründe für die Trennung.
- Beziehung der Protagonisten: Die militärische Rangordnung spiegelt sich im Gesprächsverhalten wider: Hartmann gibt sich seiner rangniedrigeren Stellung entsprechend sachlich und beinahe militärisch und zollt dem ranghöheren Harras Respekt. Harras wird seiner Rolle als General mit Lebenserfahrung gerecht und versucht Hartmann durch väterliche Ratschläge wieder aufzurichten.
- Verteilung der Gesprächsanteile/Dominanz: Harras dominiert im Gespräch, er hat deutlich längere Redeanteile, er bestimmt die Gesprächsrichtung durch seine Fragen, wohingegen Hartmann nur passiv reagiert.
- Sprache: Hartmann bedient sich einer sachlich-nüchternen Sprache und wirkt dadurch so, als beherrsche er seine Emotionen, weil er sich zudem auf einer gehobenen Sprachebene bewegt.

Harras tendiert etwas zur Umgangssprache, manchmal sogar zu einer etwas vulgäreren Sprache. Besonders wenn er etwas emotional wird, tendiert er zu unbedachten Äußerungen, was auch an den vielen Ausrufezeichen deutlich wird.

2. Phase: Zeile 55 bis 105:

- Thema: Diskussion um Hartmanns Überzeugung, der Tod auf dem Schlachtfeld sei ein Ausweg aus seiner Verzweiflung. Das Gespräch wird persönlicher.
- Absicht: Harras möchte Hartmann von seinem Vorhaben, sein Leben auf dem Schlachtfeld für den Führer zu opfern, abbringen. Hartmann will die Gründe für dieses Vorhaben dem Vorgesetzten aufzeigen.
- Stimmungslage der Protagonisten: Harras beruhigt sich in dieser Phase etwas, wohingegen Hartmann zwar ruhiger wird, aber immer noch verzweifelt ist.
- Beziehung der Protagonisten: Das Gespräch ist persönlicher geprägt, weshalb Hartmann seine steife Haltung dem General gegenüber etwas ablegt und mehr Vertrauen zu Harras gewinnt. Harras zeigt sich hier als väterlicher Freund, der auf Basis seiner Lebenserfahrung den jungen Offizier von der Unsinnigkeit seines Ansinnens überzeugen will und ihn zu neuem Lebensmut verhelfen will. Dadurch wird auch die Zuneigung des älteren Generals seinem jungen Gegenüber deutlich.
- Verteilung der Gesprächsanteile/Dominanz: Harras hat auch in dieser Phase die Dominanz, was sich durch den größeren, teilweise fast monologartigen Redeanteil ausdrückt. Hartmann scheint sich gegenüber der ersten Phase etwas zu öffnen, drückt sich aber doch noch sehr knapp aus.
- Sprache: Sprachlich neigt Hartmann zu ideologischen Floskeln, während Harras weiter der Umgangssprache treu bleibt. Harras bemüht sich, auf seinen jungen Offizier einzuwirken, was sich in vielen rhetorischen Fragen ausdrückt, und versucht ihn emotional anzusprechen.

Fazit:

Harras möchte die Verzweiflung Hartmanns lindern, ihn aufmuntern und ihm die Realität vor Augen führen. Sein Bemühen hinterlässt bei Hartmann Eindruck, was sich an seiner emotionalen Reaktion am Ende („unbewegt[es]" Sitzen, „Tränen über das Gesicht") zeigt. Hartmann scheint deshalb am Ende des Auszuges verstanden zu haben, dass es im Leben wichtigere Dinge gibt, als die Beziehung zu seiner ehemaligen Verlobten und der Selbstopferung auf dem Schlachtfeld.

6. Innerer Monolog

6.1 Übungsaufgabe 11

Ergebnis der Materialauswertung

Ausgangssituation:

Biene ist eine Außenseiterin, die von ihren Mitschülerinnen gehänselt wird und sich nach einer weiteren Demütigung plötzlich entschließt, sich mit einem Messer zu wehren. Sie verletzt aber nicht ihre Kontrahentin sondern sich selbst, um die andere mit ihrem Blut beschmieren zu können.

Gefühlslage:

- lange aufgestaute Wut gegenüber ihren Mitschülerinnen
- handelt im Affekt

Entscheidende Charakterzüge:

- Intelligenz: sie weiß sich mit unkonventionellen Mitteln zu wehren (Abschlecken des Fleisches, Beschmieren mit Blut)
- Entschlossenheit: Sie nimmt eigene Schmerzen in Kauf, um Vergeltung zu üben

Mögliche Gedanken der Figur Biene:

- Wut über die erneuten Hänseleien der Mitschülerinnen
- Darstellen von Gründen für ihre Gegenwehr
- Freude über den Sieg gegen die Kontrahentin mit den ungewöhnlichen Mitteln
- Hoffnung, dass sie nicht zu weit gegangen ist und evtl. aus dem Mädchenheim geworfen wird, sondern, dass die wahren Übeltäter bestraft werden

Sprachstil:

- eher umgangssprachlich, da es sich um ein 16-jähriges Mädchen handelt
- emotional aufgrund der großen Demütigung und der extremen Reaktion

Lösungsvorschlag

Was habe ich nur getan? Wie konnte ich mich nur dazu hinreißen lassen, auf diese doofe Kuh loszugehen? Aber eigentlich ist sie ja selbst schuld. Sie und ihre Freundinnen brauchen mich ja nur in Ruhe zu lassen. Ich tue ihnen ja auch nichts. Warum können sie mich nicht einfach nur allein da sitzen lassen. Haben die im Ernst geglaubt, sie könnten mir so einfach mir nichts, dir nichts mein Essen wegnehmen? Da sind sie aber an die Falsche gekommen. Sie hätte ja gerne das von mir abgeschleckte Fleisch haben können. Ha, Mann, haben die dumm geguckt. Aber dass die gleich so heftig reagiert, hätte ich auch nicht gedacht. Natürlich hat sie wieder die anderen als Hilfe gebraucht. War auch wirklich eklig, wie sie mich in den Teller gedrückt haben. Kurzzeitig hatte ich auch Angst, dass ich keine Luft mehr bekomme. Da hatte ich eine Wut im Bauch und irgendwann ist dann auch mal Schluss. Die denken sonst, sie können sich alles mit mir erlauben. Damit hat sie wohl nicht gerechnet, dass ich die Stärkere sein könnte, wenn ich will. Mann, war ich wütend. Ich konnte einfach nicht anders, als sie umzuhauen und ihr das Messer vor die Nase zu halten. Ich war echt kurz davor, dass ich ihr mal richtig weh tue. Ich habe es richtig genossen, wie sie ganz klein und ängstlich unter mir lag und am liebsten hätte ich zugestoßen. Aber das kann ja jeder und wer weiß, was dann mit mir passiert wäre. Es tat zwar unheimlich weh, aber das triumphale Gefühl der Genugtuung hat mir darüber hinweggeholfen, als ich ihr nach dem Schnitt in meinen Unterarm das Blut über das ganze Gesicht verschmieren konnte. Da sieht sie mal wie das ist, wenn man Angst haben muss und dann so gedemütigt wird. Sicher, manche werden mich jetzt für verrückt halten und noch weniger mit mir zu tun haben wollen. Aber so habe ich jetzt hoffentlich ihren Respekt und sie werden sich zukünftig hüten, sich mit mir anzulegen. Die Lektion sollte gesessen haben. Hoffentlich bin ich jetzt allerdings nicht zu weit gegangen: Wer weiß, wie die Heimleitung reagiert. Ist ja wirklich nicht ganz normal, sich selbst zu verletzen und mit seinem Blut andere zu beschmieren. Im günstigen Fall rechnen sie mir an, dass ich nicht sie, sondern mich verletzt habe. Wenn es aber ganz blöd läuft, dann schicken sie mich noch zu einem Psychiater oder werfen mich gleich ganz aus dem Heim. Vielleicht haben sie aber auch Verständnis, wenn nicht für meine extreme Reaktion, so doch für meine Lage und sie bestrafen nicht mich, sondern die eigentlichen Verursacher – meine Drangsaliererinnen.

Randkommentare:
- selbstkritische Sicht
- Rechtfertigung für das Handeln
- Freude über die eigene Schläue
- Überraschung über die Reaktion
- Gefühle der Angst und der Wut
- Triumph und Genugtuung
- Zweifel
- Angst vor ungewisser Zukunft
- Hoffnung auf gutes Ende

6.2 Variante 1: Charakterisierung

Lösungsvorschlag (stichpunktartig)

Äußere Merkmale:

- 16 Jahre alt (alle Belege Z. 1-30).
- Brillenträgerin mit sehr starker Sehstärke
- Pickel auf der Nase
- braune Augen
- etwas blässlich im Gesicht
- blonde Haare, die zu einem „Pferdestummel" gebunden sind
- hohe, weiße, glatte Stirn
- kleine Ohren und kleiner Mund
- 1,56m groß
- „bisschen pummelig"
- trägt gelblich, braune Uniform mit weißen Stutzen und schwarzen Schuhen
- ist vermutlich Waise, da sie in einem Mädchenheim wohnt

Charakterzüge und Eigenschaften:

- selbstbewusste Außenseiterin:
  - Obwohl sie nicht allein ist (vgl. Z. 24 f.), sucht sie einen Platz, wo sie Ruhe haben kann und für sich allein essen kann (vgl. Z. 33 f.).
  - Die Mädchen, bei denen sie vorbei geht, kichern (vgl. Z. 37 ff.).
  - Sie stellt sich ungern der Wirklichkeit („oft lässt sich die Wirklichkeit nicht einfach so wegphantasieren", Z. 49; „Aber weil da drinnen jetzt auch keine Lösungen herumschwimmen", Z. 56).
  - Sie verhält sich aber sehr selbstbewusst, da sie das Kichern und auch das Gejohle später unbeeindruckt lässt (vgl. Z. 92 ff.).
- einfallsreich, wehrhaft, schlagfertig, ungewöhnliche, gewitzte Reaktionen
  - Als die Mädchen sie beim Essen reizen wollen und evtl. ihr Essen nehmen wollen, schleckt sie ihr Stück Fleisch ab und bietet es den Provokateuren an (vgl. Z. 59 ff.).
  - „Und dann zieht sie die Klinge ein paar Zentimeter hinunter, in Richtung Ellbogen. Da lässt das Blut nicht lange auf sich warten. Das kommt gleich herausgeschossen, dunkel glänzend unterm Speisesaaldeckenlicht. Die Biene hat aber jetzt genug geschlitzt. Die schmeißt das Messer weg, drückt dem großen Mädchen da unten ihren weiß-roten Unterarm unter die Nase und schmiert ihr das Bieneblut über das ganze Gesicht" (Z. 102 ff.).
  - Sie weiß sich auch körperlich zu wehren. Trotz der körperlichen Unterlegenheit kann sie, wenn sie wütend ist, die Angreifer überwältigen (vgl. Z. 84 ff.).

- Sie handelt scheinbar impulsiv, bedenkt aber vorher ihr Handeln, fast kaltblütig, sie versucht sich nicht aufzuregen/provozieren zu lassen
  - „Die Biene schaut in ihren Teller hinein. Aber weil da drinnen jetzt auch keine Lösungen herumschwimmen und weil der Biene partout nichts anderes einfallen will, gibt sie sich einfach ganz spontan einem inneren Rucker hin" (Z. 55 ff.)
  - „Und dann kann sie sich die da gegenüber ein bisschen anschauen. […] Das alles schaut sich die Biene an. Eine Weile. Und dann zerplatzt etwas in ihr" (Z. 78 ff.)
- entschlossen, stellt eigenen Schmerz hinter Vergeltung zurück (vgl. Z. 102 ff.).

6.3 Variante 2: Motivvergleich

Lösungsvorschlag (stichpunktartig)

Beide Materialien müssen auf Gemeinsamkeiten und Unterschiede hin untersucht werden. Hierfür müssen Sie Kriterien aufstellen, anhand derer diese festgestellt werden können.

In diesem Fall bieten sich folgende Kriterien an:

- Umgang der Außenseiter mit anderen
- Bedrohung durch die anderen
- Gegenwehr und deren Erfolg

Fasst man die Analyseergebnisse in einer Tabelle zusammen, ergibt sich folgende Gegenüberstellung (markiert durch G und U):

	Material 1: Biene	**Material 2: Rick**
Umgang mit den anderen	Biene wird von ihren Klassenkameradinnen gehänselt (G).	Auch Rick wird von seinen Klassenkameraden gehänselt (G).
	Biene redet kaum mit ihnen und wehrt sich durch Taten (Abschlecken des Fleischs) (U).	Rick versucht sie mit Worten zu überzeugen (U).
	Biene ist den anderen intellektuell überlegen, was durch ihre Reaktionen deutlich wird (G).	Rick ist den anderen auch geistig überlegen, was an seiner Bemerkung hinsichtlich der Comics deutlich wird (G).
Bedrohung	Biene wird auch durch Gewalt an ihr unterdrückt (U).	Rick wird nicht direkt körperlich bedroht, sondern die Klassenkameraden bedrohen geliebte Tiere oder Menschen (Tante) (U).
Gegenwehr	Biene wehrt sich erfolgreich, obwohl sie schwächer ist (U).	Rick kann sich nicht gegen seine Kontrahenten durchsetzen (U).
	Biene gibt sich sehr selbstbewusst (U).	Rick fühlt sich von vornherein schon körperlich und damit auch insgesamt unterlegen (U).
	Biene fürchtet keine Konsequenzen (U).	Rick hat Angst vor Konsequenzen, besonders um seine Tante (U).
	Biene lässt sich in ihrer Wut gehen (G).	Auch Rick lässt nach dem Vorfall mit der Katze seiner Wut freien Lauf (G), aber erfolglos (U).
Fazit	Biene gelingt es aufgrund ihres Selbstbewusstseins und ihrer Durchsetzungsstärke, aber auch durch ihre Unabhängigkeit, sich gegen die Drangsalierer zu wehren und sich Respekt zu verschaffen.	Rick hat zu sehr Angst um seine Tante und ist zu wenig selbstbewusst, als dass er sich gegen seine Kontrahenten durchsetzen kann. Er gibt auf und ordnet sich bedingungslos unter.

7. Motivvergleich

7.1 Übungsaufgabe 12

Ergebnis der Materialauswertung

Beide Materialien müssen auf Gemeinsamkeiten und Unterschiede hin untersucht werden. Hierfür müssen Sie Kriterien aufstellen, anhand derer diese festgestellt werden können.

In diesem Fall bieten sich folgende Kriterien an:

- Ursachen für den Wunsch nach Auswanderung
- Ziele, die mit der Auswanderung verfolgt werden
- Vorbereitung der Auswanderung

Fasst man die Analyseergebnisse in einer Tabelle zusammen, ergibt sich folgende Gegenüberstellung (markiert durch G für Gemeinsamkeiten und U für Unterschiede):

	Material 1: Engelhardt	**Material 2: Berger**
Ursachen	Flucht vor der Engstirnigkeit der Mitmenschen (vgl. Z. 51 f.) (U)	Flucht vor der Zivilisation/Ablehnung der zivilisatorischen Errungenschaften (insbes. eingefahrener Wege) (U)
	Wunsch nach mehr Sonne, wärmerem Klima (G)	Wunsch nach mehr Sonne, wärmerem Klima, abwechslungsreicherer Vegetation (G)
	Ausleben der Freien Körper Kultur – der eigenen Nacktheit (vgl. Z. 49 f.), was er in Deutschland nicht tun kann (U)	
		Ablehnung der wirtschaftlichen Ordnung (U)
Ziele	Räumlich: Südsee (vgl. Z. 62) (U)	Räumlich: Afrika (U)
	Gründung einer Kokosnuss-Kolonie (vgl. Z. 47 f.) (U)	
Vorbereitung	Pläne, die er in der Südsee ausführen will (vgl. Z. 72 f.) (U)	Leben „von der Hand in den Mund" (Z. 20) ohne große Vorbereitung (U)
	will andere von seinen Ideen überzeugen und mit zur Ausreise überreden (vgl. Z. 55 f.) (U)	
Fazit	idealistische Motive der Flucht vor Engstirnigkeit der Gesellschaft	Flucht vor Zivilisation mehr aus Abenteuerlust denn aus Notwendigkeit

Lösungsvorschlag

In der Literatur sind zahlreiche Romane und Erzählungen zu finden, die das Motiv der Auswanderung als Grundlage haben. Dabei spielen häufig Kriege oder die Angst vor Verfolgung, besonders in der Exilliteratur während des Dritten Reiches und der Literatur der Nachkriegszeit, die Hauptrolle als Ursache für Auswanderung bzw. in diesen Fällen sogar der Flucht. Aber auch zahlreiche Abenteuerromane gründen auf der Sehnsucht nach dem Fremden, die zur Auswanderung oder zur Wanderschaft dem Neuen entgegenführen. Teilweise werden Abenteuerromane selbst zur Ursache für den Auswanderungswunsch. In den beiden vorliegenden Romanauszügen aus „Imperium" von Christian Kracht aus dem Jahr 2012 und aus „Afrikanische Spiele" von Ernst Jünger aus dem Jahr 1936 begeben sich auch die Protagonisten Engelhardt und Berger auf die Reise in ein ihnen jeweils unbekanntes und geheimnisvolles Land bzw. einen Kontinent. Dabei ist die Entstehungszeit zwar unterschiedlich, die Zeit der Handlung liegt allerdings in beiden Werken um das Jahr 1900.

Einleitung: Facetten des Motivs der Auswanderung

Hinführung zu den zu vergleichenden Texten

So ähnlich die Ausgangslage der Protagonisten auf den ersten Blick scheint, so ähnlich ist vordergründig auch das Motiv für die Flucht. Beiden ist gemeinsam, dass sie einen Wunsch nach mehr Sonne und wärmerem Klima hegen (vgl. Material 1, Z. 49 ff. und Material 2, Z. 28 f.). Die Gründe hierfür lassen aber auch schon erste Unterschiede in den Motiven der beiden erahnen. Während

Gemeinsamkeiten

Engelhardt das Klima für das Pflanzen von Kokosnüssen wichtig ist (vgl. Material 1, Z. 47 ff.), sehnt sich Berger aus sinnlichen Gründen nach einer üppigen Vegetation (vgl. Material 2, Z. 28 ff.).

Erste größere Unterschiede zeigen sich bei genauerer Betrachtung aber schon in der Wahl des Ziels der Auswanderung. Die Südsee „muß es" (Material 1, Z. 62) für Engelhardt sein, Berger zieht es nach Afrika (vgl. Material 2, Z. 13). Dabei möchte Berger „das glückselige Land" (Material 2, Z. 18 f.) vor allem deshalb erreichen, weil man dort „von der Hand in den Mund" (Material 2, Z. 20) lebt. Er hegt eine starke Abneigung „gegen die wirtschaftliche Ordnung der Welt" (Material 2, Z. 17 f.). Als Symbol dieser Ordnung sieht er die Eisenbahn, die ihre festgefahrenen Wege nicht verlassen kann und die Straßen, die die Wege eines jeden vorgeben. In Afrika sieht er die Möglichkeit, dieser ihm verhassten Einengung zu entrinnen und statt den zivilisatorischen Errungenschaften dem „Außerordentlichen und Unerwarteten" (Material 2, Z. 15) zu begegnen. Er sehnt sich dabei nach Freiheit, auch Freiheit von den wirtschaftlichen Zwängen von Arbeit, da er sich mit Sammeln und Jagen selbst versorgen möchte (vgl. Material 2, Z. 20 ff.). Dementsprechend startet er seine Unternehmung auch mit keinen großen Planungen, sondern vertraut auf seine idealistischen Vorstellungen, dass in Afrika alles „größer, [...] tiefer, [...] brennender" (vgl. Material 2, Z. 37 ff.) ist. Engelhardt dagegen hat ganz konkrete Pläne, was er in der Südsee unternehmen möchte (vgl. Material 1, Z. 72 ff.). Er lässt sich nicht von seinen Abenteuern treiben, sondern möchte zum einen eine Kokosnuss-Kolonie gründen (vgl. Material 1, Z. 47 f.) und zum anderen seine Anhängerschaft der Freien Körper Kultur (vgl. Material 1, Z. 49 f.) ausleben, was er in der Heimat Deutschland aus klimatischen und gesellschaftlichen Gründen nicht tun kann. Dabei zeigt sich deutlich, dass Engelhardt im Gegensatz zu Berger hauptsächlich vor der Engstirnigkeit der Mitmenschen (vgl. Material 1, Z. 51 f.) zu einer Auswanderung getrieben wird. Zudem will Engelhardt nicht wie Berger allein auf Reisen gehen, sondern wünscht sich Begleitung und möchte andere von seinen Ideen überzeugen und mit zur Ausreise bewegen (vgl. Z. 55 ff.).

Unterschiede

Insgesamt zeigt sich also, dass die Auswanderungsmotive bei den beiden Protagonisten recht unterschiedlich gelagert sind. Engelhardt hat idealistische Motive für seine Auswanderung und möchte eine neue Lebensweise durchsetzen. In seiner Heimat sieht er keine Möglichkeiten dafür und wandert deshalb aus, um vor der gedanklichen Enge der Mitmenschen zu fliehen und seine Lebensweise für andere als Vorbild auszugestalten. Zwar will Berger auch wie Engelhardt nicht von der Gesellschaft eingeengt werden, aber letztlich flieht Berger mehr aus Abenteuerlust aus der Heimat. Für ihn steht mehr die Zerstreuung im Vordergrund als ein Idealismus.

abschließende Bewertung

7.2 Variante 1: Charakterisierung

Lösungsvorschlag (stichpunktartig)

<u>äußere Merkmale:</u>

- junges Alter (vgl. Z. 8)
- sehnige Hand (vgl. ,Z. 9)
- ist entweder nackt oder trägt ein „langes, baumwollenes Gewand und römisch anmutendes, geflochtenes, nicht aus Tierleder gefertigtes Schuhwerk" (Z. 13 ff)
- trägt lange Haare offen (vgl. Z. 14 f.)

<u>Charakterzüge und Eigenschaften:</u>

- exotischer Außenseiter durch seine besondere Lebenseinstellung:
  - ist Anhänger der FKK-Bewegung (vgl. Z. 12 ff., Z. 36 ff., ...)
  - lebt anscheinend vegan: keine Schuhe aus Tierhaut, nur Obst und Gemüse (vgl. Z. 13 f., Z. 43 f., ...)
  - schwärmt von Vorzügen der Kokosnuss und hat sich ihr verschrieben (vgl. Z. 46 ff.)
  - wird von Mitmenschen verfolgt (Kinder bewerfen ihn, vgl. Z. 17); Gendarm überlegt ihn zu verhaften, vgl. Z. 29 ff.)
- kein politisch interessierter Mensch (vgl. Z. 22 ff.)
- Er ist grundsätzlich zurückhaltend und eher introvertiert (vgl. Z. 18 ff.), aber in seinem Idealismus extrovertiert und euphorisch (vgl. Z. 48 ff.), wobei er dann auch eine ausladende Gestik hat (vgl. ebd.) und wirkt dann fast „besessen" (Z. 60) und verrückt auf andere (vgl. Z. 66 f.).
- Er ist willensstark und lässt sich nicht von seinen Plänen abbringen (vgl. Z. 62 ff.).

7.3 Variante 2: Brief

Lösungsvorschlag (stichpunktartig)

Engelhardt ist voller Vorfreude auf die bevorstehende Auswanderung in die Südsee. Er vertraut voll und ganz auf seine Pläne, eine Kokosnuss-Kolonie zu gründen, in der er seine Freie Körper Kultur (FKK) ausleben kann. Dementsprechend im euphorischen, emotionalen und subjektiv geprägten Schreibstil sollte der Brief grundsätzlich gehalten sein. Allerdings sollten auch kleinere Zweifel in den Brief Eingang finden, wobei er kritisch reflektiert, ob sein Vorhaben wirklich umsetzbar ist. Am Schluss sollte aber der Idealismus Engelhardts obsiegen und der Brief positiv schließen, vielleicht sogar damit, dass er den Adressaten des Briefes zum Mitkommen überreden möchte.

mögliche Aspekte der Vorfreude:

- Vorfreude auf das warme Klima – endlich den Pelzmantel ablegen zu können und immer nackt herumlaufen zu können
- Schilderung von Plänen, was er als Erstes unternimmt, wenn er angekommen ist
- nochmalige Darlegung der Vorteile der Kokosnuss und welche Möglichkeiten er darin in der Südsee sieht
- Freude darüber, dass er nicht mehr von den engstirnigen Mitmenschen umgeben ist
- ...

mögliche Aspekte des Zweifelns:

- Ängste, dass während der Überfahrt etwas passieren könnte (Seegang, Krankheit etc.)
- Zweifel, ob er in der Südsee gut aufgenommen wird, ob er dort auch Gleichgesinnte trifft
- Bedenken, ob das Klima und seine Kenntnisse über die Aufzucht der Kokosnuss groß genug sind
- ...

Schluss:

- Zweifel beiseite wischen
- Versuch, den Freund zum Mit- oder Nachkommen zu bewegen
- Versprechen, ihn weiter auf dem Laufenden zu halten und bald Nachricht über die Erfolge zu geben

Abiturprüfung Fach Deutsch Sommer 2019

1. Materialgestütztes Verfassen eines argumentierenden Textes

Aufgabe

Bearbeiten Sie eine der beiden folgenden Varianten.

Variante 1:
Erörtern Sie Vor- und Nachteile des EU-Projekts, 18-jährigen EU-Bürgerinnen und -Bürgern ein kostenloses Interrail-Ticket[1] zur Verfügung zu stellen.

Beziehen Sie die beigefügten Materialien, eigenes Wissen und eigene Erfahrungen sinnvoll in Ihre Argumentation ein.

ODER

Variante 2:
Ihre regionale Tageszeitung plant eine Jugendbeilage zum Thema „Kostenlose Interrail-Tickets für 18-jährige EU-Bürgerinnen und -Bürger".

Verfassen Sie einen Kommentar, in dem Sie sich für das EU-Projekt „Interrail-Tickets" aussprechen. Beziehen Sie die beigefügten Materialien, eigenes Wissen und eigene Erfahrungen sinnvoll in Ihre Argumentation ein und formulieren Sie eine passende Überschrift.

Ihr Kommentar soll etwa 800 Wörter umfassen.

Material 1: Auszug aus dem offenen Brief der Initiative #FreeInterrail an die EU

Unter dem #FreeInterrail wirbt die Initiative von Vincent-Immanuel Herr und Martin Speer für ein kostenloses Interrail-Ticket, das allen 18-jährigen EU-Bürgerinnen und -Bürgern von Brüssel zur Verfügung gestellt werden soll. Zahlreiche Prominente (wie z. B. Martin Walser, Joschka Fischer, Til Schweiger) unterstützen das Vorhaben der beiden Aktivisten durch ihre Unterschrift auf einem offenen Brief an die EU-Kommission und an den Europäischen Rat.

[...] im Leben aller großen Institutionen und politischen Projekte gibt es Momente, in denen große Entscheidungen anstehen. Momente, die Mut und Visionskraft erfordern und Generationen nachhaltig prägen werden. Die Europäische Union befindet sich an der Schwelle eines solchen Moments.
In den nächsten wenigen Jahren wird sich entscheiden, ob die Vision eines friedlichen, geeinten und soli-
5 darischen Europas das prägende Narrativ des Kontinents bleibt. Oder ob die Zeit vor uns von Nationalismus, Grenzen und oppositionellen Interessen geprägt sein wird.
Der Schlüssel zur Zukunft Europas liegt in den Händen der zukünftigen Generationen. Es wird jetzt darauf ankommen, ob wir der jungen Generation Perspektiven eröffnen und es ihr ermöglichen, Europa kennen und schätzen zu lernen. Europäerin und Europäer wird niemand durch Schulbücher oder Werbebroschü-
10 ren. Europäerin und Europäer wird man durch Erfahrung, durch Austausch, Freundschaften und Reisen. Universale Mobilität ist der entscheidende Faktor. Noch immer ist es nur einem Bruchteil der jungen Generation möglich, Erfahrungen in anderen EU-Ländern zu sammeln oder von Programmen wie Erasmus+[2] zu profitieren. Europa kennenzulernen, seinen Menschen und Kulturen zu begegnen, ist weiterhin das Privileg einer Minderheit. Wer Europas Zukunft und Zusammenhalt sichern und stärken will, muss das
15 Privileg weniger zu einer Möglichkeit für alle machen. Dafür liegt ein konkreter und praktikabler Vorschlag auf dem Tisch.
#FreeInterrail. Die Idee ist einfach: Alle EU-Bürgerinnen und -Bürger erhalten einen Interrail-Gutschein zum 18. Geburtstag. Innerhalb von sechs Jahren kann dieser für ein 30-Tage-Ticket eingelöst werden. Die Briefe zum 18. Geburtstag kommen von Ihnen, aus der Europäischen Kommission, und
20 stellen sofort eine direkte Verbindung zwischen den Bürgerinnen und Bürgern und ihren europäischen Institutionen her. [...]
Es ist ein kluges und nachhaltiges Investment in Europas Zukunft. Mit Erasmus begann die Vision vom Austausch junger Menschen in Europa. Mit #FreeInterrail wird daraus eine Erfahrung für die gesamte Generation. Geben Sie der Jugend Zugang zu Europa, damit diese uns allen eine europäische Zukunft
25 geben kann. [...]

Quelle: Herr, Vincent-Immanuel/Speer, Martin: „Schenkt Europa den nächsten Erasmus-Moment!" In: ZEIT ONLINE vom 16.04.2018, unter: www.zeit.de/mobilitaet/2018-04/freeinterrail-kampagne-europa-mobilitaet-eu-kommission-offener-brief [25.01.2019].

---

[1] Interrail-Tickets ermöglichen unbegrenzte Bahnfahrten in Europa innerhalb eines bestimmten Zeitraums zu einem Festpreis.
[2] Erasmus+, gegründet 1987, ist ein Bildungsprogramm der Europäischen Union zur Förderung allgemeiner und beruflicher Bildung, Jugend und Sport. Ziel ist, z. B. durch Austauschprojekte, die transnationale Kooperation innerhalb Europas auszubauen und zu stärken.

Material 2: Deutsche Presse-Agentur (dpa): EU verschenkt Tausende Interrail-Tickets

[...] WER: Um die ersten 15.000 Tickets können sich im Juni 2018 EU-Staatsangehörige bewerben, die zwischen dem 2. Juli 1999 und dem 1. Juli 2000 geboren wurden. Anmelden können sich Einzelpersonen oder Gruppen von bis zu fünf Personen. Die Tickets werden nach der Bevölkerungszahl der Staaten verteilt – für Deutschland gibt es also relativ viele. Behinderte können Hilfen wie etwa eine Begleitperson beantragen. [...]

WARUM: Die Aktion „DiscoverEU" geht zurück auf die Idee von Aktivisten, jedem EU-Bürger zum 18. Geburtstag ein Interrail-Ticket zu schenken, um die jungen Leute mit dem Kontinent und seinen Kulturen vertraut zu machen. Die Teilnehmer sollen als „Botschafter" von ihren Reiseerlebnissen berichten, etwa über soziale Medien oder bei einem Vortrag in ihrer Schule.

WAS KOSTET DAS: Die EU gibt [im Jahr 2018] 12 Millionen Euro dafür aus, [...] für mindestens 20.000 Interrail-Tickets [...], vielleicht sogar bis zu 30.000. Wenn EU-Parlament und Rat zustimmen, könnten zwischen 2021 und 2027 insgesamt 700 Millionen Euro für weitere Reisen bereitstehen – das würde Interrail-Tickets für rund 1,5 Millionen junge Europäer bedeuten.

Quelle: wgr/dpa: EU verschenkt Tausende Interrail-Tickets. In: Berliner Morgenpost. 12.06.2018. In: www.morgenpost.de/vermischtes/article214562251/EU-verschenkt-Tausende-Interrail-Tickets-Bewerbungs-start.html [25.01.2019].

Material 3: Berschens, Ruth: EU verschenkt Interrail-Tickets – freie Fahrt für 15.000 junge Bürger

[...] Gut gemeint ist die Interrail-Aktion sicherlich. Ob sie auch gut gemacht ist, bezweifeln manche Kritiker. Aus dem ewig EU-kritischen Großbritannien kam die Frage, wieso man Kindern aus gut situierten Familien eigentlich mit dem Geld der Steuerzahler eine Europareise finanzieren muss. Jugendliche mit vergleichsweise hohem Bildungsniveau werden sicherlich die Hauptprofiteure dieses Programms sein. Kids aus schlecht informierten Unterschicht-Familien kommen vermutlich zumeist gar nicht auf die Idee, sich zu bewerben. Genau diese Familien stellen aber das wichtigste Wählerpotenzial der nationalpopulistischen Parteien dar, denen die EU mit diesem Programm doch gerade etwas entgegensetzen will.

Die EU-Kommission selbst sieht es inzwischen als kritischen Punkt an, dass das Einkommen der Eltern bei der Verteilung der Tickets keine Rolle spielt. Wenn das Programm ab 2021 ausgeweitet werde, sollten die Kriterien diesbezüglich geändert werden, meinte der zuständige ungarische EU-Kommissar Tibor Navracsics. Damit würde das kostenlose Interrail allerdings auch gleich wieder bürokratischer. Die EU-Kommission vermied es, das kostenlose Ticket an die ganz große Glocke zu hängen. Dafür gab es gute Gründe. Im aktuellen weltpolitischen Geschehen wirkt die EU mit solchen Good-Will-Aktionen fast ein wenig hilflos. [...]

[...] Mit gutem Willen kann man in dem kostenlosen Interrail allenfalls eine kleine europäische Freundlichkeit sehen in Zeiten großer weltpolitischer Turbulenzen.

Quelle: Berschens, Ruth: EU verschenkt Interrail-Tickets – freie Fahrt für 15.000 junge Bürger. In: Handelsblatt Online. 11.06.2018. In: www.handelsblatt.com/politik/internationallgratistickets-eu-verschenkt-interrail-tickets-freie-fahrt-fuer-15-000-junge-buerger/22671636.html?ticket=ST-2999134-kjW6GR3iUhnLKfiltqhl-ap6 [25.01.2019].

Material 4: Jugendarbeitslosigkeit in Europa (2016)

Anteil der arbeitslosen 15–24-Jährigen in ausgewählten EU-Staaten in Prozent

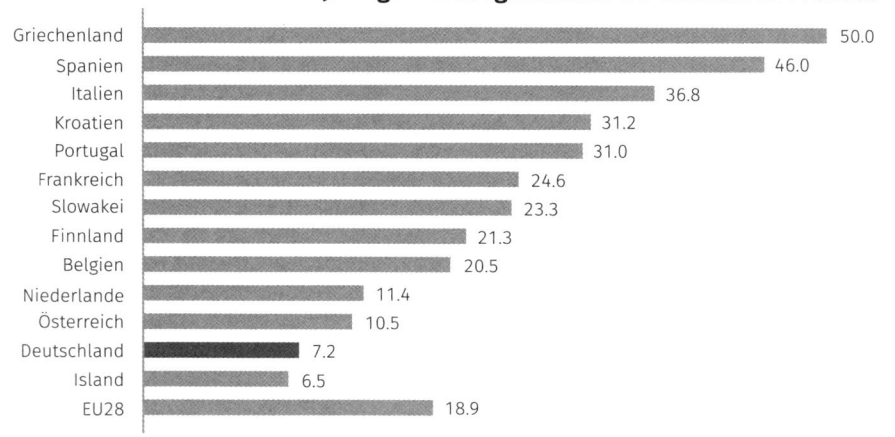

Land	Prozent
Griechenland	50.0
Spanien	46.0
Italien	36.8
Kroatien	31.2
Portugal	31.0
Frankreich	24.6
Slowakei	23.3
Finnland	21.3
Belgien	20.5
Niederlande	11.4
Österreich	10.5
Deutschland	7.2
Island	6.5
EU28	18.9

vgl. Jugendarbeitslosigkeit in Europa. Anteil der 15-24-Jährigen in ausgewählten Staaten, März 2016 in Prozent. Grafik: TUTOR, Quelle: eurostat. In: www.tutor.de/wp-contentluploads/ 2015/03/EU-Jugendarbeitslosigkeit-2016.png.

Material 5: Menasse, Robert: Die Hauptstadt (2017)

Robert Menasses Roman „Die Hauptstadt", der 2017 mit dem Deutschen Buchpreis ausgezeichnet wurde, handelt vom 50. Geburtstag der Europäischen Kommission. Zu diesem Anlass soll Fenia Xenopoulou, EU-Beamtin in der Generaldirektion Kultur, zusammen mit ihrem Referenten Martin Susman eine angemessene Feier ausrichten. Susman schlägt als zentrale Idee für das Jubiläum „Auschwitz als Geburtsort der Europäischen Kommission" vor und will dazu die letzten Überlebenden von Auschwitz einladen.

Ich habe doch in dem Papier erklärt, warum wir von Auschwitz ausgehen müssen. Okay, es waren nur ein paar Stichworte, ich dachte –
Dann erklär es mir noch einmal, Martin.
Auschwitz! Sagte Martin. Die Opfer kamen aus allen Ländern Europas, sie trugen alle dieselbe gestreif-
5 te Kleidung, sie lebten alle im Schatten desselben Todes, und sie alle hatten, so sie überlebten, denselben Wunsch, nämlich die für alle Zukunft geltende Garantie der Anerkennung der Menschenrechte. Nichts in der Geschichte hat die verschiedenen Identitäten, Mentalitäten und Kulturen Europas, die Religionen, die verschiedenen so genannten Rassen und ehemals verfeindete Weltanschauungen so verbunden, nichts hat eine so fundamentale Gemeinsamkeit aller Menschen geschaffen wie die Erfah-
10 rung von Auschwitz. Die Nationen, die nationalen Identitäten, das war alles hinfällig, ob Spanier oder Pole, Italiener oder Tscheche, Österreicher, Deutscher oder Ungar, das war alles hinfällig, die Religion, die Herkunft, das alles war aufgehoben in einer gemeinsamen Sehnsucht, dem Wunsch zu überleben, dem Wunsch nach einem Leben in Würde und Freiheit. Diese Erfahrung und die Einigkeit, dass sich dieses Verbrechen nie mehr wiederholen darf, haben erst das Projekt der Einigung Europas möglich
15 gemacht. Also, dass es uns gibt! Und deshalb ist Auschwitz –
Fenia sah Martin an, sagte: *But* –
Das ist die Idee! Die Überwindung des Nationalgefühls. Wir sind die Hüter dieser Idee! Und unsere Zeugen sind die Überlebenden von Auschwitz! Die Überlebenden sind nicht nur Zeugen der Verbrechen, die in den Lagern begangen wurden, sie sind auch die Zeugen der Idee, die daraus entstanden ist,
20 der Idee, dass es erwiesenermaßen etwas Gemeinsames gibt, und –
Martin hatte das Gefühl, dass Xeno nachdenklich wurde, und er setzte nach: Die Sicherheit eines Lebens in Würde, Glück, Menschenrechte, das ist doch seit Auschwitz ein ewiger Anspruch, oder? Das versteht doch jeder. Das müssen wir klarmachen: dass wir die Institution dieses Anspruchs sind. Die Hüter dieses ewig gültigen Vertrags. Nie wieder – das ist Europa! Wir sind die Moral der Geschichte!

Quelle: Menasse, Robert: Die Hauptstadt. Suhrkamp Verlag, Berlin: 2017, S. 183–185.

2. Erschließen eines literarischen Textes (Fokus: Epik)

Aufgabe

a) Fassen Sie den Inhalt des folgenden Novellenauszugs unter Einbezug des Aufbaus knapp zusammen. Charakterisieren Sie Mozart unter Berücksichtigung der sprachlich-stilistischen Besonderheiten.
b) Zeigen Sie ausgehend von Ihren Ergebnissen vergleichend auf, wie das Naturerleben der beiden Protagonisten, Mozart und Grenouille aus Patrick Süskinds Roman „Das Parfum", dargestellt wird.

Der Schwerpunkt der Gesamtaufgabe liegt bei Teilaufgabe a).

Eduard Mörike (1804–1875): Mozart auf der Reise nach Prag (1855)

Im Herbst des Jahres 1789 unternahm Mozart in Begleitung seiner Frau eine Reise nach Prag, um „Don Juan" daselbst zur Aufführung zu bringen.
Am dritten Reisetag, den vierzehnten September, fuhr das wohlgelaunte Ehepaar, noch nicht viel über dreißig Stunden Wegs von Wien entfernt, in nordwestlicher Richtung jenseits vom Mannhardsberg und
5 der deutschen Thaya bei Schrems, wo man das schöne Mährische Gebirg bald vollends überstiegen hat.
„Durch soviel Wälder", sagte Mozart, „sind wir nicht heute, gestern und ehegestern schon passiert! – Ich dachte nichts dabei, geschweige, daß mir eingefallen wäre, den Fuß hineinzusetzen. Wir steigen einmal aus da, Herzenskind, und holen von den blauen Glocken, die dort so hübsch im Schatten stehen. Deine Tiere, Schwager, mögen ein bißchen verschnaufen."
10 Sie stiegen Arm in Arm über den Graben an der Straße und sofort tiefer in die Tannendunkelheit hinein, die, sehr bald bis zur Finsternis verdichtet, nur hin und wieder von einem Streifen Sonne auf sammetnem Moosboden grell durchbrochen ward. Die erquickliche Frische, im plötzlichen Wechsel gegen die außerhalb herrschende Glut, hätte dem sorglosen Mann ohne die Vorsicht der Begleiterin gefährlich werden können. Mit Mühe drang sie ihm das in Bereitschaft gehaltene Kleidungsstück auf.
15 – „Gott, welche Herrlichkeit!" rief er, an den hohen Stämmen hinaufblickend, aus: „man ist als wie in einer Kirche! Mir deucht, ich war niemals in einem Wald, und besinne mich jetzt erst, was es doch heißt, ein ganzes Volk von Bäumen beieinander! Keine Menschenhand hat sie gepflanzt, sind alle selbst gekommen und stehen so, nur eben weil es lustig ist beisammen, wohnen und wirtschaften. Siehst du, mit jungen Jahren fuhr ich doch in halb Europa hin und her, habe die Alpen gesehn und das
20 Meer, das Größeste und Schönste, was erschaffen ist: jetzt steht von ungefähr der Gimpel in einem

ordinären Tannenwald an der böhmischen Grenze, verwundert und entzückt, daß solches Wesen irgend existiert, nicht etwa nur so una finzione di poeti[1] ist, wie ihre Nymphen, Faune und dergleichen mehr, auch kein Komödienwald, nein aus dem Erdboden herausgewachsen, von Feuchtigkeit und Wärmelicht der Sonne großgezogen! Hier ist zu Haus der Hirsch mit seinem wundersamen zackigen Gestäude auf der Stirn, das possierliche Eichhorn, der Auerhahn, der Häher." – Er bückte sich, brach einen Pilz und pries die prächtige hochrote Farbe des Schirms, die zarten weißlichen Lamellen an dessen unterer Seite, auch steckte er verschiedene Tannenzapfen ein.

„Man könnte denken", sagte die Frau, „du habest noch nicht zwanzig Schritte hinein in den Prater[2] gesehen, der solche Raritäten doch auch wohl aufzuweisen hat."

„Was Prater! Sapperlot, wie du nur das Wort hier nennen magst! Vor lauter Karossen, Staatsdegen, Roben und Fächern, Musik und allem Spektakel der Welt, wer sieht denn da noch sonst etwas? Und selbst die Bäume dort, so breit sie sich auch machen, ich weiß nicht – Bucheckern und Eicheln, am Boden verstreut, sehn halter aus als wie Geschwisterkind mit der Unzahl verbrauchter Korkstöpsel darunter. Zwei Stunden weit riecht das Gehölz nach Kellern und nach Saucen."

„O unerhört!" rief sie, „so redet nun der Mann, dem gar nichts über das Vergnügen geht, Backhähnl im Prater zu speisen!"

Als beide wieder in dem Wagen saßen und sich die Straße jetzt nach einer kurzen Strecke ebenen Wegs allmählich abwärts senkte, wo eine lachende Gegend sich bis an die entfernteren Berge verlor, fing unser Meister, nachdem er eine Zeitlang still gewesen, wieder an: „Die Erde ist wahrhaftig schön, und keinem zu verdenken, wenn er so lang wie möglich darauf bleiben will. Gott sei's gedankt, ich fühle mich so frisch und wohl wie je und wäre bald zu tausend Dingen aufgelegt, die denn auch alle nacheinander an die Reihe kommen sollen, wie nur mein neues Werk vollendet und aufgeführt sein wird. Wie viel ist draußen in der Welt, und wie viel daheim, Merkwürdiges und Schönes, das ich noch gar nicht kenne, an Wunderwerken der Natur, an Wissenschaften, Künsten und nützlichen Gewerben! Der schwarze Köhlerbube dort bei seinem Meiler weiß dir von manchen Sachen auf ein Haar so viel Bescheid wie ich, da doch ein Sinn und ein Verlangen in mir wäre, auch einen Blick in dies und jen's zu tun, das eben nicht zu meinem nächsten Kram gehört."

Nach einer Pause fuhr er fort: „Und geht es nicht mit allem so? O pfui, ich darf nicht daran denken, was man verpaßt, verschiebt und hängen läßt! – von Pflichten gegen Gott und Menschen nicht zu reden – ich sage, von purem Genuß, von den kleinen unschuldigen Freuden, die einem jeden täglich vor den Füßen liegen."

Madame Mozart konnte oder wollte von der Richtung, die sein leichtbewegliches Gefühl hier mehr und mehr nahm, auf keine Weise ablenken, und leider konnte sie ihm nur von ganzem Herzen recht geben, indem er mit steigendem Eifer fortfuhr: „Ward ich denn je nur meiner Kinder ein volles Stündchen froh? Wie halb ist das bei mir, und immer en passant[3]! Die Buben einmal rittlings auf das Knie gesetzt, mich zwei Minuten mit ihnen durchs Zimmer gejagt, und damit basta, wieder abgeschüttelt! Es denkt mir nicht, daß wir uns auf dem Lande zusammen einen schönen Tag gemacht hätten, an Ostern oder Pfingsten, in einem Garten oder Wäldel, auf der Wiese, wir unter uns allein, bei Kinderscherz und Blumenspiel, um selber einmal wieder Kind zu werden. Allmittelst geht und rennt und saust das Leben hin – Herr Gott! bedenkt mans recht, es möcht einem der Angstschweiß ausbrechen!"

Mit der soeben ausgesprochenen Selbstanklage war unerwartet ein sehr ernsthaftes Gespräch in aller Traulichkeit und Güte zwischen beiden eröffnet. Wir teilen dasselbe nicht ausführlich mit und werfen lieber einen allgemeinen Blick auf die Verhältnisse, die teils ausdrücklich und unmittelbar den Stoff, teils auch nur den bewußten Hintergrund der Unterredung ausmachten.

Hier drängt sich uns voraus die schmerzliche Betrachtung auf, daß dieser feurige, für jeden Reiz der Welt und für das Höchste, was dem ahnenden Gemüt erreichbar ist, unglaublich empfängliche Mensch, soviel er auch in seiner kurzen Spanne Zeit erlebt, genossen und aus sich hervorgebracht, ein stetiges und rein befriedigtes Gefühl seiner selbst doch lebenslang entbehrte.

Wer die Ursachen dieser Erscheinung nicht etwa tiefer suchen will, als sie vermutlich liegen, wird sie zunächst einfach in jenen, wie es scheint, unüberwindlich eingewohnten Schwächen finden, die wir so gern, und nicht ganz ohne Grund, mit alle dem, was an Mozart der Gegenstand unsrer Bewunderung ist, in eine Art notwendiger Verbindung bringen.

Des Mannes Bedürfnisse waren sehr vielfach, seine Neigung zumal für gesellige Freuden außerordentlich groß. Von den vornehmsten Häusern der Stadt als unvergleichliches Talent gewürdigt und gesucht, verschmähte er Einladungen zu Festen, Zirkeln und Partien selten oder nie. Dabei tat er der eigenen Gastfreundschaft innerhalb seiner näheren Kreise gleichfalls genug. Einen längst hergebrachten musikalischen Abend am Sonntag bei ihm, ein ungezwungenes Mittagsmahl an seinem wohlbestellten Tisch mit ein paar Freunden und Bekannten, zwei-, dreimal in der Woche, das wollte er nicht missen. Bisweilen brachte er die Gäste, zum Schrecken der Frau, unangekündigt von der Straße weg ins Haus, Leute von sehr ungleichem Wert, Liebhaber, Kunstgenossen, Sänger und Poeten. Der müßige Schmarotzer, dessen ganzes Verdienst in einer immer aufgeweckten Laune, in Witz und Spaß, und zwar vom gröbern Korn bestand, kam so gut wie der geistvolle Kenner und der treffliche Spieler erwünscht. Den größten Teil seiner Erholung indes pflegte Mozart außer dem eigenen Hause zu suchen. Man konnte ihn nach Tisch einen Tag wie den andern am Billard im Kaffeehaus und so auch manchen Abend im

---

1 una finzione di poeti (ital.): eine dichterische Erfindung
2 Prater: öffentlicher Vergnügungspark in Wien
3 en passant (frz.): nebenbei, auf die Schnelle

Gasthof finden. Er fuhr und ritt sehr gerne in Gesellschaft über Land, besuchte als ein ausgemachter Tänzer Bälle und Redouten[1] und machte sich des Jahrs einige Male einen Hauptspaß an Volksfesten. Diese Vergnügungen, bald bunt und ausgelassen, bald einer ruhigeren Stimmung zusagend, waren bestimmt, dem lang gespannten Geist nach ungeheurem Kraftaufwand die nötige Rast zu gewähren; auch verfehlten sie nicht, demselben nebenher auf den geheimnisvollen Wegen, auf welchen das Genie sein Spiel bewußtlos[2] treibt, die feinen flüchtigen Eindrücke mitzuteilen, wodurch es sich gelegentlich befruchtet. Doch leider kam in solchen Stunden, weil es dann immer galt, den glücklichen Moment bis auf die Neige auszuschöpfen, eine andere Rücksicht, es sei nun der Klugheit oder der Pflicht, der Selbsterhaltung wie der Häuslichkeit, nicht in Betracht. Genießend oder schaffend, kannte Mozart gleich wenig Maß und Ziel. Ein Teil der Nacht war stets der Komposition gewidmet. Morgens früh, oft lange noch im Bett, ward ausgearbeitet. Dann machte er, von zehn Uhr an, zu Fuß oder im Wagen abgeholt, die Runde seiner Lektionen, die in der Regel noch einige Nachmittagsstunden wegnahmen. Und wenn er nun, durch diese und andere Berufsarbeiten, Akademien, Proben und dergleichen abgemüdet, nach frischem Atem schmachtete, war den erschlafften Nerven häufig nur in neuer Aufregung eine scheinbare Stärkung vergönnt. Seine Gesundheit wurde heimlich angegriffen, ein je und je wiederkehrender Zustand von Schwermut wurde, wo nicht erzeugt, doch sicherlich genährt an eben diesem Punkt und so die Ahnung eines frühzeitigen Todes, die ihn zuletzt auf Schritt und Tritt begleitete, unvermeidlich erfüllt. Gram aller Art und Farbe, das Gefühl der Reue nicht ausgenommen, war er als eine herbe Würze jeder Lust auf seinen Teil gewöhnt. Doch wissen wir, auch diese Schmerzen rannen abgeklärt und rein in jenem tiefen Quell zusammen, der, aus hundert goldenen Röhren springend, im Wechsel seiner Melodien unerschöpflich, alle Qual und alle Seligkeit der Menschenbrust ausströmte. Am offenbarsten zeigten sich die bösen Wirkungen der Lebensweise Mozarts in seiner häuslichen Verfassung. Der Vorwurf törichter, leichtsinniger Verschwendung lag sehr nahe; er mußte sich sogar an einen seiner schönsten Herzenszüge hängen. Kam einer, in dringender Not ihm eine Summe abzuborgen, sich seine Bürgschaft zu erbitten, so war meist schon darauf gerechnet, daß er sich nicht erst lang nach Pfand und Sicherheit erkundigte; dergleichen hätte ihm auch in der Tat so wenig als einem Kinde angestanden. Am liebsten schenkte er gleich hin, und immer mit lachender Großmut, besonders wenn er meinte, gerade Überfluß zu haben.

Quelle: Mörike, Eduard: Mozart auf der Reise nach Prag. Novelle. In: Ders.: Werke in einem Band. Herbert G. Göpfert (Hrsg.). Carl Hanser Verlag, München – Wien: 2004, S. 910–916.

Patrick Süskind (*1949): Das Parfum (1985)

Vorbemerkung: Süskind erzählt in seinem Roman die Lebensgeschichte von Jean-Baptiste Grenouille, der im Paris des 18. Jahrhunderts geboren wird und über einen überragenden Geruchssinn verfügt. Auf dem Weg in die berühmte Parfumstadt Grasse, wo Grenouille seine Handwerkskünste in der Parfumherstellung ausbauen will, wächst seine Abneigung gegenüber Menschen und ihrem Geruch so sehr, dass er sich in die Einöde zurückzieht.

Der Berg bestand aus einem riesigen Kegel bleigrauen Gesteins und war umgeben von einem endlosen, kargen, nur von grauem Moos und grauem Gestrüpp bewachsenen Hochland, aus dem hier und da braune Felsspitzen wie verfaulte Zähne aufragten und ein paar von Bränden verkohlte Bäume. Selbst am helllichten Tage war diese Gegend von so trostloser Unwirtlichkeit, daß der ärmste Schafhirte der ohnehin armen Provinz seine Tiere nicht hierher getrieben hätte. Und bei Nacht gar, im bleichen Licht des Mondes, schien sie in ihrer gottverlassenen Öde nicht mehr von dieser Welt zu sein. In meilenweitem Umkreis des Berges lebten kein Mensch und kein ordentliches warmblütiges Tier, bloß ein paar Fledermäuse und ein paar Käfer und Nattern. Seit Jahrzehnten hatte niemand den Gipfel bestiegen. Grenouille erreichte den Berg in einer Augustnacht des Jahres 1756. Als der Morgen graute, stand er auf dem Gipfel. Er wußte noch nicht, daß seine Reise hier zu Ende war. Er drehte sich im Kreise und ließ den Blick seiner Nase über das gewaltige Panorama des vulkanischen Ödlands streifen.
Als die Sonne aufging, stand er immer noch am gleichen Fleck und hielt seine Nase in die Luft. Mit verzweifelter Anstrengung versuchte er, die Richtung zu erschnuppern, aus der das bedrohlich Menschliche kam, und die Gegenrichtung, in die er weiterfliehen mußte. In jeder Richtung argwöhnte er, doch noch einen verborgenen Fetzen menschlichen Geruchs zu entdecken. Doch da war nichts. Da war nur Ruhe, wenn man so sagen kann, geruchliche Ruhe. Ringsum herrschte nur der wie ein leises Rauschen wehende, homogene Duft der toten Steine, der grauen Flechten und der dürren Gräser, und sonst nichts.
Grenouille brauchte sehr lange Zeit, um zu glauben, was er nicht roch. Er war auf sein Glück nicht vorbereitet. Sein Mißtrauen wehrte sich lange gegen die bessere Einsicht. Er nahm sogar, während die Sonne stieg, seine Augen zuhilfe und suchte den Horizont nach dem geringsten Zeichen menschlicher Gegenwart ab, nach dem Dach einer Hütte, dem Rauch eines Feuers, einem Zaun, einer Brücke, einer Herde. Er hielt die Hände an die Ohren und lauschte, nach dem Dengeln einer Sense etwa oder dem Gebell eines Hundes oder dem Schrei eines Kindes. Den ganzen Tag über verharrte er in der glühendsten Hitze auf dem Gipfel des Plomb du Cantal und wartete vergeblich auf das kleinste Indiz. Erst als die

---
1 Redouten (frz.): Tanzveranstaltungen, Maskenbälle
2 bewußtlos: hier: unbewusst

Sonne unterging, wich sein Mißtrauen allmählich einem immer stärker werdenden Gefühl der Euphorie: Er war dem verhaßten Odium entkommen! Er war tatsächlich vollständig allein! Er war der einzige Mensch auf der Welt!

Ein ungeheurer Jubel brach in ihm aus. So wie ein Schiffbrüchiger nach wochenlanger Irrfahrt die
30 erste von Menschen bewohnte Insel ekstatisch begrüßt, feierte Grenouille seine Ankunft auf dem Berg der Einsamkeit. Er schrie vor Glück. Rucksack, Decke, Stock warf er von sich und trampelte mit den Füßen auf den Boden, warf die Arme in die Höhe, tanzte im Kreis, brüllte seinen eigenen Namen in alle vier Winde, ballte die Fäuste, schüttelte sie triumphierend gegen das ganze weite unter ihm liegende Land und gegen die sinkende Sonne, triumphierend, als hätte er sie persönlich vom Himmel verjagt. Er
35 führte sich auf wie ein Wahnsinniger, bis tief in die Nacht hinein.

Quelle: Süskind, Patrick: Das Parfum. Die Geschichte eines Mörders. Diogenes, Zürich: 1994, S. 152–155.

3. Erschließen eines literarischen Textes (Fokus: Dramatik)

Aufgabe

a) Fassen Sie den Inhalt des folgenden Auszugs unter Einbezug des Aufbaus knapp zusammen. Charakterisieren Sie die Figuren des Zeugen 1 und des Angeklagten 1, indem Sie insbesondere ihr Verhalten vor Gericht berücksichtigen. Gehen Sie dabei auch auf die wichtigsten sprachlich-stilistischen Besonderheiten ein.

b) Arbeiten Sie Prof. Dr. Hubers Haltung, die er im Hochverratsprozess 1943 vor dem Volksgerichtshof einnimmt, im Kontrast zu der des Zeugen und des Angeklagten im vorliegenden Dramenauszug heraus.

Beziehen Sie dabei die beigefügten Materialien und eigenes Wissen sinnvoll in Ihre Darlegung ein.

Der Schwerpunkt der Gesamtaufgabe liegt bei Teilaufgabe a).

Peter Weiss (1916–1982): Die Ermittlung (Uraufführung 1965) Oratorium in 11 Gesängen

	I.1	
	RICHTER	Herr Zeuge
		Sie waren Vorstand des Bahnhofs
		in dem die Transporte einliefen
		Wie weit war der Bahnhof vom Lager entfernt
5	ZEUGE 1	2 Kilometer vom alten Kasernenlager
		und etwa 5 Kilometer vom Hauptlager
	RICHTER	Hatten Sie in den Lagern zu tun
	ZEUGE 1	Nein
		Ich hatte nur dafür zu sorgen
10		daß die Betriebsstrecken in Ordnung waren
		und daß die Züge fahrplanmäßig
		ein- und ausliefen
	RICHTER	In welchem Zustand waren die Strecken
	ZEUGE 1	Es war eine ausgesprochen gut
15		ausgestattete Rollbahn
	RICHTER	Wurden die Fahrplananordnungen
		von Ihnen ausgearbeitet
	ZEUGE 1	Nein
		Ich hatte nur fahrplantechnische Maßnahmen
20		im Zusammenhang mit dem Pendelverkehr
		zwischen Bahnhof und Lager durchzuführen
	RICHTER	Dem Gericht liegen Fahrplananordnungen vor
		die von Ihnen unterzeichnet sind
	ZEUGE 1	Ich habe das vielleicht einmal
25		vertretungsweise unterschreiben müssen
	RICHTER	War Ihnen der Zweck der Transporte bekannt
	ZEUGE 1	Ich war nicht in die Materie eingeweiht
	RICHTER	Sie wußten
		daß die Züge mit Menschen beladen waren
30	ZEUGE 1	Wir erfuhren nur
		daß es sich um Umsiedlertransporte handelte
		die unter dem Schutz des Reichs standen
	RICHTER	Über die vom Lager regelmäßig
		zurückkehrenden Leerzüge
35		haben Sie sich keine Gedanken gemacht
	ZEUGE 1	Die beförderten Menschen
		waren dort angesiedelt worden

	ANKLÄGER	Herr Zeuge
		Sie haben heute eine leitende Stellung
40		in der Direktion der Bundesbahn
		Demnach ist anzunehmen
		daß Sie vertraut sind mit Fragen
		der Ausstattung und Belastung von Zügen
		Wie waren die bei Ihnen ankommenden Züge
45		ausgestattet und belastet
	ZEUGE 1	Es handelte sich um Güterzüge
		Laut Frachtbrief wurden per Waggon
		etwa 60 Personen befördert
	ANKLÄGER	Waren es Güterwagen
50		oder Viehwagen
	ZEUGE 1	Es waren auch Wagen
		wie sie zum Viehtransport benutzt wurden
	ANKLÄGER	Gab es in den Waggons
		sanitäre Einrichtungen
55	ZEUGE 1	Das ist mir nicht bekannt
	ANKLÄGER	Wie oft kamen diese Züge an
	ZEUGE 1	Das kann ich nicht sagen
	ANKLÄGER	Kamen sie häufig an
	ZEUGE 1	Ja sicher
60		Es war ein stark frequentierter Zielbahnhof
	ANKLÄGER	Ist Ihnen nicht aufgefallen
		daß die Transporte
		aus fast allen Ländern Europas kamen
	ZEUGE 1	Wir hatten soviel zu tun
65		daß wir uns um solche Dinge
		nicht kümmern konnten
	ANKLÄGER	Fragten Sie sich nicht
		was mit den umgesiedelten Menschen
		geschehen sollte
70	ZEUGE 1	Sie sollten zum Arbeitseinsatz
		geschickt werden
	ANKLÄGER	Es waren aber doch nicht nur Arbeitsfähige
		sondern ganze Familien
		mit alten Leuten und Kindern
75	ZEUGE 1	Ich hatte keine Zeit
		mir den Inhalt der Züge anzusehn
	ANKLÄGER	Wo wohnten Sie
	ZEUGE 1	In der Ortschaft
	ANKLÄGER	Wer wohnte sonst dort
80	ZEUGE 1	Die Ortschaft war von der einheimischen
		Bevölkerung geräumt worden
		Es wohnten dort Beamte des Lagers
		und Personal der umliegenden Industrien
	ANKLÄGER	Was waren das für Industrien
85	ZEUGE 1	Es waren Niederlassungen
		der IG Farben
		der Krupp- und Siemenswerke
	ANKLÄGER	Sahen Sie Häftlinge
		die dort zu arbeiten hatten
90	ZEUGE 1	Ich sah sie beim An- und Abmarschieren
	ANKLÄGER	Wie war der Zustand der Gruppen
	ZEUGE 1	Sie gingen im Gleichschritt und sangen
	ANKLÄGER	Erfuhren Sie nichts
		über die Verhältnisse im Lager
95	ZEUGE 1	Es wurde ja soviel dummes Zeug geredet
		man wusste doch nie woran man war

IV.1

100	RICHTER	Angeklagter Mulka
		Haben Sie irgendeiner Erhängung
		beigewohnt
	ANGEKLAGTER 1	Ich habe mit keiner Tötung
		gleich welcher Art
105		irgend etwas zu tun gehabt
	RICHTER	Haben Sie von diesbezüglichen Befehlen gehört
		oder dieselben weitergegeben

	ANGEKLAGTER 1	Ich habe wohl von solchen Befehlen gehört
		selbst aber habe ich sie nicht weitergegeben
110	RICHTER	Wie verhielten Sie sich gegenüber solchen Befehlen
	ANGEKLAGTER 1	Ich habe mich gehütet
		höherenorts Fragen vorzubringen
		nach der Rechtmäßigkeit
		mir zu Ohren gekommener Gefangenentötung
115		Schließlich hatte ich die Verantwortung
		für meine Familie
		und für mich selber zu tragen
	ANKLÄGER	Angeklagter Mulka
		haben Sie den Galgen gesehn
120	ANGEKLAGTER 1	Nein
		Ich habe meinen Fuß nie in das Lager gesetzt
		Meine Arbeit war ausschließlich
		administrativer Art
		Ich hielt mich nur in den Amtsräumen
125		der Verwaltung auf
	ANKLÄGER	Angeklagter Mulka
		Sie wohnten in unmittelbarer Nähe des Lagers
		In der Lagerordnung heißt es
		daß Sie den Kommandanten über alle Vorkommnisse
130		zu unterrichten und alle geheimen
		Verschlußsachen zu bearbeiten
		sowie die Wachmannschaften weltanschaulich
		zu schulen hatten
		Waren Ihnen in dieser Stellung
135		nicht die im Lager auszuführenden
		Bestrafungen bekannt
	ANGEKLAGTER 1	Ich habe nur einmal irgendein
		abgezeichnetes rückläufiges Schreiben gesehen
		zur Genehmigung der Prügelstrafe
140	ANKLÄGER	Hatten Sie nie die Gründe
		der Erhängungen und Erschießungen
		zu untersuchen
	ANGEKLAGTER 1	Es war nicht meine Aufgabe
		mich darum zu kümmern
145	ANKLÄGER	Was hatten Sie denn
		als Adjutant des Lagerkommandanten
		für Aufgaben
	ANGEKLAGTER 1	Ich habe Preise kalkuliert
		Arbeitskräfte eingeteilt
150		und Personalien bearbeitet
	ANKLÄGER	Wem wurden die Todesfälle
		zwischen den Häftlingen gemeldet
	ANGEKLAGTER 1	Das weiß ich nicht
		Vielleicht der Politischen Abteilung
155	ANKLÄGER	Erfuhren Sie nichts davon
		daß täglich 100 oder 200
		Häftlinge starben
	ANGEKLAGTER 1	Ich kann mich nicht erinnern
		fortlaufende Stärkemeldungen
160		gesehen zu haben
		Am Tag gab es so 10 bis 15 Abgänge
		aber Zahlen von der Größe
		wie sie hier genannt werden
		habe ich damals nicht gehört
165	ANKLÄGER	Angeklagter Mulka
		wußten Sie nicht von den Massentötungen
		in den Gaskammern
	ANGEKLAGTER 1	Davon war mir nichts bekannt
	ANKLÄGER	Ist Ihnen nicht der Rauch
170		aus den Schornsteinen der Krematorien
		aufgefallen
		der doch kilometerweit zu sehen war

	ANGEKLAGTER 1	Es war ja ein großes Lager
		mit einem natürlichen Abgang
175		Da wurden eben die Toten verbrannt
	ANKLÄGER	Ist Ihnen der Zustand der Häftlinge
		nicht aufgefallen
	ANGEKLAGTER 1	Es war ein Straflager
		Da waren die Leute nicht zur Erholung
180	ANKLÄGER	Hatten Sie als Adjutant des Lagerkommandanten
		kein Interesse daran zu erfahren
		wie die Häftlinge untergebracht waren
	ANGEKLAGTER 1	Ich habe darüber keine Klagen gehört
	ANKLÄGER	Wozu diente Ihrer Ansicht nach das Lager
185	ANGEKLAGTER 1	In einem Schutzhaftlager
		sollten Staatsfeinde
		zu einer anderen Denkungsweise
		erzogen werden
		Es war nicht meine Aufgabe
190		dies in Frage zu stellen
	ANKLÄGER	Wußten Sie
		was die Bezeichnung Sonderbehandlung
		bedeutete
	ANGEKLAGTER 1	Das war eine geheime Reichssache
195		Ich konnte davon nichts wissen
		Wer darüber etwas äußerte
		war mit dem Tod bedroht
	ANKLÄGER	Sie wußten aber doch davon
	ANGEKLAGTER 1	Darauf kann ich keine Antwort geben

Quelle: Weiss, Peter: Die Ermittlung. Oratorium in 11 Gesängen. Edition Suhrkamp, Frankfurt am Main: 2018, S. 11–13, 76–80.

Material 1: Backovic, Lazar: „Wer den Stock berührte, kam ins Gas"

Am 20. Dezember 1963 begann [...] der erste Auschwitz-Prozess. 183 Verhandlungstage lang würde er dauern. [...] An einigen Tagen wohnte der Verhandlung auch ein stiller Beobachter auf der Zuschauertribüne bei. [...] Es war der Schriftsteller Peter Weiss.
Weiss selbst war als Jugendlicher nach der Machtergreifung der Nationalsozialisten mit seiner Familie
5 von Berlin – über Exilstationen in England, Prag und der Schweiz – nach Schweden ausgewandert. [...]
An einem Tag im Jahr 1964, Weiss war gerade von Stockholm zur Verhandlung nach Frankfurt gereist, da notierte der Autor, er sah „Gepeinigte vor ihren Peinigern stehen, letzte Überlebende von denen, die sie zur Tötung bestimmt hatten". Es muss irgendwann in dieser Zeit gewesen sein, als Weiss eine Entscheidung traf: Er würde den Auschwitz-Prozess zum Theaterstück machen. [...]
10 Die Personen, die in dem Stück auftreten, heißen „Zeugin 4", „Angeklagter 17" oder „Richter". Ihre Dialoge sind nackte Fakten – genau so, wie sie bei der Gerichtsverhandlung zur Sprache kamen. Dennoch ist „Die Ermittlung" keine bloße Wiedergabe, das Stück bricht mit der Reihenfolge des Prozesses, verdichtet die zahllosen Zeugenaussagen zu elf „Gesängen" [...]. Es ist ein Destillat des Konzentrationslager-Prozesses. [...]

Quelle: Backovic, Lazar: „Wer den Stock berührte, kam ins Gas". In: SPIEGEL ONLINE. 18.12.2013. In: www.spiegel.de/einestages/peter-weiss-theaterstueck-die-ermittlung-zum-auschwitz-prozess-a-951421.html [25.01.2019].

Material 2: Auszug aus dem Plädoyer von Prof. Dr. Kurt Huber im Prozess vor dem Berliner Volksgerichtshof 1943

Prof. Dr. Kurt Huber war neben Hans und Sophie Scholl eines der bekanntesten Mitglieder der Widerstandsgruppe Weiße Rose im Dritten Reich. Wie die Geschwister Scholl wurde er 1943 verhaftet, wegen Hochverrats zum Tod verurteilt und hingerichtet.

Es gibt für alle äußere Legalität[1] eine letzte Grenze, wo sie unwahrhaftig und unsittlich wird. Dann nämlich, wenn sie zum Deckmantel einer Feigheit wird, die sich nicht getraut, gegen offenkundige Rechtsverletzung aufzutreten. Ein Staat, der jegliche freie Meinungsäußerung unterbindet und jede, aber auch jede sittlich berechtigte Kritik, jeden Verbesserungsvorschlag als „Vorbereitung zum Hochverrat" unter die
5 furchtbarsten Strafen stellt, bricht ein ungeschriebenes, deutsches, germanisches Recht, das „im gesunden Volksempfinden" noch immer lebendig war und lebendig bleiben muß.
Ich setze für diese Mahnung, für diese beschwörende Bitte zur Rückkehr mein Leben ein. Ich fordere die Freiheit für unser deutsches Volk zurück.

---
1 äußere Legalität: rein formal dem Gesetz entsprechend, im Sinne der Gesetzgebung rechtmäßig

Sie haben mir den Rang und die Rechte des Professors und den „summa cum laude" erarbeiteten Doktor-
hut genommen und mich dem niedrigsten Verbrecher gleichgestellt. Die innere Würde des Hochschulleh-
rers, des offenen, mutigen Bekenners seiner Welt- und Staatsanschauung kann mir kein Hochverratsver-
fahren rauben. Mein Handeln und Wollen wird der eherne Gang der Geschichte rechtfertigen; darauf
vertraue ich felsenfest. Ich habe gehandelt, wie ich aus einer inneren Stimme heraus handeln mußte. Ich
nehme die Folgen auf mich nach dem schönen Worte Johann Gottlieb Fichtes[1]:

Und handeln sollst du so, als hinge
Von dir und deinem Tun allein
Das Schicksal ab der deutschen Dinge,
Und die Verantwortung wär' dein.

Quelle: Steffahn, Harald: Die Weiße Rose mit Selbstzeugnissen und Bilddokumenten. Rowohlt, Reinbek bei Hamburg: 1992, S. 118–119.

---

1 Johann Gottlieb Fichte: deutscher Philosoph (1762–1814)

Abiturprüfung 2019
Lösungsvorschläge Sachtexte

1. Erörterung

Ergebnis der Materialauswertung

Im Folgenden sind die Aspekte dargestellt, die aus den Materialien gewonnen werden können und dann bewertet werden müssen, um in die Erörterung Eingang zu finden.

Material 1:

Vorteile des EU-Projekts für ein kostenloses Interrail-Ticket

- Begünstigen der Stiftung einer europäischen Identität durch aktiven und unmittelbaren Kontakt mit anderen Menschen und Ländern Europas (vgl. Z. 9 ff).
- Unterstützung der Möglichkeit des Reisens durch Europa für alle – auch für junge Erwachsene aus weniger betuchten Familien (vgl. Z. 13 ff).
- Einfacher und unbürokratischer Ablauf (vgl. Z. 17 ff.)
- Herstellen einer konkreten und sinnstiftenden Verbindung zwischen den jungen Erwachsenen und den europäischen Institutionen (vgl. Z. 19 ff.)
- Junge Erwachsene als Träger des europäischen Gedankens in der Zukunft (vgl. Z. 22 ff).

Material 2:

Vorteile des EU-Projekts für ein kostenloses Interrail-Ticket

- Junge Erwachsene werden mit den Kulturen der EU-Länder vertraut gemacht (vgl. Z. 7 f.)
- Wirkung als Multiplikator durch Verbreiten positiver Erfahrungen über soziale Netzwerke (vgl. Z. 8 f.)

Nachteile des EU-Projekts für ein kostenloses Interrail-Ticket

- Es werden im Vergleich zur Gesamtzahl der Jugendlichen bisher nur 15000 Tickets zur Verfügung gestellt (vgl. Z. 1 f.), was aber schon mit Kosten von 12 Mio€ verbunden ist (vgl. Z. 11)
- Hohe Kosten von 700 Mio€ bei einer Ausweitung des Projekts auf 1,5 Mio Teilnehmer (vgl. Z. 13 f.)

Material 3:

Nachteile des EU-Projekts für ein kostenloses Interrail-Ticket

- Kritik aus Großbritannien an fehlgeleiteter Subventionierung von gut situierten Familien durch Steuergelder (vgl. Z. 1 ff.), da das Einkommen der Eltern kein Verteilungskriterium ist (vgl. Z. 8 ff.)
- Bei Berücksichtigung des Einkommens zusätzlicher bürokratischer Aufwand (vgl. Z. 11 f.)
- Wichtigste Zielgruppe der Kinder aus „Unterschicht-Familien" (Z. 5) als potentielle Wähler von nationalistischen Parteien werden vermutlich durch das Projekt nicht erreicht (vgl. Z. 5 ff.)
- Geringer Einfluss des Projekts auf Gestaltung der EU angesichts aktueller politischer Probleme (vgl. Z. 15 f.)

Material 4:

Nachteile des EU-Projekts für ein kostenloses Interrail-Ticket

- Es gibt dringendere Probleme, derer sich die EU stellen muss wie z. B. der hohen Jugendarbeitslosigkeit in Europa

Material 5:

Vorteile des EU-Projekts für ein kostenloses Interrail-Ticket

- Historische Bedeutung des europäischen Projekts wieder in die aktuelle Debatte bringen (vgl. Z. 4 ff. und Z. 13 ff.)
- Förderung gemeinsamer europäischer Werte (vgl. Z. 10 ff. und Z. 21 ff.)

Beispielhafte Ergänzung um eigene Argumente für das EU-Projekt:

- Förderung einer umweltfreundlichen Reisemöglichkeit

Beispielhafte Ergänzung um eigene Argumente gegen das EU-Projekt:

- Mit dem Ticket werden nur die Kosten für den Transport gedeckt – Kosten für Verpflegung und Unterkunft fallen zusätzlich an.
- Erlebnisse von 30 Tagen verblassen auch wieder, so dass ein langfristiger Erfolg nicht sichergestellt ist.

Möglichkeit für Synthese

- Das EU-Projekt ist ein innovativer Vorschlag, an dessen Feinheiten (Gerechtigkeit, Verteilungsmodalitäten noch gefeilt werden muss).
- Es bleibt evtl. fraglich, ob dieses Projekt schon bestehende Austausch- oder Förderprojekte wie bspw. Erasmus unterstützt oder in Konkurrenz dazu steht, was zu mangelnder Fokussierung der Förderaktivitäten führen könnte.

Lösungsvorschlag

Text	Struktur
Mediale Aufmerksamkeit erregt derzeit eine Initiative, die unter dem Hashtag #FreeInterrail Verbreitung und mittlerweile unter dem Schlagwort „DiscoverEU" durch die EU Berücksichtigung findet. Es handelt sich dabei um die ursprünglich von Vincent-Immanuel Herr und Martin Speer formulierte Forderung nach einem kostenlosen Interrail-Ticket für 18-jährige Europäer, die auch von zahlreichen Prominenten unterstützt wird. Konkret können durch dieses EU-Projekt im Jahr 2018 15000 junge Menschen einen Gutschein für eine europaweit für 30 Tage gültige Bahnfahrkarte beantragen, den sie innerhalb von sechs Jahren nach ihrem 18. Geburtstag einlösen können. Geplant ist eine Ausweitung des Projekts auf rund 1,5 Millionen junge Europäer, was einen Blick auf die Vor- und Nachteile dieses EU-Projekts lohnt, die im Folgenden erörtert werden sollen.	Einleitung mit Erläuterung der Rahmenbedingungen zum kostenlosen Interrail-Ticket
Auf den ersten Blick erscheint das Projekt durchaus sinnvoll. Durch die Möglichkeit kostenlos durch Europa zu reisen, wird der europäische Gedanke der Jugendlichen gefördert und eine gemeinsame europäische Identität gestiftet. Kommen die jungen Reisenden mit den Menschen in den verschiedenen Ländern unmittelbar in Kontakt, können sie die Lebensumstände, Sorgen und Nöte und die Stimmung vor allem unter den Gleichaltrigen kennen- und verstehen lernen. Dadurch werden Gemeinsamkeiten erlebt und u. U. unterschiedliche Einstellungen vielleicht nicht gleich verschwinden, aber doch verstanden und toleriert. Wer lediglich im Sozialkunde- oder Geographieunterricht in der Schule Hauptstädte, statische Daten und Reden von Politikern der europäischen Länder vermittelt bekommen hat, hat zu wenig Bezug zu den Themen, die die Bevölkerung dort wirklich beschäftigt. Erst wenn die Jugendlichen beispielsweise selbst erlebt haben, wie die Menschen in anderen Ländern miteinander umgehen, wie sie miteinander essen, feiern, aber vielleicht auch trauern oder streiten, lernen sie, welche kulturellen oder wirtschaftlichen Hintergründe sie zu diesem Handeln bewegen. Die Folge wäre ein tiefgründigeres Verständnis der Jugendlichen über Ländergrenzen hinweg und die Ausbildung gemeinsamer Werte, wie sie sich spätestens seit dem zweiten Weltkrieg und den damit verbundenen Katastrophen wie Auschwitz entwickelt haben. Dies ist eine wesentliche Voraussetzung für das Ausbilden einer gemeinsamen europäischen Identität, was damit durch das Projekt unterstützt würde.	Behauptung Begründung Beispiel Beispiel Folgerung Rückbezug
Diese Möglichkeit des Reisens und Kennenlernens Europas bestand natürlich auch jetzt schon, aber nun ist der Zugang dazu für alle offen. Bisher war es nur den gut betuchten Familien möglich, ihren Sohn oder ihre Tochter die finanzielle Unterstützung für eine solche Reise zu geben. Mit diesem Projekt steht allen Jugendlichen die Türe zu Europa durch eine Bewerbung um ein Interrail-Ticket offen, zudem noch umweltfreundlich mit der Bahn. War es bisher nur der Arztsohn oder die Unternehmertochter, die sich mit Hilfe der finanziellen Unterstützung des Vaters und/oder der Mutter auf einen Streifzug durch die europäischen Länder machen konnte, so wird es nun jedem möglich, die Nachbarländer mit der Bahn zu erkunden. Gerade Familien der Unterschicht, die häufig bei Wahlen zu nationalistischen Parteien neigen, können davon profitieren und im günstigsten Fall erkennen, dass Europa ihnen mehr Chancen eröffnet als sie Nachteile durch die EU haben. Damit wird die Mobilität universaler und der Zugang zu Europa breiter.	Behauptung Begründung Beispiel Folgerung Rückbezug
Hilfreich ist dabei auch, dass nach den Plänen der Initiative #FreeInterrail der Ablauf zum Erhalt der Tickets sehr unbürokratisch ablaufen soll. Jeder EU-Bürger soll automatisch zu seinem 18. Geburtstag einen Gutschein für das Bahnticket erhalten. Es müssten also keine umständlichen Formulare ausgefüllt werden, bei denen viele Fragen beantwortet werden müssten, sondern der Gutschein läge schon am 18. Geburtstag im Briefkasten. Damit würde eine aufwändige Prüfung entfallen und jeder schnell und unkompliziert an seine Fahrkarte kommen.	Behauptung Begründung Beispiel Behauptung Folgerung Rückbezug

Nach einem solch unbürokratischen Ablauf sieht es allerdings im Moment nicht aus. Derzeit ist noch geplant, dass man sich um ein Ticket bewerben muss. Dies bringt Probleme und Nachteile des Projekts mit sich.	Überleitung
Zum einen ist die Gefahr, dass deshalb gerade die wichtige Zielgruppe der Familien aus der Unterschicht nicht erreicht wird, was die Projektziele zum Teil in Gefahr bringt, da sie, wie schon erwähnt, ein großes Wählerpotenzial für nationalpopulistische Parteien, denen es entgegenzutreten gilt, sind. Es hat sich bei verschiedenen anderen Projekten bereits gezeigt, dass genau diese Familien nicht ausreichend über Projekte der EU informiert sind bzw. nicht auf die Idee kommen, sich für solche Projekte zu bewerben. Häufig wird in Schulen, die vorwiegend von der Unterschicht besucht werden, nicht ausreichend auf ein solches Projekt aufmerksam gemacht oder die Eltern der Kinder bemühen sich nicht hinreichend um die Ausbildung ihrer Kinder. Evtl. gilt es vielleicht auch als altbacken oder „uncool", sich für ein Projekt der EU zu interessieren oder daran teilzunehmen. Folglich bleibt diesen Jugendlichen die Erfahrung des gemeinsamen Europas verwehrt. Letztendlich führt dies dann genau dazu, dass der ursprüngliche Gedanke der Mobilität für alle nicht erreicht wird und die Unterschicht nicht genügend von diesem Projekt profitiert.	Behauptung Begründung Beispiel Folgerung Rückbezug
Ein weiteres Problem ist in diesem Zusammenhang auch die fehlende Berücksichtigung des Einkommens der Eltern. Nach derzeitigem Stand erhält jeder ein Ticket, der sich um ein darum bewirbt. Es werden keine Einkommens- oder Vermögensdaten der Bewerber dabei zugrunde gelegt. Dadurch werden den Kindern vermögender Gesellschaftsschichten Reisen auf Kosten der gesamten Steuerzahler ermöglicht. Gerade wenn noch nicht alle Jugendlichen Tickets erhalten, könnte es aufgrund der Bewerbungsmodalitäten dazu kommen, dass Kinder der Unterschicht kein Ticket erhalten, während Jugendliche aus reicheren Familien eines bekommen, da sie sich u. U. schon früher darum beworben hatten. Dies könnte dazu führen, dass der schon vorhin beispielhaft herangezogene Arztsohn seine Europareise, die ihm sonst die Eltern bezahlt hätten, nicht selbst oder durch seine Familie finanziert, sondern ihm die EU dies als Geschenk zukommen lässt. Dies kann, wie es Großbritannien auch schon getan hat, als Ungerechtigkeit gedeutet werden, weil die Gelder, wie oben schon ausgeführt, sinnvoller für die Unterstützung weniger betuchter Familien ausgegeben würden. Zudem ergibt sich dadurch auch kein Mehr an Kennenlernen, da der reiche Arztsohn die Reise sowieso unternommen hätte. Damit zeigt sich, dass eine Verteilung der Gutscheine ohne Einkommensgrenzen als ungerecht beurteilt werden kann.	Behauptung Begründung Beispiel Folgerung Rückbezug
Hinzu kommt, dass die kostenlose Bereitstellung von Bahntickets alleine nicht zur Deckung der Reisekosten ausreicht. Damit wird zwar der Transport von A nach B kostenlos möglich, aber die nicht unerheblichen Kosten für Verpflegung und Unterkunft werden dadurch nicht übernommen und gerade dies fällt auch wieder eher bei den Unterschicht-Familien ins Gewicht als bei den vermögenden, die diese Kosten eher noch bewältigen können. Eine 30-tägige Reise kostet selbst bei einer anspruchslosen Unterbringung in Jugendherbergen o. Ä. mit 10€ pro Nacht bereits 300€. Rechnet man noch Kosten für Verpflegung hinzu, die sich auch bei sehr sparsamen Haushalten auf 10€ pro Tag belaufen, so kommt man auch Gesamtkosten von 600€, die zusätzlich zum Bahnticket anfallen und die erst einmal von den jungen Erwachsenen bewältigt werden müssen. Somit werden sich insbesondere ärmere Jugendliche genau überlegen, ob sie sich auf eine solche Reise einlassen können.	Behauptung Begründung Beispiel Folgerung/Rückbezug
Außerdem hat die EU derzeit weitaus größere und drängendere Probleme zu bewältigen als Jugendliche auf Kosten der Steuerzahler durch Europa reisen zu lassen. Wenn schon die Jugend im Zentrum der Bemühungen stehen soll, so wären Ausgaben zur Senkung der Jugendarbeitslosigkeit viel sinnvoller. Mit den bis 2017 veranschlagten 700 Millionen Euro ließe sich da viel bewegen. Statt jungen Griechen oder Spaniern also ein 30-tägiges Trostpflaster zu geben, das ihnen dann auch evtl. nur vor Augen führt, wie gut es anderen Ländern geht oder dass sie sich selbst genau die Kosten für die Unterkunft und Verpflegung nicht leisten können, sollte man besser Maßnahmen finanzieren, die helfen, den Rekordstand der Jugendarbeitslosigkeit in diesen Ländern zu verringern. Im ungünstigsten Fall kann sonst ein solches Projekt sonst genau den gegenteiligen Effekt haben, dass die Jugendlichen die EU noch mehr ablehnen, da sie denken, dass die EU nur der Bevölkerung in den Ländern hilft, die sowieso schon genug Geld haben und sich solche Reise ermöglichen können. Deshalb wäre der Fokus auf solche schwerwiegenden Probleme von Jugendlichen in Europa viel zweckmäßiger.	Behauptung Begründung Beispiel Folgerung Rückbezug
Insgesamt betrachtet sind deshalb Zweifel an der Sinnhaftigkeit des EU-Projekts sehr angebracht. Zwar zeigt die Initiative aus der Bevölkerung und das Aufgreifen des Projekts durch die EU, dass die zunehmende Europaskepsis zur Kenntnis genommen wird und dass man versuchen will, hier gegenzusteuern. Dabei ist die Idee des kostenfreien Interrail-Tickets sicherlich ein innovativer Vorschlag und greift an der richtigen Stellschraube an: Die Jugendlichen sind die Europäer der Zukunft und die Saat, die hier in Form des Interrailtickets gesät wird, kann später durchaus reife Früchte tragen. Allerdings gibt es hierfür auch schon zahlreiche EU-Programme. Neben Erasmus existieren noch einige weitere Förder- und Austauschprogramme	Synthese mit Lösungsvorschlag

der EU, die schon auf bewährte Strukturen zurückgreifen können und deren Erfolge diese Programme auch bestätigen. Deshalb wäre es vielleicht sinnvoller, solche Programme noch mehr zu unterstützen oder dahingehend zu untersuchen, wie sie noch besser und gerechter ausgestaltet werden können. Es sollen ja nicht nur die gebildeten Schichten durch Projekte an Universitäten etc. gefördert werden, sondern gerade die bisher vielleicht etwas vernachlässigte Unterschicht soll mehr in den Genuss der Projektmaßnahmen kommen. Statt ein ganz neues Projekt mühsam und mit zweifelhaften Erfolgsaussichten aufzubauen, könnten darum die bestehenden hinsichtlich der Verteilungsgerechtigkeit evaluiert und dann optimiert werden.

2. Kommentar

Ergebnis der Materialauswertung

Für das Verfassen des Kommentars können die Ergebnisse der Materialauswertung übernommen werden und die daraus erarbeiteten Gegenargumente entkräftet und die Argumente ausgestaltet verwendet werden.

Lösungsvorschlag

Die Zukunft Europas liegt auf Schienen	Überschrift
Eigentlich ist es sehr weitsichtig von der EU: Trotz aktuell großer weltpolitischer und innereuropäischer Probleme, sei es an den Finanzmärkten oder bei der Jugendarbeitslosigkeit, denken die europäischen Institutionen weit über dieses Tagesgeschehen hinaus und haben die Zukunft Europas im Blick. Mit ihrer Aktion „DiscoverEU", die ihren Ursprung in der social-media-Initiative „#FreeInterrail" hat, will die EU den Jugendlichen von heute die EU von morgen schmackhaft machen und den europäischen Gedanken stärken. Die Bahn soll es richten. Und zwar mit ihrem Interrail-Ticket, mit dem man europaweit alle Strecken nutzen kann. Für einen kostenlosen Gutschein für ein solches 30 Tage gültiges Ticket soll sich nach Plänen der EU nun jeder Europäer zu seinem 18. Geburtstag bewerben können. Für das Einlösen hätte man dann sechs Jahre Zeit und könnte dann 30 Tage alle Länder Europas besuchen.	Einleitung mit Erläuterung der Rahmenbedingungen des Projekts
Kaum ist das Projekt geboren, gibt es allerdings auch schon erste (kleinliche?) Widersacher: Großbritannien prangert die soziale Ungerechtigkeit an und fragt nicht ganz unberechtigt: Warum soll der Steuerzahler sein Geld für die Reiseeskapaden neureicher Jugendlicher ausgeben? Der Arztsohn aus München soll von der EU seinen ohnehin geplanten Europatrip vor seinem vom Vater finanzierten Medizinstudium in Prag finanziert bekommen? Soweit wollen es die Kritiker zurecht nicht kommen lassen. Damit haben sie auch Recht, aber deshalb das Projekt gleich von vornherein rundweg ablehnen? Da ist es doch besser noch an den Feinheiten der Vergabemodalitäten wie z. B. der Einführung einer Einkommens- oder Vermögensgrenze zu feilen als diesen Ansatz gleich komplett zu verwerfen. Zugegebenermaßen kostet so ein Projekt auch unabhängig davon viel Geld. Mit den geplanten 700 Millionen Euro, die zwischen 2021 und 2027 für die Bahntickets geplant sind, ließe sich besonders beim Thema Jugendarbeitslosigkeit in einigen Ländern durch entsprechende Initiativen viel zu deren Verminderung bewegen – und zwar nicht nur Jugendliche in Zügen. Allerdings ist dieses Geld als eine Investition zu betrachten. Eine Investition in die jungen Europäer, die sich in der Zukunft vielfach auszahlen wird.	Hauptteil Gegenargument: Bevorzugung vermögender Familien Entkräftung durch Verweis auf Änderungen an Feinheiten Gegenargument: Teures Projekt Entkräftung durch Investition in Zukunft
Im Grunde investiert die EU nämlich mit dem Projekt in die Wertegemeinschaft und den Zusammenhalt Europas, was angesichts derzeitiger Tendenzen wie beispielsweise dem Brexit gerade heute notwendiger denn je erscheint. Es scheint nämlich langsam in Vergessenheit geraten zu sein, dass die gemeinsame Entwicklung des Zusammenhalts in Europa ihren Ursprung in der Zeit nach dem Zweiten Weltkrieg und den damit verbundenen Barbareien wie Auschwitz hat. Die Menschen erkannten schon damals, dass ein Leben in Würde, Freiheit und in Frieden unter Wahrung der Menschenrechte nur gemeinsam in Europa möglich sein wird. Dazu ist es aber nötig, dass man sich gegenseitig kennt, versteht und vielleicht auch auf den ersten Blick verschrobene Eigenheiten aneinander akzeptiert. Dies ist aber nur dann möglich, wenn man auch die Gelegenheit zum Austausch und der unmittelbaren Erfahrung der verschiedenen Landessitten hat. Wer nicht täglich unter der mittäglichen Hitze Spaniens gelitten hat, wird die dort übliche Siesta als Faulenzen fauler Spanier am helllichten Tag abtun, statt anzuerkennen, dass es effektiv ist, die Arbeit in die kühlen Abendstunden zu verlegen. Und dazu genügen nicht nur ein paar Sozialkunde- oder Geographiestunden in der Schule. Hinter den Namen von Hauptstädten, statistischen Daten und manchmal markigen Sprüchen von Politikern anderer europäischer Nationen verbirgt sich die Kultur, das Lebensgefühl und auch die Sorgen und Ängste der anderen Europäer. Diese kann man nur in einer persönlichen Begegnung „erfahren". Und genau hier kommt dann das kostenlose Bahnticket ins Spiel: Es gibt allen jungen Europäern die Gelegenheit, genau diese Erfahrungen zu machen und zwar	Argument: Zusammenhalt und Wertegemeinschaft wird gestärkt Argument: Europa muss persönlich „erfahren" (in doppeltem Sinne) werden

unabhängig vom Herkunftsland und vom Einkommen. Dadurch kann Paul aus Hannover genauso mit Juan aus Spanien und mit Paola aus Italien wie mit Kristina aus Rumänien ins Gespräch kommen und feststellen, dass sie über viele Dinge wie z. B. die Vorteile der Reisefreiheit Europas ähnlich denken oder eben auch unterschiedliche Meinungen über beispielsweise Mindestqualitätsstandards von Wohnhäusern haben, die ihren berechtigten Ursprung vielleicht im unterschiedlichen Klima haben.

Dabei ist es in mehrerlei Hinsicht clever, auf die Jugendlichen zu bauen. Zum einen sind die Jugendlichen die Zukunft Europas. Sie sind es, die die Steuern von morgen aufbringen und die das Schicksal Europas in der Zukunft bestimmen werden. Da schadet es nicht, dieses Europa mal hautnah kennengelernt zu haben. Zum zweiten sind die Jugendlichen stark in den sozialen Medien vertreten und können durch ihre Berichte dort die Wirkung des Projekts vervielfachen, was die Erfolgschancen erheblich vergrößert. Zum dritten sind die jungen Europäer (hoffentlich) noch freier von Vorurteilen und lassen sich auf das Abenteurer Europa gerne ein.

Argument: Jugendliche als Zukunft Europas

Argument: Wirkung als Multiplikator
Argument: Vorurteilsfrei

Seien Sie deshalb auch wagemutig genug, sich auf dieses Abenteuer einzulassen. Das bedeutet nicht, dass man Zweifel an dem Projekt einfach bedenkenlos beiseite wischt, sondern versucht, diesen sehr innovativen Ansatz noch in Feinheiten wie den Vergabemodalitäten zu verbessern. Der Zug ist für Europa noch lange nicht abgefahren und es gibt viele jungen Erwachsenen, die noch auf ihn warten und gerne zusteigen wollen. Deshalb folgen Sie dem Aufruf der EU: „Alles Einsteigen – Vorsicht an der Bahnsteigkante, die Türen schließen."

Schlussfolgerung/Appell: An Feinheiten arbeiten, Projekt als Chance begreifen.

Abiturprüfung 2019
Lösungsvorschläge Literarische Texte

1. Epik

Inhalt, Aufbau und Charakterisierung mit sprachlich-stilistischen Besonderheiten

Ergebnis der Materialauswertung für Inhalt und Aufbau

Aus dem Text lassen sich zunächst die wesentlichen Informationen zur kurzen Vorstellung des Textes gewinnen:

- Autor: Eduard Mörike, Titel: Mozart auf der Reise nach Prag, Erscheinungsjahr: 1855
- Überwiegend auktoriale Erzählperspektive in der Er-Form (zu Beginn eher neutral)
- Zeit und Ort der Handlung: Wien und Reiseroute nach Prag um das Jahr 1789.
- Handlungskern: Erlebnisse des Komponisten Mozart auf seiner Reise von Wien nach Prag, Beschreibung von Mozarts Lebensweise in Wien.
- Thematik: Auswirkung der Künstlernatur Mozarts auf sein Leben und Denken

Der Text kann grob in drei Abschnitte eingeteilt werden:

1. Z. 1-36: Mozarts Begeisterung für die Natur im Märkischen Gebirge bei einer Pause während der Kutschfahrt von Wien nach Prag:
   a) Mozart ist die Schönheit der Natur noch nie bewusst aufgefallen.
   b) Begeisterung über die Größe und Pracht der Natur, die er mit etwas Göttlichem vergleicht.
2. Z. 37-72: Mozarts geäußerte Gedanken über die schönen Kleinigkeiten der Welt und verpassten Möglichkeiten aufgrund seines gehetzten Lebensstils:
   a) Mozart erkennt, dass ihm viele Schönheiten im Alltäglichen noch nie aufgefallen sind.
   b) Er stellt fest, dass er diesen Kleinigkeiten vor allem seinen Kindern zu wenig Zeit widmet.
3. Z. 73-112: Beschreibung des Lebens Mozarts und der damit verbundenen Auswirkungen:
   a) Mozart ist trotz seiner vielen Erlebnisse und Erfolge im Innersten unzufrieden.
   b) Sein Lebensstil ist sehr ausschweifend, er verbringt viel Zeit bei Feiern außer Haus bzw. in seinem Heim.
   c) Genauso maßlos wie beim Vergnügen ist er auch bei der Arbeit: Als genialer Komponist arbeitet er Tag und Nacht.
   d) Die Konsequenzen dieses Lebensstils sind zum einen eine angegriffene Gesundheit, weshalb er zunehmend Todesfurcht hegt, und zum anderen eine angespannt finanzielle Lage aufgrund Mozart Leichtsinnigkeit in finanziellen Angelegenheiten.

Ergebnis der Materialauswertung für Charakterisierung mit sprachlich-stilistischen Besonderheiten

<u>Äußere Merkmale (Name, Beruf, Alter, Familienstand, ...):</u>

- Name: Mozart
- Verheiratet, mehrere Söhne (vgl. Z. 55)
- Beruf: Komponist/Musiker (vgl. Z. 94 ff.)
- Großer Freundes-/Bekanntenkreis in vornehmen sozialen Verhältnissen (vgl. Z. 74 ff.)
- Angespannte finanzielle Lage (vgl. Z. 106)

<u>Charakterzüge und Eigenschaften:</u>

- Emotional
  - Überschwängliche Begeisterung für die Natur (vgl. Z. 15 ff)
    Sprachlich-stilistische Besonderheiten: Ausruf („Gott, welche Herrlichkeit", Z. 15; „brach einen Pilz und pries die prächtige hochrote Farbe des Schirms", Z. 25 f.); Vergleiche (Tiere des Waldes mit Fabelwesen wie Nymphen, vgl. Z. 21 ff.); Aufzählungen („an Wunderwerken der Natur, an Wissenschaften und nützlichen Gewerben", Z. 44), Superlative („das Größeste und Schönste", Z. 20).
  - Schwermut über verpasste Lebenssituationen mit den Kindern (vgl. Z. 54 ff.)
    Sprachlich-stilistische Besonderheiten: Ausruf („O pfui", Z. 48); Reihung/Klimax („verpaßt, verschiebt, hängen läßt", Z. 49)
- Eloquent/redegewandt
  - In der Beschreibung der Natur (vgl. Z. 15 ff.)
    Sprachlich-stilistische Besonderheiten: Metaphern („ein ganzes Volk von Bäumen", Z. 17), Alliterationen („wohnen und wirtschaften", Z. 18)
  - Im Gespräch mit seiner Frau (vgl. Z. 30 ff)
    Sprachlich-stilistische Besonderheiten: Reihungen („Karossen, Staatsdegen, Roben und Fächern", Z. 30 f.)

- Maßlos
  - Er nimmt an sehr vielen Festivitäten teil (vgl. Z. 75)
    Sprachlich-stilistische Besonderheiten: Akkumulation („Festen, Zirkeln und Partien", Z. 75)
  - Er arbeitet Tag und Nacht als Musiker und Komponist (vgl. Z. 93 ff.)
    Sprachlich-stilistische Besonderheiten: Temporaladverbien, die den Tagesablauf darlegen („Ein Teil der Nacht [...] Morgens früh [...] von zehn Uhr an [...] einige Nachmittagsstunden", Z. 94 ff.), Akkumulation („Berufsarbeiten, Akademien, Proben und dergleichen", Z. 97 f.)
- Leichtsinnig, fast verschwendungssüchtig
  - Setzt Familienleben aufs Spiel, indem er sich ihr gegenüber oft verantwortungslos verhält (wenig Zeit mit Familie, vgl. Z. 54 ff.; finanzielle Freigiebigkeit, die die Existenz aufs Spiel setzt, vgl. Z. 106 ff.)
    Sprachlich-stilistische Besonderheiten: Personifikation („lachender Großmut", Z. 111), Metapher („von purem Genuß, von kleinen unschuldigen Freuden, die einem täglich vor den Füßen liegen", Z. 50 f.)
  - Er lädt selbst Wildfremde regelmäßig zu sich ein (vgl. Z. 76).
    Sprachlich-stilistische Besonderheiten: Akkumulation („Liebhaber, Kunstgenossen, Sänger und Poeten", Z. 80), Antithese („der müßige Schmarotzer [...] kam so gut wie der geistvolle Kenner", Z. 80 ff.)
  - Er nimmt zu wenig Rücksicht auf seine Gesundheit, was ihm letztlich körperlich und seelisch (mit Todesfurcht) zusetzt (vgl. Z. 99 ff.).
    Sprachlich-stilistische Besonderheiten: Metapher („Seine Gesundheit wurde heimlich angegriffen", Z. 109; „Ahnung eines frühzeitigen Todes, die ihn auf Schritt und Tritt begleitete", Z. 101 f.)
- Liebevoller Umgang mit seiner Frau (vgl. Z. 10, Z. 61 f.), bei der auch Selbstkritik deutlich wird
- Innere Zerrissenheit zwischen Leben als Künstler und dem Wunsch nach einfachen Dingen des (Familien-) Lebens (vgl. Z. 65 ff.).
  - Geniale Schaffensmomente (vgl. Z. 103 ff.)
  - Fast depressive Gefühle („Gram", Z. 102"; „Reue", ebd.)
    Sprachlich-stilistische Besonderheiten: Antithese („genießend oder schaffend", Z. 93)

Fazit:

Der Künstler Mozart ist innerlich zerrissen zwischen seinem freien und ungezwungenen Leben als Künstler, das er genießt und den einfachen Dingen im Leben wie der Natur und der Familie, der gegenüber er seine Verpflichtungen und Wünsche nicht erfüllen kann. Dies führt zu gesundheitlichen und psychischen Problemen, die sich fast zu einer Depression mit Todesfurcht steigern.

Lösungsvorschlag

Der vorliegende Auszug aus der Novelle „Mozart auf der Reise nach Prag" von Eduard Mörike, der 1855 erschienen ist, handelt von den Erlebnissen des Komponisten Mozart auf seiner Reise von Wien nach Prag, die im Jahr 1789 stattfindet und beschreibt Mozarts Lebensweise und -umstände seiner Heimat. Der Novellenauszug ist überwiegend in auktorialer Erzählweise in der Er-Form verfasst. Es werden dabei die innere Zerrissenheit Mozarts und die Auswirkungen des Lebens als Künstler thematisiert.	Einleitende kurze Vorstellung des Textes
Zu Beginn des Auszugs befindet sich Mozart auf einer Reise zur Aufführung eines seiner Stücke nach Prag. Auf einer Pause während der Kutschfahrt im Märkischen Gebirge begeistert sich Mozart überschwänglich für die Natur des Waldes. Ihm ist die Schönheit der Natur bisher nicht bewusst aufgefallen, weshalb er ihre Größe und Pracht euphorisch lobt.	Inhalt des ersten Abschnitts
Während der anschließenden Weiterfahrt in der Kutsche äußert Mozart seine Gedanken über die für ihn neu entdeckten schönen Kleinigkeiten der Welt und die seiner Ansicht nach verpassten Gelegenheit, die einfachen Dinge des Lebens zu genießen. Er erkennt, dass ihm viele alltägliche Schönheiten des Lebens bisher noch nie aufgefallen sind. Dabei stellt er auch fest, dass er aufgrund seines gehetzten Lebensstils zu wenig Zeit für seine Familie findet.	Inhalt des zweiten Abschnitts
Im Anschluss werden das Leben Mozarts und die damit verbundenen Auswirkungen durch den auktorialen Erzähler beschrieben. Mozart ist trotz seiner vielen Erlebnisse und Erfolge als Künstler im Innersten unzufrieden. Er führt einen ausschweifenden Lebensstil mit vielen Feierlichkeiten außer Haus und in seinem Heim. Genauso maßlos wie bei seinen Vergnügungen ist er auch bei der Arbeit. Als genialer Komponist arbeitet er Tag und Nacht. Als Konsequenz dieses Lebensstils ist seine Gesundheit bereits angegriffen, worunter er auch psychisch in Form einer sich anbahnenden Todesfurcht leidet. Zudem zeigt sich am Ende, dass sein Lebensstil und seine Leichtsinnigkeit in finanziellen Angelegenheiten ihn in eine angespannte wirtschaftliche Lage führt.	Dritter und letzter Abschnitt
Die Hauptfigur Mozart zeigt recht ambivalente Charakterzüge, die im Folgenden dargestellt werden.	Überleitung
Mozart ist verheiratet und hat mehrere Söhne (vgl. Z. 55). Beruflich ist er als Komponist und Musiker sehr erfolgreich (vgl. Z. 94 ff.) und verkehrt daher in vornehmen sozialen Kreisen (vgl. Z. 74 ff.). Trotzdem befindet er sich in einer angespannten finanziellen Lage (vgl. Z. 106).	Äußere Merkmale mit Angabe der Textstellen

Gleich zu Beginn zeigt sich seine sehr emotionale Ader. Überschwänglich reagiert er auf die Eindrücke der Natur des Waldes, was sich auch durch den Ausruf „Gott, welche Herrlichkeit!" (Z. 15) zeigt. Er verhält sich gerade so, als hätte er noch nie einen Wald betreten und ist schon von den kleinsten Dingen übermäßig begeistert. Den Wald vergleicht er übertrieben bildhaft mit einem „ganze[n] Volk von Bäumen" (Z. 17) und die Tiere des Waldes mit Fabelwesen wie Nymphen (vgl. Z. 21 ff.). Schwärmerisch preist er „die prächtige hochrote Farbe des Schirms" (Z. 25) eines Pilzes. Für ihn ist in seinem emotionalen Übermut der einfache Wald vergleichbar mit dem „Größeste[n] und Schönste[n]" (Z. 20), das er bisher gesehen hat. Durch die von ihm verwendeten Metaphern und Alliterationen („wohnen und wirtschaften", Z. 18) und im Gespräch mit seiner Frau wird auch deutlich, wie redegewandt Mozart ist. Seine Emotionalität zeigt sich in ihrem anderen Extrem in seiner Schwermut über verpasste Gelegenheiten im Leben, insbesondere im Umgang mit seinen Kindern (vgl. Z. 54 ff.). In einer Aufzählung beklagt er zunächst übertrieben, was er alles noch nicht kennt an „Wunderwerken der Natur, an Wissenschaften, Künsten und nützlichen Gewerken" (Z. 44), wodurch seine übertriebene Trauer über verpasste Gelegenheiten als auch eine wissbegierige Seite an ihm deutlich wird. Er bedauert, dass er viele Dinge „verpaßt, verschiebt und hängen lässt" (Z. 49). Durch diese Klimax wird deutlich, dass er betrauert, wie gehetzt er durch sein Leben geht. Dies unterstreicht er durch den emotionalen Ausruf „O pfui" (Z. 48). Besonders, dass er sich nicht mehr Zeit mit seinen Kindern unternommen, lässt ihn verzagen, was durch die Selbstvorwürfe in den Zeilen 55 ff., dass er nicht häufig und ausgiebig genug mit ihnen gespielt hat, deutlich wird und auch eine selbstkritische Seite an ihm zeigt.	Charakterzug Erläuterung der Textstellen Sprachliche Mittel: Ausruf, Metapher, Vergleich, Hyperbel Eigenschaft Textstellen Sprachliche Mittel: Aufzählung Klimax Eigenschaft
Die Maß- und Rastlosigkeit, mit der er dieses gehetzte Leben bestreitet, ist ein weiterer wesentlicher Charakterzug Mozarts. Sowohl im Vergnügen als auch während der Arbeit kennt er kein vernünftiges Maß. Privat nimmt er alle sich bietende Gelegenheiten für Feierlichkeiten wahr (vgl. Z. 75 ff.), was sprachlich durch die Akkumulation „Festen, Zirkeln und Partien" (Z. 75) unterstrichen wird. Durch die Vielzahl der Feste, auf die er auch nicht verzichten will (vgl. Z. 78), kommt er nie zur Ruhe. Deshalb kann er sich auch nicht von seiner Tätigkeit als Musiker und Komponist, der er Tag und Nacht nachgeht (vgl. Z. 93 ff.), erholen. Dass er ununterbrochen seinen beruflichen Wünschen und Verpflichtungen nachgeht, wird auch sprachlich durch zahlreiche Temporaladverbien, die seinen Tagesablauf ausfüllen deutlich. „Ein Teil der Nacht", „morgens früh", „von zehn Uhr an", „einige Nachmittagsstunden" (Z. 94 ff.), ständig ist Mozart bei „Berufsarbeiten, Akademien, Proben und dergleichen" (Z. 97 f.). Er kennt keine Ruhepausen und ist sowohl im Genuss als auch im Ausschöpfen seiner Genialität grenzenlos.	Charakterzug Textstellen Sprachliche Mittel: Akkumulation Textstellen Sprachliche Mittel: Temporaladverbien Akkumulation
Durch dieses Verhalten zeigt sich, wie leichtsinnig Mozart mit seinem Leben umgeht. Die Strapazen seines Lebenswandels belasten ihn zusehends körperlich und psychisch. Seine Gesundheit wird metaphorisch „heimlich angegriffen" (Z. 99) und ihn beschleicht die „Ahnung eines frühzeitigen Todes" (Z. 101). Dies führt zu einem „Zustand von Schwermut" (Z. 100), was ein Hinweis auf eine beginnende Depression sein kann. Leichtsinnig setzt er auch seine Familie durch seinen Lebenswandel aufs Spiel. Er verhält sich ihr gegenüber verantwortungslos, indem er wenig Zeit mit ihr verbringt (vgl. Z. 54 ff.) und indem er freigiebig und fahrlässig Geld verleiht, wodurch er seine Familie in finanzielle Schwierigkeiten bringt (vgl. Z. 106 ff.). Sprachlich zeigt sich dies besonders durch die Personifikation „lachender Großmut" (Z. 111), die im Kontrast zur Ernsthaftigkeit der finanziellen Lage steht. Diese finanzielle Unbedarftheit ist schon fast verschwendungssüchtig, wenn er Wildfremde („Liebhaber, Kunstgenossen, Sänger und Poeten", Z. 80) regelmäßig zu sich einlädt (vgl. Z. 76). Sowohl „der müßige Schmarotzer" (Z. 80 f.) als auch der „geistvolle Kenner" (Z. 82) sind zu Gast bei Mozart, was antithetisch zeigt, wie wahllos er seine Bekanntschaften unterhält. Trotz dieses verantwortungslosen Verhaltens gegenüber seiner Familie pflegt er einen liebevollen Umfang mit seiner Frau. Er läuft „Arm in Arm" (Z. 10) bei der Pause im Wald und auch sie ist besorgt um seine Gesundheit, wenn sie ihm aufgrund der Temperaturschwankungen der frischen Waldluft ein zusätzliches Kleidungsstück aufdrängt (vgl. Z. 14). Auch die offenen Gespräche voller Güte während der Kutschfahrt zeigen den vertrauten Umgang der beiden miteinander. (vgl. Z. 61 ff.).	Charakterzug Textstelle Sprachliches Mittel: Metapher Textstellen Sprachliches Mittel: Personifikation Charakterzug Textstellen Sprachliche Mittel: Akkumulation, Antithese Charakterzug Textstellen
Dieses ambivalente Verhalten seiner Familie gegenüber zeigt exemplarisch seine innere Zerrissenheit zwischen seinem Leben als genialem Künstler und seinen Gefühlen, das einfache Glück im Leben dadurch zu verpassen. Dadurch ist er innerlich unzufrieden (vgl. Z. 65 ff.). Er kostet zwar seine genialen Schaffensmomente aus und aus diesem Quell entspringen metaphorisch auch „unerschöpflich" (Z. 105) seine Melodien. Anderseits entströmen diesen einzigartigen Schöpfungen gleichzeitig auch „alle Qual und Seligkeit der Menschenbrust" (Z. 105), was genau die Genialität seiner Werke ausmacht. Das Ergebnis der Zerrissenheit sind fast depressive Züge, die sich in „Gram" und „Reue" (Z. 103) äußern.	Charakterzug Textstellen Sprachliches Mittel: Metapher
Der Künstler Mozart ist demnach innerlich zerrissen zwischen seinem freien und ungezwungenen Leben als Künstler, das er genießt und dem einfachen Glück im Leben wie der Natur und der Familie, der gegenüber er seine Verpflichtungen und Wünsche nicht erfüllen kann. Dies führt zu gesundheitlichen und psychischen Problemen, die sich zu einer Depression mit Todesfurcht steigern.	Schluss: Zusammenfassung der wesentlichen Erkenntnisse

1.1 Motivvergleich

Ergebnis der Materialauswertung für Motivvergleich

Beide Materialien müssen auf Gemeinsamkeiten und Unterschiede hin untersucht werden. Hierfür müssen Kriterien aufgestellt werden, anhand derer diese festgestellt werden können.

In diesem Fall bieten sich folgende Kriterien an:

- Art der Natur
- Verhältnis der Protagonisten zur Natur
- Gründe für das Betreten der Natur
- Erleben der Natur
- Reaktion auf Natur
- Schilderung der Natur
- Wahrnehmung der Natur

Fasst man die Analyseergebnisse in einer Tabelle zusammen, ergibt sich folgende Gegenüberstellung, (markiert durch G für Gemeinsamkeiten und U für Unterschiede):

	Material 1: Mozart	**Material 2: Grenouille**
Art der Natur	Wald (U)	Gebirge (U)
Verhältnis zur Natur	Natur wird als Parallelwelt empfunden, die bisher nicht bewusst wahrgenommen wurde (vgl. Z. 10 ff.) (G)	Natur als Ort, dem er bisher noch nicht in seiner Ruhe begegnet ist (vgl. Z. 19 ff.) (G)
	Abwechslung zur Reise/zum Alltag – eher zufällig (U)	Ziel einer Suche nach Einsamkeit (U)
Gründe	Entspannung (U)	Flucht (U)
	Ruhe vor gehetztem Leben (G)	Ruhe vor Verfolgung durch Mitmenschen (G)
Erleben der Natur	Natur wird als groß, weit und vielfältig erlebt (vgl. Z. 15 ff.) (G)	Natur wird als endloser Raum der Freiheit erlebt (vgl. Z. 1 ff) (G)
	Gemeinsam mit seiner Frau (U)	Alleine (U)
Reaktion auf die Natur	Freudig, entdeckend (vgl. Z. 10 ff.) (U)	Zunächst abwartend und argwöhnisch (vgl. Z. 12 ff.), später euphorisch (vgl. Z. 31) (U)
Schilderung der Natur	Verklärt, romantisch, schwärmerisch, lebendig (vgl. Z. 19 ff.) (U)	Unwirtlich, kahl, karg, rau (vgl. Z. 1 ff.), unbelebt (vgl. Z. 20 ff.) (U)
Wahrnehmung der Natur	Visuell (Hochschauen an Bäumen etc., vgl. Z. 15) und haptisch (Pflücken eines Pilzes, vgl. Z. 25 f.) (U)	Akustisch (Hören nach Geräuschen, vgl. Z. 23) und visuell (Absuchen des Horizonts, vgl. Z. 21), vor allem aber über den Geruch (vgl. Z. 12 ff.) (U)
Fazit	Wald/Natur als willkommene Abwechslung für Ruhe und Innehalten zum Nachdenken über das Leben	Gebirge als Zufluchtsort vor Menschen und als Hort der Einsamkeit

Lösungsvorschlag

In der Literatur sind zahlreiche Romane und Erzählungen zu finden, die das Motiv der Natur als Grundlage haben. Die Spanne reicht dabei von Naturbeobachtungen und Schilderung von Naturkatastrophen bis hin zu dem Widerspiegeln der Gefühle im Naturerleben. In den beiden vorliegenden Auszügen aus der Novelle „Mozart auf der Reise nach Prag" von Eduard Mörike aus dem Jahr 1855 und aus dem Roman „Das Parfum" von Patrick Süskind aus dem Jahr 1985 erleben die Protagonisten Mozart und Grenouille ebenfalls die Natur, wobei beim Vergleich der beiden einige Gemeinsamkeiten und Unterschiede erkennbar werden, die im Folgenden dargelegt werden.

Einleitung: Hinführung zu den zu vergleichenden Texten

Zunächst zeigt sich recht deutlich, dass beide Protagonisten die Natur als eine eigene Welt wahrnehmen, der sie sich noch nicht bewusst genähert haben. Mozart wirkt ganz überrascht, als er immer tiefer in den Wald vordringt (vgl. M1, Z. 10 f.) und er anscheinend zum ersten Mal bewusst die Natur entdeckt, als wäre er noch niemals in einem Wald gewesen (vgl. M1, Z. 16). Ähnliches gilt auch für Grenouille. Er ist auf die Natur nicht vorbereitet (vgl. M2, Z. 19) und kann sein Glück, die erhoffte Ruhe zu finden, zunächst gar nicht fassen (vgl. M2, Z. 24 ff.). Auch Mozart findet die Ruhe, die er gesucht hat, und ist genauso wie Grenouille, der die Weite der Natur auf dem Berggipfel erlebt (vgl. M2, Z. 8 ff.), von der Vielfalt und Größe der Natur begeistert (vgl. M1, Z. 17 ff.). *Gemeinsamkeiten*

Hier zeigen sich allerdings auch schon erste Unterschiede im Erleben der Natur. Diese liegen zunächst mal in der Art der Natur. Während Mozart die Pracht des Waldes mit seinem Pflanzen- und Tierreichtum kennenlernt (vgl. M1, Z. 15 ff.), sieht Grenouille der eher kargen und schmucklosen Natur des Gebirges (vgl. M2, Z. 1 ff.) entgegen. Diese Unterschiede haben sicherlich auch ihre Ursache in den unterschiedlichen Motiven der beiden, die Natur aufzusuchen. Bei Mozart ist der Gang in die Natur ein eher zufälliger. Auf einer Kutschfahrt hält er zum Pausieren an und kommt auf der Suche nach Zerstreuung und Erholung von seinem gehetzten Leben in die Natur (vgl. M1, Z. 6 ff.). Grenouille dagegen hat sich bewusst auf die Suche nach Ruhe gemacht bzw. ist er sogar auf der Flucht vor den Menschen und sucht deshalb auch einen Raum, der eher unwirtlich ist und nicht so häufig von Menschen aufgesucht wird (vgl. M2, Z. 6 ff.). Dementsprechend erlebt er die Natur auch alleine (vgl. M2, Z. 9), wohingegen Mozart gemeinsam mit seiner Frau in der Natur unterwegs ist (vgl. M1, Z. 6 ff.). Aus dieser unterschiedlichen Motivlage heraus ist der Blick Mozarts auf die Natur auch eher schwärmerisch verklärt, fast schon romantisch. Dadurch und durch die vielfältige Flora und Fauna, die er erlebt, wirkt die Natur auch für ihn lebendig (vgl. M1, Z. 19 ff.). Grenouilles Zielsuche entsprechend erfährt dieser die Natur als karg rau und entsprechend unbelebt (vgl. M2, Z. 20 ff.). Grenouille hat deshalb auch keinen freudig entdeckenden Zugang zur Natur wie Mozart, der die Einzelheiten der Natur genau in Augenschein nimmt (vgl. M1, Z. 10 ff.), sondern er verhält sich zunächst eher abwartend und argwöhnisch (vgl. M2, Z. 12 ff.) und erst später, als er sich sicher ist, dass seine Suche nach der erhofften Ruhe vor den Menschen erfolgreich ist, reagiert er euphorisch (vgl. M2, Z. 31). Ein bedeutender Unterschied im Naturerleben der beiden Protagonisten liebt in der sinnlichen Wahrnehmung der Natur. Hier steht das visuelle und haptische Erfahren Mozarts der zwar auch visuellen, mehr aber noch akustischen und der geruchlichen Wahrnehmung Grenouilles gegenüber. Mozart erlebt die Natur durch das Hochsehen an gewaltigen Bäumen (vgl. M1, Z. 15) und durch das Pflücken und Anfassen von Pilzen (vgl. M1, Z. 25 f.). Grenouille dagegen sucht zwar auch den Horizont nach Auffälligkeiten ab (vgl. M2, Z. 21), aber er hört auch intensiv nach Geräuschen der Natur (vgl. M2, Z. 23). Vor allem aber vertraut er in seiner Wahrnehmung auf seinen Geruchssinn, der bei ihm sehr stark ausgeprägt ist (vgl. M2, Z. 12 ff.). *Unterschiede*

Insgesamt zeigt sich, dass für Mozart die Natur, insbesondere hier der Wald, eine willkommene Abwechslung für Ruhe und Innehalten im gehetzten Leben ist. Hier kann er über sein Leben nachdenken und sich vielleicht auch Inspiration für sein Genie holen. Für Grenouille dagegen ist das Gebirge die Natur, die er sucht, da es für ihn der ideale Zufluchtsort vor den Menschen ist und er hier die gewünschte Einsamkeit findet. *Abschließende Bewertung*

2. Dramatik

2.1 Inhalt, Aufbau und Charakterisierung mit Gesprächsverhalten und sprachlich-stilistischen Besonderheiten

Ergebnis der Materialauswertung für Inhalt und Aufbau

Aus dem Text lassen sich zunächst die wesentlichen Informationen zur kurzen Vorstellung des Textes gewinnen:

- Autor: Peter Weiß, Titel: „Die Ermittlung – Oratorium in 11 Gesängen" – 1. Akt/ 1. Szene und 4. Akte/ 1. Szene, Uraufführung: 1965
- Textsorte: Dramenauszug
- Handlungszeit/-ort: Gerichtsverhandlung in der Nachkriegszeit des Zweiten Weltkriegs
- Handlungskern: Befragung eines Zeugen und des Angeklagten zu den Vorgängen im Konzentrationslager Ausschwitz während des Gerichtsprozesses hierzu
- Thematik: Verantwortung des Einzelnen während der NS-Diktatur, insbesondere in verantwortlichen Positionen in einem Konzentrationslager

Der Dramenauszug kann analog der Szenen in zwei Abschnitte gegliedert werden:

1. Z. 1-96: Befragung eines namenlosen Zeugen 1 (ehemaliger Bahnhofsvorstand) durch Richter und Ankläger
   a) Klärung der äußeren Umstände des Einsatzes des Zeugen 1 im Konzentrationslager (KZ)
   b) Befragung zu Verantwortlichkeit des Zeugen 1 im Bahnhof des KZs
   c) Angebliche Unkenntnis des Zeugen 1 über den Verbleib und die Lebensumstände der Gefangenen trotz möglicher Hinweise darauf
   d) Schließlich Hinweis auf mögliches Wissen des Zeugen um die Vorgänge im KZ
2. Z. 100-199: Befragung des Angeklagten (damaliger Adjutant des Lagerkommandanten) im Prozess durch den Richter und den Ankläger
   a) Abstreiten des Angeklagten, von Tötungen von Gefangenen Kenntnis gehabt zu haben oder an Befehlen daran beteiligt gewesen zu sein
   b) Aufklärung des Angeklagten, dass seine Tätigkeit rein administrativer Natur gewesen sei
   c) Ausweichen des Angeklagten auf belastende Fakten bzgl. der Lebensumstände und des Todes von Gefangenen
   d) Weigerung des Angeklagten auf weitergehende Fragen zu antworten

Ergebnis der Materialauswertung für Charakterisierung unter Berücksichtigung des Gesprächsverhaltens und sprachlich-stilistischer Besonderheiten

Die Charakterzüge des Zeugen 1 und des Angeklagten und deren Gesprächsverhalten sind sehr ähnlich, trotzdem werden in der Materialauswertung die beiden Figuren einzeln untersucht. Obwohl sich die Materialauswertung von Charakterzügen und Gesprächsverhalten teilweise überschneidet bzw. gegenseitig bedingt, werden die Stichpunkte zunächst getrennt voneinander gesammelt und im Lösungsvorschlag anschließend sinnvoll zusammengeführt.

Zeuge 1:
Äußere Merkmale (Name, Beruf, Alter, Familienstand, ...)

- Name: unbekannt
- Ehemaliger Bahnhofsvorstand (vgl. Z. 2), jetzt in leitender Stellung „in der Direktion der Bundesbahn" (Z. 39 f.)

Charakterzüge und Eigenschaften:

- Obrigkeitshörig:
  - Er hinterfragt den Zweck der Transporte nicht (vgl. Z. 27 ff.).
  - Er hinterfragt den Verbleib der Gefangenen nicht (vgl. Z. 33 ff.).
- Unehrlich:
  - Er verschleiert die Wahrheit über die Fahrplananordnungen (vgl. Z. 22 ff.).
  - Er behauptet zunächst, dass es seines Wissens nur um „Umsiedlertransporte" (Z. 31) handelte, gibt später aber zu, dass er weiß, dass sie zum „Arbeitseinsatz geschickt werden" (Z. 70) sollten.
  - Er gibt am Ende indirekt zu, doch etwas über die Vorgänge ahnen haben zu können (vgl. Z. 95 f.).
- Gefühlskalt/emotionslos:
  - Auf die Frage nach Familien in den Zügen, reagiert er mit Zeitmangel (vgl. Z. 72 ff.).
  - Der Umstand, dass es sich um Güter- und Viehwaggons ohne sanitäre Einrichtungen handelt, lässt ihn völlig kalt (vgl. Z. 46 ff.).
  - Fast zynisch: Auf die Frage nach dem Zustand der Gruppen antwortet er mit „Sie gingen im Gleichschritt und sangen" (Z. 92).

Gesprächsverhalten

- Verkleinern der eigenen Verantwortung/Beteiligung an den Geschehnissen: Nur für Betriebsstrecken und Fahrplan verantwortlich (vgl. Z. 9 ff.).
- Ausweichen, Herausreden bei Konfrontation mit von der Antwort abweichenden Tatsachen
  - Auf von ihm unterschriebene Fahrplananordnungen reagiert er mit einer vertretungsweisen Unterschrift (vgl. Z. 24 f.).
  - Er behauptet, keine Zeit für genauere Untersuchungen zu den Zügen gehabt zu haben (vgl. Z. 75 f.).
- Leugnen der Kenntnis über Verhältnisse und Abläufe im KZ:
  - Umstände in den Waggons (vgl. Z. 55).
  - Familien in Waggons (vgl. Z. 75).
  - Zustand der Gefangenengruppen (vgl. Z. 91).
- Verstricken in Widersprüche: Er gibt zu, Gerüchte über die Verhältnisse gehört zu haben (vgl. Z. 95 f.).

Sprachlich-Stilistische Besonderheiten

- Kurze Parataxen oder Ellipsen als Antwort auf unangenehme/belastende Fragen (vgl. Z. 55, Z. 57, Z. 70, Z. 78)
- Verwendung von unpersönlicher Behördensprache (vgl. Z. 19 ff., Z. 47 ff.)

- Euphemismen („Umsiedlertransporte", Z. 31 für Zwangsdeportationen; „beförderte Menschen", Z. 36 für Gefangene)
- Keine Satzzeichen (weder Fragezeichen bei Richter und Angeklagtem noch Punkte oder Kommata) zur Betonung der Emotionslosigkeit

Angeklagter:
Äußere Merkmale (Name, Beruf, Alter, Familienstand, ...)

- Name: Mulka (vgl. Z. 100)
- Ehemaliger Adjutant des Lagerkommandanten (vgl. Z. 180)

Charakterzüge und Eigenschaften:

- Obrigkeitshörig:
  - Er hinterfragt die Befehle der Vorgesetzten nicht (vgl. Z. 111 ff. und Z. 185 ff.).
  - Er geht trotz Indizien für Fehlverhalten nicht über seine Aufgabe hinaus (vgl. Z. 143 ff.).
- Scheinheilig/feige/egoistisch:
  - Er schiebt die Verantwortung für die Familie vor (vgl. Z. 115).
- Unehrlich
  - Er gibt vor, nichts über viele Tote gewusst zu haben (vgl. Z. 155 ff.).
  - Er leugnet, trotz der Krematorien von den Massentötungen gewusst zu haben (vgl. Z. 165 ff.).
  - Auf entscheidende Fragen weicht er aus bzw. antwortet er nicht (vgl. Z. 191 ff.).
- Gefühlskalt/emotionslos
  - Emotionslose Antworten auf den Rauch der Krematorien (vgl. Z. 169 ff.).
  - Fast zynisch auf die Frage nach dem Zustand der Gefangenen im Straflager antwortet er: „Da waren die Leute nicht zur Erholung" (Z. 179.).

Gesprächsverhalten

- Leugnen von Verantwortlichkeiten:
  - Behauptung, nichts mit Tötungen zu tun gehabt zu haben (vgl. Z. 103 ff.).
  - Er legt sich darauf fest, angeblich keine Befehle in diese Richtung erhalten zu haben (vgl. Z. 108 f.).
- Marginalisieren der eigenen Kenntnisse und Verantwortlichkeit:
  - Angeblich nur einmal eine Genehmigung zur Prügelstrafe gesehen (vgl. Z. 137 ff.).
  - Nur für die Kalkulation von Preisen und für Personalien verantwortlich (vgl. Z. 147 ff.).
- Vortäuschen von Erinnerungslücken:
  - An die Todeszahlen und Meldungen dazu kann er sich vermeintlich nicht mehr erinnern (vgl. Z. 151 ff.).
- Ausweichen/Offenlassen von entscheidenden Fragen:
  - Zur Frage nach der „Sonderbehandlung" schiebt er Geheimhaltungspflichten vor (vgl. Z. 194 ff.).
  - Auf die Frage nach dem Wissen um tödliche Bedrohungen antwortet er nicht (vgl. Z. 198 f.).

Sprachlich-Stilistische Besonderheiten

- Kurze Parataxen oder Ellipsen als Antwort auf unangenehme/belastende Fragen (vgl. Z. 143 f., Z. 153 f., Z. 168, Z. 178 f.)
- Verwendung von unpersönlicher Behördensprache (vgl. Z. 137 ff., Z. 185 ff.)
- Euphemismen („Abgänge", Z. 161 und „natürlicher Abgang", Z. 174 für Tote/Getötete; „Straflager", Z. 178 für KZ)
- Keine Satzzeichen (weder Fragezeichen bei Richter und Angeklagtem noch Punkte oder Kommata) zur Betonung der Emotionslosigkeit

Fazit:

Sowohl der Zeuge 1 als auch der Angeklagte Mulka versuchen während der Befragung ihre Beteiligung an den Greueltaten im KZ zu verschleiern oder zu verharmlosen. Sie leugnen Kenntnis über die Verhältnisse und Vorgänge im KZ gehabt zu haben und verstecken sich hinter Erinnerungslücken, Schutzbehauptungen und der Verantwortung ihrer Familie gegenüber, was sie egoistisch wirken lässt. Dabei schrecken sie auch vor Lügen und Halbwahrheiten nicht zurück. Es zeigt sich, dass sie beide sehr obrigkeitshörig sind und mit großer Gefühlskälte auf die Vergangenheit zurückblicken. Der Angeklagte will sich damit sicherlich vor der Verantwortung vor Gericht mit einer entsprechenden Verurteilung schützen.

Lösungsvorschlag

Der vorliegende Auszug in Form der ersten Szene des ersten Aktes und der ersten Szene des vierten Aktes aus dem Drama „Die Ermittlung – Oratorium in 11 Gesängen" von Peter Weiss, das im Jahr 1965 uraufgeführt wurde, handelt von der Befragung eines namenlosen Zeugen und des Angeklagten Mulka in einem Gerichtprozess zu den Vorgängen im Konzentrationslager Auschwitz. Dabei wird die Verantwortung des Einzelnen während der NS-Diktatur, insbesondere in verantwortlichen Positionen in einem Konzentrationslager, thematisiert.

Einleitende kurze Vorstellung des Textes

In der ersten Szene wird zunächst ein namenloser Zeuge 1, der zur damaligen Zeit Bahnhofsvorstand war, befragt. Im Verhör werden die Lage des Bahnhofs und die Umstände des Einsatzes des Zeugen 1 auf dem dem KZ angeschlossenen Bahnhof geklärt. Der Zeuge 1 macht dabei deutlich, dass er nur für den Fahrplan der Züge zum KZ verantwortlich war. Angeblich hatte er keine Kenntnis über den Verbleib und die Lebensumstände der in den Zügen transportierten Gefangenen, obwohl der Richter und der Ankläger ihn mit belastenden Fakten dazu konfrontieren. Am Ende der Szene zeigt sich, dass Zeuge 1 möglicherweise doch etwas über die Verhältnisse im KZ gewusst hatte.

Inhalt des ersten Abschnitts

In der zweiten Szene des Auszugs wird der Angeklagte Mulka, der ehemalige Adjutant des Lagerkommandanten, durch den Richter und den Ankläger verhört. Dabei bestreitet der Angeklagte, von Tötungen von Gefangenen Kenntnis gehabt zu haben oder an Befehlen daran beteiligt gewesen zu sein. Vielmehr weist er darauf hin, dass er nur Verwaltungsaufgaben zu erledigen hatte. Auf Fragen zu belastenden Fakten bezüglich der Lebensumstände und des Todes von Gefangenen weicht der Angeklagte aus. Schließlich verweigert er auf weitergehende Fragen des Anklägers eine Antwort.

Inhalt des zweiten Abschnitts

Im Folgenden werden der Zeuge 1 und der Angeklagt Mulka unter Berücksichtigung des Gesprächsverhaltens und der sprachlich-stilistischen Besonderheiten charakterisiert.

Überleitung

Über die äußeren Merkmale des Zeugen 1 ist wenig bekannt. Er tritt nur als namenloser Zeuge auf. Es wird allerdings schon zu Beginn der Befragung klar, dass er zur damaligen Zeit Bahnhofsvorstand des Bahnhofs in Auschwitz war (vgl. Z. 2). Im weiteren Verlauf wird deutlich, dass er jetzt in leitender Stellung „in der Direktion der Bundesbahn" (Z. 39 f.) ist.

Äußere Merkmale mit Angabe der Textstellen

Im gesamten Gesprächsverlauf zeigt sich, dass Zeuge 1 sehr obrigkeitshörig ist. Schon am Beginn des Verhörs wird aus seinen Antworten klar, dass er sich hinter den Befehlen seiner Vorgesetzten versteckt und deren Befehle und Anordnungen nicht hinterfragt. So gibt er in Behördensprache an, dass er nichts über den Zweck der Personentransporte nach Auschwitz wusste oder wissen wollte (vgl. Z. 27) und gibt sein Wissen darüber nur nach und nach Preis, wenn er zugibt, dass er vom Transport von Personen in den Güterwaggons wusste (vgl. Z. 30 ff.). Darüber hinaus hinterfragt er auch nicht den Verbleib der von ihm euphemistisch als „beförderte Menschen" (Z. 36) bezeichneten Gefangenen. Vielmehr versteckt er sich hinter seiner vermeintlich kleinen Beteiligung an den Geschehnissen, da er nur für die Ordnungsmäßigkeit der Gleise und die Fahrpläne der Züge verantwortlich gewesen sei (vgl. Z. 8 ff.), wobei er die Geringfügigkeit durch die Einschränkung „nur" (Z. 9) betont.

Charakterzug
Erläuterung der Textstellen
Sprachliches Mittel: Behördensprache, Euphemismus, Einschränkung

Doch bereits beim Thema der Fahrplananordnungen zeigt er, dass er sich dem Gericht gegenüber unehrlich verhält. Er versucht zunächst zu verschleiern, dass er die Fahrplananordnungen unterschrieben hat und gibt erst nach Vorlage von Beweisen zu, diese teilweise unterschrieben zu haben (vgl. Z. 18 ff.), wobei er auch hier durch die Einschränkung „vielleicht einmal vertretungsweise" (Z. 24 f.) versucht, seine Verantwortung zu marginalisieren. Noch deutlicher wird seine Unehrlichkeit als er zunächst euphemistisch behauptet, nur etwas über „Umsiedlertransporte" (Z. 31) gewusst zu haben und später dann selbst erläutert, dass die Gefangenen zum „Arbeitseinsatz geschickt werden" (Z. 70) sollten. Damit zeigt sich auch hier, dass Zeuge 1 stets versucht, so wenig Informationen wie möglich zu geben oder zu verschleiern und erst auf Nachfrage und Nachhaken des Richters oder des Anklägers seine Kenntnisse über die Geschehnisse darlegt. Erst am Ende verstrickt er sich etwas in Widersprüche, indem er indirekt zugibt, doch etwas über die Vorgänge im KZ geahnt zu haben, da er von Gerüchten darüber gewusst hatte (vgl. Z. 95 f.).

Eigenschaft
Textstellen
Sprachliches Mittel: Einschränkung
Euphemismus

Besonders auffällig am Charakter des Zeugen 1 ist seine Gefühlskälte. Er reagiert sehr kalt mit Behördensprache über Frachtbriefe für die Waggons darauf, dass die Menschen in Güterzügen und teilweise auch in Viehzügen transportiert wurden (vgl. Z. 46 ff.). Er zeigt dabei keine Emotionen, sondern beantwortet nur knapp, parataktisch und ellipsenhaft (vgl. ebd.) die Fragen des Anklägers. Die grauenhaften Umstände der Transporte, wie z. B., dass sich keine sanitären Einrichtungen in den Waggons befanden, leugnet er bzw. behauptet er, nicht gekannt zu haben (vgl. Z. 53 ff.). Bei den Fragen zu den Herkunftsländern und der Häufigkeit der Transporte und auch, ob Familien in den Zügen waren, zeigt er sich ebenfalls gefühlskalt, indem er vorgibt, keine Zeit für gehabt zu haben (vgl. Z. 64 ff. und Z. 75 f.). Es lässt ihn also sogar das Schicksal von Kindern kalt und er hat es damals nicht für nötig gehalten, sich zum Schutz dieser genauer darüber zu informieren. Fast zynisch reagiert Zeuge 1 auf die Befragung über den Gesundheitszustand der Gefangenengruppen. Zunächst räumt er parataktisch im militärischen Ton nur ein, die Häftlinge „beim An- und Abmarschieren" (Z. 90) gesehen zu haben. Auf die direkte Frage nach der Verfassung dieser Gruppen stellt er fest, dass sie „sangen" (Z. 93), was für ihn bedeutet, dass es ihnen wohl gut gehen musste. Dies zeigt, dass sich Zeuge 1 gefühlskalt nicht um das Wohl der Gefangenen schert und er es nicht für nötig hielt, gegen die damaligen Zustände vorzugehen.

Charakterzug
Textstellen
Sprachliches Mittel: Parataxen, Ellipsen

Eigenschaft
Textstellen
Sprachliches Mittel: Parataxen, Militärvokabular

Beim Angeklagten lassen sich ganz ähnliche Charakterzüge feststellen. *(Überleitung zu Angeklagtem Äußeres)*

Der Angeklagte Mulka (vgl. Z. 100) war um Zeitpunkt der Geschehnisse im Konzentrationslager Adjutant des Lagerkommandanten (vgl. Z. 180).

Wie schon der Zeuge 1 zeichnet sich auch der Angeklagte durch seine Obrigkeitshörigkeit aus. Auch er hinterfragt die Befehle seiner Vorgesetzten nicht. Er gibt sogar an, sich davor gehütet zu haben, nach Befehlen zur Tötung von Gefangenen zu fragen (vgl. Z. 111 ff.), obwohl er von davon wusste (vgl. Z. 108). Er sagt bzgl. der Haftumstände der Gefangenen parataktisch aus, dass es „nicht [s]eine Aufgabe war, dies in Frage zu stellen" (Z. 188 f.). Damit zeigt er, dass er den Befehlen seiner Vorgesetzten blind Folge leistete, ohne sich selbst Gedanken über deren Richtigkeit und Rechtmäßigkeit zu machen. Selbst wenn es eindeutige Indizien für ein Fehlverhalten bei der Tötung von Gefangenen gibt, geht der Angeklagte nie über sein angeblich beschränktes Aufgabengebiet hinaus (vgl. Z. 140 ff.). Dabei zieht er sich auf parataktische oder elliptische Antworten zurück, indem er seinen beschränkten Handlungsspielraum als Adjutant wiederholt (vgl. Z.143 f. und Z. 189 f.). Er leugnet oder marginalisiert zudem stets seine Verantwortlichkeit, indem er behauptet nichts mit Tötungen zu tun gehabt zu haben (vgl. Z. 103 ff.) und versteckt sich hinter seiner formalen Aufgabe der Preiskalkulation und Personalwirtschaft (vgl. Z. 147 ff.). *(Charakterzug Textstelle; Sprachliches Mittel: Parataxen; Ellipsen; Wiederholung)*

In seiner Rechtfertigung zeigt er zudem, dass er sich feige und egoistisch verhält. Er weigert sich, die damaligen Zustände in Frage zu stellen, weil er Angst hat, dass er oder seine Familie deshalb Nachteile erleiden könnte (vgl. Z. 115 ff.). Dies erscheint scheinheilig, da er dem Gericht gegenüber so als verantwortungsbewusster Familienvater erscheinen will. Bewusst verwendet er dabei auch möglichst neutrale und unverfängliche Behördensprache, um die „zu Ohren gekommene[n] Gefangenentötung[en]" (Z. 114) übertrieben sachlich darzustellen. *(Charakterzug Textstellen; Sprachliches Mittel: Behördensprache)*

Dies zeigt auch schon die Gefühlskälte, die er an den Tag legt. Besonders deutlich wird dies zum einen durch die distanzierte Darstellung der Todeszahlen, die er nüchtern und unpersönlich darlegt und auch hier in militärischer Behördensprache von „fortlaufenden Stärkemeldungen" (Z. 159) spricht. Zum anderen zeigt sich diese Emotionslosigkeit auch in seinen Antworten auf seine Reaktion auf den Rauch aus den Krematorien des KZs. Hier geht er nicht auf die Greueltaten ein, sondern antwortet lapidar, dass „eben die Toten verbrannt werden" (Z. 175), wobei er dies euphemistisch als „natürlichen Abgang" (Z. 174) in einem großen Straflager bezeichnet. Dadurch wird deutlich, dass der Angeklagte Mulka menschlich keinen Anteil am tragischen Schicksal der Insassen des KZs nimmt. Diese Gefühlskälte gipfelt in der zynischen Bemerkung, dass „die Leute nicht zur Erholung" (Z. 179) im KZ waren. Damit verharmlost er die Vorgänge im KZ und zeigt nochmal deutlich seine emotionslose Charakterseite. *(Charakterzug Textstellen; Sprachliches Mittel: Behördensprache; Euphemismus)*

Charakterlich besonders hervorstechend ist bei Mulka seine Unehrlichkeit. Nicht nur, dass er vorgibt, angeblich keine Befehle hinsichtlich von Tötungen erteilt zu haben (vgl. Z. 109). Er leugnet auch, über den Umfang der Tötungen Bescheid gewusst zu haben, als ihn der Ankläger über die Todeszahlen befragt (vgl. Z. 155 ff.), obwohl er der sichtbare Rauch der Krematorien ein belastendes Indiz ist (vgl. Z. 169 ff.), das auf eine große Anzahl von Toten hinweist. Er täuscht dann Erinnerungslücken vor (vgl. Z. 158), um konkrete Aussagen zu seiner Verantwortung zu vermeiden oder er marginalisiert seine eigene Beteiligung an den Vorkommnissen, indem er behauptet lediglich „einmal irgendein" (Z. 137) Schreiben zur Genehmigung einer Prügelstrafe gesehen zu haben. Durch diese vage Formulierung und die relative Harmlosigkeit einer Prügelstrafe gegenüber Gefangenentötungen will er seinen eigenen Anteil an den Greueltaten schmälern. Als im weiteren Verlauf der Befragung diese für den Angeklagten immer belastender wird, schiebt er Geheimhaltungspflichten vor, die ihn daran hindern, weitere Auskünfte zu der euphemistisch als „Sonderbehandlung" (Z. 192) bezeichneten Folter zu geben (vgl. Z. 194) oder er weigert sich am Ende auf die konkrete Frage des Anklägers, ob er von den tödlichen Bedrohungen der Lagerinsassen wusste, Antwort zu geben. *(Charakterzug Textstellen; Euphemismus)*

Sprachlich-stilistisch auffällig in beiden Szenen ist der Verzicht auf jegliche Satzzeichen. Es werden weder Fragezeichen bei den Fragen des Richters und des Anklägers verwendet, noch werden Punkte oder Kommata bei den Antworten von Zeuge 1 und Angeklagtem gesetzt. Dies verstärkt noch den ohnehin schon vorhandenen emotionslosen und gefühlskalten Charakterzug der beiden. *(Fehlende Interpunktion)*

Sowohl der Zeuge 1 als auch der Angeklagte Mulka versuchen während der Befragung ihre Beteiligung an den Greueltaten im KZ zu verschleiern oder zu verharmlosen. Sie leugnen Kenntnis über die Verhältnisse und Vorgänge im KZ gehabt zu haben und verstecken sich hinter Erinnerungslücken, Schutzbehauptungen und der Verantwortung ihrer Familie gegenüber, was sie egoistisch wirken lässt. Dabei schrecken sie auch vor Lügen und Halbwahrheiten nicht zurück. Es zeigt sich, dass sie beide sehr obrigkeitshörig sind und mit großer Gefühlskälte auf die Vergangenheit zurückblicken. Der Angeklagte will sich damit sicherlich vor der Verantwortung vor Gericht mit einer entsprechenden Verurteilung schützen. *(Schluss: Zusammenfassung der wesentlichen Erkenntnisse)*

2.2 Vergleich der Haltungen

Ergebnis der Materialauswertung für den Vergleich

Um die Haltung Prof. D. Hubers mit der des Angeklagten und des Zeugen 1 vergleichen zu können, müssen zunächst die beiden Haltungen herausgearbeitet werden.

Haltung Prof. Dr.Hubers (aus Material 2):	Haltung des Zeugen und des Angeklagten:
Auflehnung gegen offenkundige Rechtsverletzung (vgl. Z. 2 f.)	Obrigkeitshörigkeit
Unterdrückung der freien Meinungsäußerung widerspricht dem Völkerrecht (vgl. Z. 3 ff.), das die Zeiten überdauert (vgl. Z. 11 f.)	
Gerechtigkeit steht über dem geschriebenen Recht (vgl. Z. 3 ff.)	
Festhalten an innerer Würde durch Übernahme persönlicher Verantwortung und Verteidigung der Menschenrechte trotz drohender Bestrafung (vgl. Z. 9 ff.) bis hin zu Opferbereitschaft des eigenen Lebens (vgl. Z. 7 f.)	Feigheit/Egoismus, scheinheiliges Vorschieben der Verantwortung für eigene Familie
Vertrauen auf Richtigkeit des eigenen Handelns und der Moral (vgl. Z. 12 ff.)	Gefühlskälte durch Ignorieren der grauenhaften Vorgänge während der NS-Zeit und Feigheit
Aufruf an jeden einzelnen zur Übernahme der persönlichen Verantwortung (vgl. Z. 15 ff.)	Verstecken hinter Obrigkeit und Feigheit, als Einzelner nichts bewegen zu können

Schluss/Gesamtbewertung:

Zusammenfassung der Kernpunkte der Haltung im Vergleich zu der des Zeugen und des Angeklagten.

Lösungsvorschlag

Im Prozess vor dem Berliner Volksgerichtshof im Jahr 1943 steht Prof. Dr. Kurt Huber als Angeklagter wegen Hochverrats vor dem NS-Gericht, weil er die Widerstandsgruppe Weiße Rose im Dritten Reich unterstützt hat. Während seiner Aussage vor Gericht, die auszugsweise (als M2) vorliegt, wird seine Haltung zu den Vorgängen während der NS-Zeit deutlich, die im Folgenden dargelegt und mit der des Zeugen und Angeklagten in Kontrast gesetzt wird.

Einleitung: Aufgreifen des Kontextes von Material 2 und Aufgreifen des Themas

Bereits am Beginn des Auszugs zeigt sich, dass Prof. Dr. Huber dem Bruch der Menschenrechte wie der freien Meinungsäußerung nicht tatenlos zusehen möchte. Er lehnt sich gegen die „offenkundige Rechtsverletzung" (M2, Z. 2) auf und macht dadurch deutlich, dass er die Menschenrechte universell und überzeitlich (vgl. M2, Z. 12) über dem geschriebenen Recht der Gesetze von Staaten sieht (vgl. M2, Z. 3 ff.). Diesen Prinzipien des Professors steht die Obrigkeitshaltung des Zeugen und des Angeklagten gegenüber, die nur auf die Anweisungen ihrer Vorgesetzten befolgen und es aus Angst vor Repressalien nicht wagen, ihre eigene Meinung zu äußern.

Gerechtigkeit und freie Meinungs-äußerung vs. Obrigkeitshörigkeit

Prof. Dr. Huber schreckt zur Verteidigung seiner Haltung dabei auch nicht, dass er degradiert und bestraft wird (vgl. M2, Z. 9 ff). Sogar das Opfer des eigenen Lebens scheut er nicht (vgl. M2, Z. 7 f.). Er sieht sich selbst und jeden Einzelnen als persönlich verantwortlich, die Menschenrechte und -würde gegen die Angriffe durch das NS-Regime zu verteidigen, auch wenn persönliche Nachteile die Folge daraus sein können (vgl. M2, Z. 9 ff.). Er ist der Überzeugung, dass jeder sein Handeln selbst verantworten muss und dem Bruch der Menschenrechte entgegentreten sollte (vgl. M2, Z. 13). Der Widerstandskämpfer stellt sich deshalb nicht nur selbst gegen das NS-Regime, sondern fordert auch seine Mitbürger zum Widerstand gegen das Unrecht und für den Erhalt der Menschenrechte und der Freiheit auf (vgl. Z. 15 ff.), da das Wohl der Gesellschaft vom Handeln jedes Einzelnen abhängig ist. Damit steht er konträr zur Haltung der beiden Protagonisten des Dramenauszugs. Diese verstecken sich feige und scheinheilig hinter ihrer Verantwortung für die Familie, die sie egoistisch über die für die Wahrung der Menschenwürde für alle stellen und dabei gefühlskalt die Verbrechen an der Menschheit ignorieren.

Opferbereitschaft und persönliche Verantwortung vs. Feigheit, Egoismus und Ignoranz

Die Haltung Prof. Dr. Hubers zeichnet sich durch eine tiefe Überzeugung von der Gültigkeit der universellen Menschenrechte, insbesondere der Freiheit in der Meinungsäußerung aus. Er stellt sich mutig und opferbereit gegen den Bruch dieser Rechte durch die NS-Verbrechen. Dabei sieht er jeden Einzelnen in der Verantwortung die Menschenrechte zu verteidigen und ruft auch andere dazu auf. Demgegenüber steht die Haltung des Zeugen und des Angeklagten, die ihre eigenen Möglichkeiten diesen Rechtsbruch zu verhindern abstreiten und sich hinter den Anweisungen ihrer Vorgesetzten verstecken und dabei gefühlskalt und feige die Verbrechen des NS-Regimes ignorieren.

Abschließende Gesamtbewertung

Bildquellenverzeichnis

Bundesministerium für Ernährung, Landwirtschaft und Verbraucherschutz (BMELV), Bonn: 13

Deutschweb20, Neumarkt: 14

evidero GmbH, Köln: 40

foodwatch e.V., Berlin: 40

Hartmann, Johannes Anselm, Nürnberg: 33

Media Wien, Wien: 12

Mein Grundeinkommen e.V., Berlin: 25

Mittelbayerische Zeitung, Regensburg: 33

Pfohlmann, Christiane, Landsberg am Lech: 11

Picture-Alliance GmbH, Frankfurt/M.: dpa-infografik 39

SPIEGEL ONLINE GmbH & Co. KG, Hamburg: 34, 34

SPLENDID RESEARCH GmbH, Hamburg: 25

stock.adobe.com, Dublin: fotomek 10; Gorodenkoff 8; Microgen 15; Modern Art Design 23; senwaas 29; Seybert, Gerhard 73; snaptitude 58; vectorfusionart Titel

Umweltbundesamt, Dessau-Roßlau: 14

Wir arbeiten sehr sorgfältig daran, für alle verwendeten Abbildungen die Rechteinhaberinnen und Rechteinhaber zu ermitteln. Sollte uns dies im Einzelfall nicht vollständig gelungen sein, werden berechtigte Ansprüche selbstverständlich im Rahmen der üblichen Vereinbarungen abgegolten.

Literaturverzeichnis

Arjouni, Jakob: Cherryman jagt Mister White. Zürich: Diogenes Verlag 2011.

Böll, Heinrich: Ansichten eines Clowns. München: 1998.

Braun, Volker: Unvollendete Geschichte. Frankfurt a. M.:, 1989.

Butterwegge Christoph: Das Grundeinkommen ist nicht egalitär, sondern elitär. In: Online-Ausgabe der Süddeutschen Zeitung vom 11.10.2017. www.sueddeutsche.de/wirtschaft/bedingungsloses-grundeinkommen-das-grundeinkommen-ist-nicht-egalitaer-sondern-elitaer-1.3702230 [12.03.2018].

Dürrenmatt, Friedrich: Der Besuch der alten Dame. Eine tragische Komödie. Neufassung 1980. Zürich: Diogenes Verlag 1986.

Foodwatch: 2.000 Ärzte fordern Maßnahmen gegen Fehlernährung. In: www.foodwatch.org/de/informieren/zucker-fett-co/aktuelle-nachrichten/2000-aerzte-fordern-massnahmen-gegen-fehlernaehrung/ [16.07.2018].

Glaßl, Helmut: Aphorismus: „Das Alter ist keine Krankheit, sondern immer eine Zugabe.", In: www.aphorismen.de/zitat/218538, [18.11.2018].

Hinrichs, Uwe: Die deutsche Sprache. In: Online-Ausgabe der Zeit vom 21.04.2016. www.zeit.de/2016/16/linguistik-deutsch-grammatik-sprache-satzbau/komplettansicht [27.09.2018].

Jünger, Ernst: Afrikanische Spiele. München: 2003.

Kindlers Neues Literaturlexikon (Ba-Bo). München: 1988.

Kracht, Christian: Imperium. Frankfurt: S. Fischer Verlag 2013.

Kühne, Anja: Mein Deutsch, dein Deutsch. In: Online-Ausgabe von Der Tagesspiegel. 20.09.2017. www.tagesspiegel.de/wissen/sprachentwicklung-meindeutsch-dein-deutsch/20354030.html [11.07.2019].

Leimbach, Alina: Eine Zuckersteuer allein schafft Übergewicht nicht aus der Welt In: www.welt.de/wirtschaft/article175211898/Ernaehrung-Das-wuerde-eine-Zuckersteuer-wirklich-bringen.html [16.07.2018].

Politycki, M.: Das Unglück. In: Die Sekunden danach. 88 Gedichte. Hamburg: Hoffmann und Campe 2009.

Sauer, Stefan: Interview mit Götz Werner, „Man kann zu einem miesen Job Nein sagen". In: Online-Ausgabe der Frankfurter Rundschau vom 14.07.2017, www.fr.de/wirtschaft/interview-man-kann-zu-einem-miesen-job-nein-sagen-a-1314161 [19.03.2018].

Seethaler, Robert: Die Biene und der Kurt. Zürich: Kein & Aber Verlag 2014.

Spinnen, Burkhard: Müller hoch Drei. München: 2011.

Strauß, Botho: Die Ähnlichen. Moral Interludes. Der Kuß des Vergessens. Vivarium rot. Zwei Theaterstücke. München: 2000.

von Lovenberg, Felicitas: Interview mit Daniel Kehlmann: „Ich wollte schreiben wie ein verrückt gewordener Historiker", In: www.faz.net/aktuell/feuilleton/buecher/bucherfolg-ich-wollte-schreiben-wie-ein-verrueckt-gewordener-historiker-1304944.html?printPagedArticle=true#pageIndex_0 [16.11.2018].

Wiese, Heike: Kiezdeutsch – ein neuer Dialekt. In: Bundeszentrale für politische Bildung, www.bpb.de/apuz/32957/kiezdeutsch-ein-neuer-dialekt?p=all, [02.10.2018].

Zuckmeyer, Karl: Des Teufels General. Frankfurt am Main: 2012.

Sachwortverzeichnis

A
Absicht 61, 70
Analepse 43
Aphorismus 15
appellierend 66
Argumentativ 66
argumentativer Text 36, 109
Argumente 27, 100
Aufgabenbereich 8
Aufgabenstellungen 8
auktorialer Erzähler 42

B
Begleitmaterial 10, 11, 12, 13, 15
Bewusstseinsbericht 43
Bewusstseinsstrom 43
Beziehung 61
Beziehungsgeflecht 44, 56, 102
Bilder 10
Brief 65, 71, 80, 109, 116

C
Charakterisierung 42, 44, 49, 59, 65, 75, 80, 95, 104, 108, 112, 115

D
Diagramm 12
dialektische Erörterung 20, 93
diskontinuierlicher Text 10, 42
diskontinuierliche Textformen 20, 93
Dominanz 61
Dramatik 7, 42, 44
dramatischer Text 76

E
Eigenschaften 49
E-Mail 65
Emotional 66
Emotionalität 51, 71
Epik 7, 42
epischer Text 76
erlebendes Ich 43
erlebte Rede 43
Erörterung 11, 20, 26, 29, 34, 35, 41, 81, 87, 91, 93, 99, 102, 107, 108, 114
erzählendes Ich 43
Erzähler 42
Erzählform 43
Erzähl- oder Dramenwelt 70
Erzählperspektive 42
erzähltechnische Besonderheiten 42
erzählte Rede 43
erzählte Zeit 43
Erzähltheorie 42
Erzählwelt 65
Erzählzeit 43

F
Fachabiturprüfung 8, 49, 56
Figurenrede 43

G
Ganzschrift 42
gesellschaftliche Grenzen 71
gesellschaftliche Rahmenbedingungen 66

Gesprächsanalyse 55, 70
Gesprächsstrategien 104
Gesprächsverhalten 42, 60, 104, 110
Gesprächsziele 104
Glosse 20, 93

H
Haupttext 44

I
Ich-Bezogenheit 51
indirektes Zitieren 17
Inhalt 44
Inhalts 42
Inhaltsangabe 59, 70, 103, 110
Inhaltszusammenfassung 93
innerer Monolog 43
Innerer Monolog 70, 111
Interviews 15

K
Karikatur 11
Kommentar 11, 20, 26, 41, 84, 91, 93, 99, 114
Kommunikationsmodelle 60
Kreativität 65

L
Leserbrief 11, 26, 34, 35, 84, 88, 99, 107, 108
lineare Erörterung 20, 93
literarischer Text 14, 15, 76
Literaturgeschichte 76
lyrischer Text 42
lyrische Texte 76

M
Mantelbogen 8
Materialien 42
Motivvergleich 42, 54, 55, 65, 71, 75, 76, 97, 102, 114

N
Nebentext 44
neutraler Erzähler 42

P
personaler Erzähler 42
Personenbeziehung 42
pragmatischer Text 20, 42, 93
Prolepse 43
Prüfungsaufgabe 20, 93

R
Raumstruktur 43
Regieanweisungen 44
Reportage 20, 93

S
Sachtext 7, 10, 12, 13, 14, 15, 76
Sachtexten 15
Schaubilder 11
Selbstbewusstsein 51
sprachliche Mittel 26, 84, 99
Sprachliche Mittel 18
sprachlich-stilistische Besonderheiten 49, 53, 54
sprachlich-stilistische Gestaltung 42

Sachwortverzeichnis

sprachlich-stilistischen Besonderheiten 53
Stimmung 61
subjektiv 66
Subjektivität 71

T
Tabellen 13
Tagebucheintrag 70
Thema/Inhalt 61
Thematik 45

U
Überschrift 27, 100
Untersuchung gesellschaftlich/politischer Situation 97

V
Verbale und nonverbale Kommunikation 61
Vergleichskriterien 76, 97, 102
Vorbereitung 7

W
Wahlaufgabe 65, 71
Word-Clouds 14
Wörtliches Zitieren 16

Z
zeitdeckendes Erzählen 43
zeitdehnendes Erzählen 43
zeitraffendes Erzählen 43
zitierte Figurenrede 43